Sprekend ik

GERARD VAN WESTERLOO

Voetreiziger zesde druk
Roosje vierde druk

DE BEZIGE BIJ

Gerard van Westerloo

SPREKEND IK

Eenentwintig vertellingen

1996 Uitgeverij De Bezige Bij

Uitgave De Bezige Bij, postbus 75184, 1070 AD Amsterdam
Boekverzorging Charlotte Fischer
Foto's Bert Nienhuis, Hans van den Bogaard en Harry Cock
Druk Hooiberg Epe
ISBN 90 234 3611 3 CIP
NUGI 300/351

'Waar komen ze vandaan, die onpraktische dromen?'

Jeanette Winterson, *Sexing the cherry*

Inhoud

Mijn Moeder

'O nee?' zei zijn therapeut. 'Is je echte moeder niet belangrijk? Kom maar terug als je haar gevonden en gesproken hebt.'

In die tijd kon je hem op de Grote Markt in Delft tegenkomen, stokstijf stilstaand als een standbeeld. Dan had hij het idee: nog één stap en ik ben dood. De politie bracht hem geregeld met hulpvaardig geweld naar het ziekenhuis. Een keer heeft hij een agent zo hard gebeten dat die zich in het ziekenhuis moest laten behandelen. Zodra hij zelf bij de Eerste Hulp was, verdween de doodsangst.

Negenentwintig jaar was hij toen. Hij heeft altijd geweten: mijn ouders zijn mijn ouders niet. Het is hem verteld zodra hij oud genoeg was om ernaar te luisteren. 'Je moeder,' zei zijn moeder dan, 'was erg arm en helemaal alleen. Ze kon niet voor je zorgen.' Hij luisterde ernaar als naar een verhaaltje voor het slapen. Spannend, mooi, alsof het over iemand anders ging.

Hij ging op zoek, hij vond papieren en hij las dat hij niet als Kees Weidinger maar als Cornelius Stam ter wereld is gekomen. Mevrouw Stam bleek nog in leven. Ze woonde in Den Haag.

Op een zondagmorgen stapte hij in de auto en reed hij naar haar huis aan de Hoefkade, midden in de rosse buurt. Hij parkeerde zijn auto, stapte uit en hapte een paar keer in de lucht. Het huis had een heel klein raam met een deur ernaast en daarop stond: Stam. Hij liep erlangs, hij liep terug, hij liep er nog eens langs en weer terug, verzamelde nieuwe moed. Duizend teksten had hij geprobeerd. 'Dag mevrouw, ik ben Kees Weidinger, ik ben uw kind.' Dat kon je aan de deur niet zeggen. Wat wel? En wat als ze een burgermevrouw zou blijken met een gebloemde japon en een grijs permanentje? Hij kon zeggen dat hij Jehova was of dat hij encyclopedieën verkocht. Maar wat als ze die encyclopedie wilde hebben?

Eindelijk stak hij zijn hand uit naar de trekbel. 'Ik kan nog terug,' dacht hij. 'Eigenlijk weet ik het al. Eigenlijk heb ik het al gedaan.' En meteen daarop dacht hij: 'Lafaard.' Hij trok kort en heftig aan de bel. Hij hoorde gestommel en geschuifel. De deur ging open. Daar stond ze. Al zijn tekst viel weg.

Het moet, zegt hij zelf, een plaag geweest zijn om hem op te voeden: 'God helpe je over de brug met Kees Weidinger op zijn zestiende.' Zonder hem, die er zes weken na zijn geboorte liefdevol in werd opgenomen, zou het pleeggezin tastbaar in harmonie geleefd hebben. Zijn pleegmoeder en zijn zusje (dat wel een eigen kind was) hadden zijn pleegvader op een sokkel gezet. Vol liefde en trots keken ze op naar die zachtaardige, kunstlievende, belezen man die belangrijk werk deed in een laboratorium en die in zijn vrije tijd subtiele kunstkritieken schreef. Hij had een vrouw getrouwd uit een oude, vooraanstaande, rijke bankiersfamilie. Ze speelde prachtig piano. Er kwamen vrienden over huis die samen musiceerden en daarna een goed gesprek voerden. Ze hadden een dochtertje gekregen dat fluit speelde en tekende, een lief meisje dat in een ander gezin voor wereldvreemd was doorgegaan, maar dat hier, in dit gezin, ongestoord mocht opgaan in haar eigen sprookjeswereld. De zomers brachten ze door op het familielandgoed van de grootouders bij Apeldoorn. Daar waren meiden die kookten, meiden die het eten opdienden en meiden die het bed opmaakten. Als je aan een koord trok, kwam er iemand.

Na het eerste kind konden de ouders zelf geen tweede meer krijgen. Dat wilden ze wel. Zo kwam Kees bij hen. Toen hij zes weken was werd hij gebracht door iemand van het maatschappelijk werk. Zijn eigen ouders waren uit de ouderlijke macht gezet.

Lang voor een ander zijn puberteit bereikt, terroriseerde hij het gezinnetje al. Een kind in permanente opstand. Op zijn elfde rookte hij, dronk hij, stal hij het geld dat hij daarvoor nodig had uit de huishoudportemonnee en slikte hij pillen in hoeveelheden waar een volwassen mens het leven bij zou laten.

Hij miste iets, maar hij wist niet wat. Hij hunkerde, maar hij wist niet waarnaar.

'De deur gaat open en daar staat ze. Mijn echte moeder, je reinste kermisattractie. Wat zal ze geweest zijn? Eén meter veertig, als ze het al was. Ze kwam tot mijn broekriem. Ze liep op te grote schoenen als een kind dat een graai heeft gedaan in de verkleeddoos. Overal nepjuwelen, aan haar vingers, om haar hals, aan haar oren.

"Dag mevrouw," zeg ik. "Ik ben Kees Weidinger."

"Dat geeft niet, pik," zegt ze. "Kom effe door naar achteren en trek die deur achter je reet dicht, want ik stook niet voor buiten."

Ze gaat midden in dat piepkleine kamertje van haar staan en ik ook en ik zeg: "U heeft in Delft gewoond."

Dat had ze helemaal niet.

"Jawel," zeg ik. "Maar het is lang geleden. 1948. In die buurt."

"Ja," zegt ze. "Krijg nou wat. Waar is die godverdomde tijd gebleven?"

"U woonde in de Trompstraat."

"Verrek, ja, rot op. Een kamertje had ik daar, een stuk zeil kon er nog niet leggen. En zo'n kanker petroleumkacheltje."

"Daar ben ik geboren."

Ze kijkt me aan en het bloed trekt weg uit haar hoofd.

"Pik! Mijn jongen!"

Ze springt tegen me op, klampt zich aan mij vast, haar armpjes om mijn middel, haar hoofd tegen mijn navel. "Kind! Onder mijn hart heb ik je gedragen! Die vuile kankeroliekonten zijn je weg komen halen. Jongen! Ik kon er niets aan doen."

"Ik neem je niks kwalijk," zeg ik.

"Nee," zegt ze, "anders stond je hier niet."

Ze laat me los, opgelucht toch wel dat ik geen verhaal kom halen.

"Ik heb nog een half pakkie roomboter," zegt ze. "Heb je trek aan een beschuitje met bruine suiker?"

Ze gaat naar de keuken, ze komt terug met haar beschuitje, ze laat zich in een stoel vallen waar het binnenwerk uitkomt en ze begint over mij op te scheppen. "Zeven uur, 's ochtends jongen, om zeven uur ben je gekomen. Ja, want je

wilde niet hoor, ze hebben je met zo'n hoe heet zo'n kanker-
ding gehaald. O, je was een scheet jongen! De verpleegsters
vochten wie je in het badje mocht stoppen!" Ik keek naar
haar en ik kon het niet geloven – een moeder, die zo over je
zit te liegen.'

Achteraf kan hij het onder woorden brengen: hij heeft, zijn
hele jeugd lang, extroverter willen leven, uitbundiger, *ge-*
vaarlijker. Zijn zusje was veilig bij haar ouders, die werd ge-
voed, in alle opzichten. Maar hij? Wat had hij aan een vader
op een sokkel? Aan een man die nooit eens uit zijn slof
schoot en die in uiterst krachtsvertoon 'geef hem een pets'
riep als hij weer eens een schilderijtje van de muur had getrokken? Hij wilde een sterke vader, een man om trots op te
zijn. In die tijd reden de jongens in een zeepkist, een paar
planken met kinderwagenwielen eronder. Die kon je nergens kopen, die werden gemaakt door vaders met gereed-
schapskisten, kom op jongen, doen we toch. Na honderd scènes en na duizend keer, 'maar Kees, misschien mag je de
zeepkist van Bert wel eens lenen' is zijn vader naar de verkeerde winkel gegaan en met de verkeerde wielen teruggekomen, slappe dingen voor onder een boodschappentas. Had
hij een plank die hij over de stoep achter zich aan kon sle-
pen. Uiteindelijk heeft de man van de werkster een echte
zeepkist gemaakt, in een halve middag, met rubber wielen.

Op zijn sokkel stonden de klerenkasten uit de buurt verderop, mannen die op de lijmfabriek werkten of bij de Calvé
– 'kolere, Kees, mooie kist heb je daar'. Wat moest hij met het
pak watten thuis waar hij zijn kracht niet mee kon meten?
Hij begreep niets van die mensen. Als jongen hoef je niet te
weten dat een sobere, tevreden, eenvoudige levensstijl het
kenmerk zijn kan van een welgestelde, liberale, kunstlievende familie. Dan zie je dat de straat waar je woont zich langza-
merhand vult met autootjes – alleen niet bij de Weidingers.
Nergens voor nodig! En dan kijk je jaloers naar de gezinnen
die de koelbox vol cola meesleuren naar het drukke strand,
terwijl je zelf met de gezondheidsmaaltijd in een plastic zak-
je het saaie stille deel opzoekt. Tv? O nee, waarom? Massa's
mensen hebben geen tv. Wit brood? Maar Kees toch, bruin
brood is gezond. Voetballen? Zijn ouders wisten van het bestaan niet af. Stripboeken waren prullen. Moeilijke leesboe-

ken zonder plaatjes, daar had je wat aan. En zware muziek uit een trio track met een speakertje in het bakelieten deksel. Als Kees later een jazzplaat opzette – denk maar niet dat zijn vader iets aan zijn voet bewoog als hij meeluisterde.

Kees: 'Ik denk dat ik verdoofd was, dat eerste kwartier, verpletterd. Hoe is het in godshemelsnaam mogelijk? Ik dacht: natuurlijk heb ik een leuke moeder! Natuurlijk is ze geen vrouw die vraagt, hoe maakt u het en hoe drinkt u de koffie?

Ik zeg: "Mijn vader is dood, nietwaar?"

"Ja," zegt ze. "En dat is maar goed ook. Hij was een grote kerel hoor, je vader. En jij, pik? Ben jij groot geschapen?"

"Nou eh, ik denk niet dat ik, eh..."

"... Je vader, jongen! Een paard! Alsof er een scheermes bij je naar binnen ging. Kwam hij langs, dronken als een godmajoor, en dan moest hij. Een verschrikkelijke man hoor, je vader, en zuipen, alsmaar zuipen. Straalbezopen. Hij was gek met je, hoor! En jij, jongen? Ben jij getrouwd?"

"Ja moe." Ik vond het toen al heel gewoon om moe te zeggen.

"En datte? Zit dat goed? Is belangrijk hoor! Wacht effe jongen, want dan moet jij op de grond gaan liggen."

Ze verdwijnt in de keuken en ze komt terug met een bezem in haar hand en een doek om haar hoofd en ze heeft zich in een lap gewikkeld. "Want dan ben ik Mozes," roept ze, "en dan ben jij het Joodse Volk. Vooruit!" Ik moest als de donder naar de andere kant van de kamer kruipen, want dan hield zij ondertussen de zee tegen.

Hou je van muziek, pik? En lust je Cassis? Klere, welke kankeridioot belt er nou?'

Ze gaat naar de voordeur. "Nee, Achmed," hoor ik haar zeggen. "Niet nu. Ik heb bezoek, Achmed. Kom een andere keer."

"Kankerturk," zegt ze als ze terug is. "Die jongens hebben ook een lolletje nodig. Effe pissen, Kees."

De wc is min of meer in de kamer en ze laat de deur open. Ze heeft witte dijen, veel te stevig en veel te recht voor zo'n oude vrouw.

"Help me," zegt ze, als ze terug is. Ze komt tevoorschijn met een accordeon, tachtig bassen en veel chroom, en ik moet de riemen om haar middel vastmaken. Als het klaar is laat ze zich gierend van de lach achterover in de stoel vallen en ze zegt: "Ken je dat, van de Tut men?" Ze bedoelt de Third man. En dan begint ze te zingen: Caruso en Callas, zonder woorden maar kraakhelder en nootzuiver. Handig met het klavier, maar met de bassen tamelijk willekeurig. "Pokke-knoppen, Kees, zitten klote dicht bij elkaar." Al gauw spelen we quatre mains. Ik om haar heen op de bassen.'

Veel later, toen hij zelf getrouwd was en kinderen had, toen heeft zijn pleegmoeder wel eens gezegd: Kees, we wisten niet wat we met je aan moesten. Hoe hadden ze kunnen we-ten? Hij wist zelf niet wat het 'gat' was dat hij heel zijn jeugd gevoeld heeft. Hij ging naar de Delftse School Vereniging – de mindere leerlingen gingen daarna in godsnaam dan maar naar de HBS. Vier jaar lang heeft hij met verbazing gekeken hoe de andere kinderen onderwijs genoten. Daarna de Mon-tessorischool, ook niets gedaan. 'Een eenvoudig vak,' zei zijn moeder, 'kan ook erg leuk zijn.' Engelengeduld moet die vrouw gehad hebben. De MULO werd ook niks.

Hijzelf vergeleek alsmaar. Lijkt die op zijn broer? Lijkt die op haar vader? Wat is dat eigenlijk, lijken op? Hij wist zeker dat hij niet op zijn zusje leek. Te zoet voor woorden was dat kind. En ook niet op de mensen die bij hen thuis kwamen. Beschaafde mensen die volgens zijn moeder 'kostelijke kin-deren' hadden die 'heel muzikaal' waren. Iedereen had 'koste-lijke kinderen'. Maar hij? Als het gesprek erg beschaafd werd, dan zocht hij zijn heil bij zakkenvullers en stenensjouwers, geboren verliezers en analfabeten. Hij, het jongetje dat met het tafelzilver in de zandbak speelde en zo nu en dan een le-pel verloor, het aangenomen kind van een moeder die 'ver-dorie, zonde' zei als ze een stukje Ming uit haar handen liet vallen, dat jongetje voelde zich thuis bij mannen die grof wa-ren en ongenuanceerd en waar je je het schompes mee kon lachen.

'"O," zegt moe als we uitgespeeld zijn. "Wat zal Leo opkij-ken!"

Ik zeg: "Leo?"

"Ja," zegt ze. "Je broer. Wat zal die opkijken. En Freek. In je bek lijk je het meest op Freek. Dat kankerwijf van hem heeft me doodverklaard. En Puk, O, wat zal Puk opkijken. Een plaatje hoor, Puk, die woont nou in Duitsland. Op straat roe-

pen ze hem na, hoor, Puk. Rodzer Moor roepen ze. Een plaatje, die jongen."

Ik blijk vijf broers te hebben, althans halfbroers, want ze
zijn allemaal uit dezelfde sluis gekomen, maar van een andere vader. Ook al een klerelijer, een zuiplap, pokke. Die man is
ooit het café uit en de Oude Delft in gelopen en nooit meer
levend boven gekomen. Mijn broers hebben hun jeugd op
een rk internaat in het zuiden des lands doorgebracht. "En
Suus, o, wat zal Suus opkijken!"

Ik denk: er is hier wel over mij gesproken. En dat bevalt
mij in hoge mate. *Ik* ben hier "kostelijk". "Wat ben je groot,
pik, ja want als baby zat je onder de pukkels hoor, hoe is het
in godsnaam mogelijk! Rook je jongen? Godzijdank. Heb je
een sigaret voor me?" En ik maar kijken naar die handen en
die vingers die mijn hand vasthouden als ik vuur geef. "Ga je
nieuwe halen jongen, Marlboro, en nergens blijven hangen
hoor!" En dan vertelt ze van dat kamertje waar geen stuk zeil
in kon, en dat ik in een doos lag en bij haar in bed, maar "ik
durfde me niet om te draaien, ik was bang dat ik je zou plet-
ten, want je kon niet schijten hoor, nee pik, je wou niet schijten." Mijn vader is 's ochtends in het ziekenhuis komen kijken, "de sneeuw zat nog op zijn jas" en hij heeft mij een luier
omgedaan. Ik "piste hem met een boog zeiknat, die klerelijer.
Je gaat toch nog niet weg hè, Kees?"

Ik had van tevoren gedacht, kijken, weten, weg. Toen ik
eindelijk opstond kreeg ik een tientje van haar – "hier jongen, maar niet tegen Leo zeggen hoor". Ik wist zeker: ik kom
terug.'

Als in een ambulance is hij die zondagmiddag Den Haag uit
gereden. Verdoofd, daas, en alsmaar roepend, 't is niet waar,
het bestaat niet, dit kan godsonmogelijk waar zijn, ik stik!
Het was een gevoel zoals hij kende van de geboorte van zijn
eerste kind. Het was alsof hij bij zijn eigen wedergeboorte
aanwezig geweest was. Bij Ypenburg heeft hij zijn auto de
berm in gereden. Hij is uitgestapt. En hij is in het gras voluit
gaan liggen janken.

De therapeut wilde voor het volgende bezoek geen geld
hebben. Hij zei dat hij zich getrakteerd voelde. Kees heeft
hem uit de hoek moeten halen, waar hij met zijn buik in zijn
handen zat te lachen.

'Misschien had ik niet terug moeten gaan. Ik had heel lang op die rare wolk van mystiek willen blijven zitten, maar dat kon blijkbaar niet. Het was nog steeds leuk, de tweede en de derde en ook de vierde keer, toen ik mijn dochtertje meenam. Ze heeft liggen stikken van de lach zoals kinderen dat kunnen. Oma gaf haar een beest en daar moest ze oma een klap mee geven en dan viel oma kreunend op de grond waar ze voor dood bleef liggen. En als ze bijkwam dan liep ze naar de kast om er een cadeautje uit te halen, een geelgroen embryo van plastic. En ze vertelde moppen, ik moest Leo horen want die kon moppen vertellen, en Freek, als die begon..., en dan begon zij. Ze kon geen moppen vertellen, maar ze trok er rare bekken bij en dan werd die bek weer zo interessant. Ze vertelde ze allemaal twee keer en op het hoogtepunt trappelde ze met haar voeten op het tapijt. Of ze ging naar de keuken om Sisi te halen en dan kwam ze daar dronken als een godmajoor de kamer mee binnenwankelen.

En toch begon ik me steeds vreemder te voelen. Ik was geen moeder gaan zoeken om die ook te hebben. Ik hoopte niet op mijn enige echte moeder van wie ik veel absolute liefde zou ontvangen. Ik wilde weten. Wie is ze? Ik wilde vragen, ik had honger naar feiten, maar met antwoorden was ze tamelijk zuinig. Ik hoorde iets meer over mijn vader – echt gruwelijke dingen, die man moet een monster geweest zijn. Bonken, slaan, agressief – als je dat vergelijkt met mijn eeuwig voegzame, altijd conflict-vermijdende oudertjes! Ik zag er wel romantiek in. Zo'n ontzettend kwaadaardige man, dat had iets, dat ging er bij mij wel in. Maar ik begon ook te denken: wat zou die man mijn jeugd vergald hebben!

Dat gevoel werd sterker. Na de zoveelste kankerzwarte en pokketurk hoorde ik mezelf zeggen: godzijdank dat ik het hier niet allemaal heb hoeven doen. Ik hoorde weinig nieuws meer. Mijn lieve oma was een Poolse barpianiste, als ze moest werken stopte ze mijn moeder in een hok. En mijn vader, Cor, had veel om me gegeven, "gek was ie met je, pik". Hij was een paar keer naar mijn school in Delft gegaan, achter het hek had hij staan kijken. Hij zorgde er dan voor dat ik tegen hem op botste en dan liep hij snotterend naar moe. Ze interesseerde zich hoegenaamd niet voor *mijn* leven. "Zie je die lui nog wel eens?"

16

Welke?
"Waar je terecht bent gekomen."
"Ja."
"Oh."
Het ging me opvallen dat er onder die geestige, kleurrijke vrouw een kwaadaardig, boos, agressief mens school. Ik hoorde iets dat zei: "Dit is mijn bloedeigen moeder. Godzijdank heeft ze mij laten afpakken!"'

Toen hij twaalf jaar was is zijn achternaam Stam officieel gewijzigd in Weidinger. Bij die gelegenheid hebben zijn pleegouders contact opgenomen met zijn echte vader – voor het eerst en voor het laatst. Cor wilde zijn zoon terug. 'Goed,' heeft mevrouw Weidinger toen gezegd. 'Dat kan in principe wel, alleen wil ik dat u de onkosten van de afgelopen twaalf jaar vergoedt.' Daarna is er van Cor niets meer vernomen.

Na zijn diensttijd leidde hij een tijdlang het zwerversleven van een jongen die niets geleerd had maar wel wat geld achter de hand had. Het bracht hem uiteindelijk in Amerika waar hij een jaar rondreisde. Op het laatst kwam hij bij familie van zijn moeder in New York. Hij ging naar bed. Plotseling schoot hij rechtop. Hij wist zeker: als ik me nu beweeg, ga ik dood. Het totale dead-end gevoel. Wat overbleef was: ontheemd zijn. Het weesgevoel.

Kees: 'Je verlangt naar dingen die niet kunnen. Voor moe was het al heel gauw: mijn jongen komt effe langs. Haar idee was om tijdens die gesprekken te klagen over de buren en over de kankerzwarten in de buurt. Ik hoopte: nou komt de rest.
    Ik kreeg het ongemakkelijke gevoel dat ik me ging aanpassen, platter praten enzo. Dat had ik in het begin niet. Ik ging me forceren, populair doen. Ik ging mee in die kwaadaardigheid van haar. Ik dacht steeds, misschien komt er nog wat. Er kwam niets meer.
    Het moest allemaal voor *mij* zijn, vond ik. En ik vond ook dat ik me dat kon permitteren want ik of ik het wilde of niet, ik dacht toch: en wat heb jij dan helemaal voor mij gedaan? Heb je geprobeerd me terug te krijgen? Heb je je de tering voor me gevochten? Kon je echt niet voor me zorgen? Heb je bittere tranen geplengd?

Na het zesde of zevende bezoek zei ik tegen mezelf: ik heb absoluut geen verplichting aan haar.

Het zou, denk ik, eerder afgelopen geweest zijn als er tijdens het achtste bezoek niet iets gebeurd was dat me nog één keer perplex liet staan. Er werd gebeld en ineens stond hij in de kamer. Mijn halfbroer. Leo.'

Een paar jaar voor de ontmoeting met zijn echte moeder trouwde hij en kreeg hij een dochter. Het ogenblik van haar geboorte moet het begin geweest zijn van de uitweg. Dat was zo groots, zo vullend. Een bloedverwant! dacht hij. Vanaf nu kan ik spreken van *mijn*, dit is van *mij*, dit is *mijn* kind van wie *ik* de vader ben. Familie, van mij, uit mij, door mij! Hij keek en keek en keek en zocht naar bewijzen. Dat is mijn neus en dat zijn mijn oren en dat zijn mijn ogen, die heeft ze van *mij*! Hij voelde zich voor het eerst volwaardig. Een vader van een kind. Even gewoon als zoveel vaders van zoveel kinderen.

De zesde week na haar geboorte dacht hij: dat was ik toen ze mij weghaalden.

'Mijn hart bonkte of misschien stond het wel stil. Ineens stond hij daar midden in die kamer. Mijn broer. Leo.

"Hallo," zei hij.

Daar stond *ik*! Iets donkerder, maar duidelijk: *ik*.

"Dit is Kees," zei moe.

"Ma," zei hij, "waar staan de lege flessen?"

Hij kwam boodschappen doen.

Hij haalt de lege flessen uit de keuken, komt terug en begint te schelden. Over Cor, mijn vader, wat die mijn moeder aangedaan heeft en dat hij de hele zaak heeft verkankerd en dat die klerelijer...

Ik zeg: "Jij schijnt hem gekend te hebben,"

Hij kijkt op zijn horloge en vraagt: "Getrouwd?"

"Ja," zeg ik.

"Kinderen?"

"Ja."

"Wat?"

"Twee meisjes."

"Hoe oud?"

"Een en vier."

"Dat zijn geen kinderen."

Hij haalt een groen fotootje uit zijn zak van een majorette met haar knie op een stoel en een stokje in haar hand.

"Mijn dochter," zegt hij.

"Een plaatje," zegt moe.

"Nou dan ga ik maar," zegt Leo. "Want ik moet nog naar de Vomar." '

Zijn hele leven was hij gefascineerd geweest door *lijken op*. Altijd jaloers op mannen met broers die vertrouwelijk zijn en samen een paar flessen wijn leeg drinken. Het fenomeen broer stelde hij zich sprookjesachtig voor.

Eindelijk trof hij de zijne. Daar stond hij zelf. Wat er van hem had kunnen worden.

Na de tiende keer is hij niet meer teruggegaan. Dieptepsychologen zouden misschien zeggen dat het bevredigend moet zijn: op jouw beurt je moeder in de steek laten. Hijzelf vond dat het op was. Het was maar een klein gebiedje dat hij ingevuld moest krijgen. Hij had geen zin meer in die kwaadaardige sfeer. Het ging hem irriteren dat hij voor moe niet bestond, behalve als haar jongen in dat kamertje. Hij vond dat het zo ver moest gaan als *hij* wilde. Misschien zat daar wel iets van gram in.

Als je hem nu, zoveel jaar later, vraagt wat het hem gebracht heeft dan is het antwoord: rust. En een veel betere verstandverhouding met zijn moeder, die vrouw met dat engelengeduld die hij nooit moe zal noemen. Eindelijk kan hij onbevangen tegen haar aankijken. Als hij haar opzoekt is er echt contact, het oude gevoel is gestorven, vroeger is verjaard. Het zou best kunnen, denkt hij, dat zijn bezoeken aan moe voor moeder net zo opluchtend geweest zijn als ze voor hem waren.

Nog een keer heeft hij moe opgezocht, zes jaar later en met een videocamera bij zich om het vast te leggen.

Daarna niet meer.

Zou je hem nu vragen: leeft ze nog? dan moet hij antwoorden: 'Ik denk van niet, maar ik weet het niet zeker.'

Mijn Vader

Hoe kon dat? Zo'n lelijk eendje tussen zusjes die schoonheidswedstrijden winnen? Zo'n plompe dop van een neus tussen fijne gezichtjes? Zo'n heel ander kind dan de broertjes en zusjes met wie ze opgroeide?

Ze vroeg het zich af – lang voor die dag in 1974 waarop ze antwoord kreeg.

'Lidwina,' zei op die dag haar moeder. 'Ik moet u iets vertellen.' Haar moeder zat op een stoel in het ouderlijk huis te Brussel. Achter die stoel stond haar oudste zus Yvonne met wie ze negentien jaar scheelde. 'Luister kind. Het is een groot geheim. Je moet weten, Lidwina, ik ben je moeder niet. Yvonne is je moeder. Ik ben je grootmoeder. En je vader is je vader niet.'

'Wie is dan mijn vader?' vroeg ze.

'Je vader is een priester. Je kent hem wel. Je bent bij hem op vakantie geweest. Het is die Hollander die pastoor is in Duitsland.'

'Ik was tweeëntwintig jaar en ik woonde op mezelf. Ik had een kot in Brugge. Ik ben er die avond heen gegaan, verdoofd, woedend, uitzinnig kwaad op alles. "Ik heb geen ouders meer," bonkte het door mijn hoofd, "ik moet er eigenlijk niet zijn, ik ben er toch." Ik liep en ik zag mezelf lopen tegelijk, "Ik ben van een Hollander, een priester. Ik mag er niet zijn." '

Niet zo heel lang voordat Lidwina Martien geboren werd schreef Willem Elsschot een brief vol verwijt aan Louis Paul Boon. Die had hem zijn roman *Abel Gholaerts* opgestuurd. 'Waarom,' vroeg Elsschot, 'hebt u het niet aangedurfd om te schrijven dat uw Abel het kind is van een pastoor?'

'Omdat hij het zelf niet wist,' antwoordde Boon.

'Mij strooit u geen zand in de ogen,' schreef Elsschot terug. 'Gij zijt teruggeschrokken voor den banvloek van de R.K. Kerk.'

Een paar dagen nadat ze het gehoord had. In het station van
Brugge komt een zware locomotief binnen rijden.'Ik sta met
één voet al over de rand, heftig verlangde ik naar het einde.
Toen was het alsof een sterke arm mij bij mijn rug pakte en
terugtrok.'

Gaandeweg werd haar de leugenachtige constructie duidelijk waarop haar bestaan gebaseerd bleek. Haar echte moeder die ze voor haar oudste zus Yvonne had aangezien was
negentien jaar toen ze zwanger raakte van pater Geijtenbeek. Hij preekte in de Redemptoristenkerk in Brussel en hij
was zelf de veertig al voorbij. Yvonne was zestien geweest
toen de verhouding begon. Lidwina was het ongelukje.

Halverwege haar zwangerschap had pater Yvonne naar
zijn zuster in Schiedam gebracht. Die had wel vaker 'meisjes
in nood' geholpen. Voor het kruisbeeld liet hij de aanstaande
moeder en haar moeder zweren dat ze het geheim van zijn
vaderschap mee in hun graf zouden nemen.

Op een dag in november werd het kindje geboren. In de
kerk van Schiedam werd het ten doop gehouden waarbij
het, naar de plaatselijke Heilige, de naam van Lidwina ontving. De pater en zijn zuster waren de peter en de meter. In
het geboortenregister kwam te staan:'vader onbekend'.

Zes weken bleef het kindje in Schiedam. Daarna werd het
ondergebracht in een klooster bij Brussel, toevertrouwd aan
de zorgen van nonnen die te zwijgen wisten. Een keer in de
week kwamen moeder en grootmoeder haar opzoeken.

Toen deed zich een buitenkans voor: de ramp in Zeeland.
Pater Geijtenbeek bedacht het plan om zijn dochtertje te laten doorgaan voor een wees, een enigst kindje dat bij de wa-
tersnood haar beide ouders had verloren.

Zo kwam Lidwina als jongste zusje in het gezin waar haar
moeder het oudste zusje van was, en waar ze in de rij kinderen die van negentien jaar afliep naar zes gemakkelijk voor
een nakomertje kon doorgaan.

Zelfs haar vader die haar grootvader bleek stelde geen vragen – in die dagen vroegen de mensen zoveel niet. Hij accepteerde het weeskind. En hij vond het goed om het als eigen
te beschouwen.

Een jaar geleden is haar echte vader overleden. Ze hoorde er-

van toen een brief die ze hem geschreven had als onbestel-
baar terugkwam. 'Verstorben' stond op de enveloppe gestem-
peld. Pater Geijtenbeek lag toen al enkele weken onder de
aarde.

Misschien, zegt ze, misschien heb ik van mijn vader op mijn
manier gehouden of tenminste iets van hem begrepen. Maar
de wereld om hem heen – die zou ze willen raken, pang, treffen in het hart. Hoeveel mensen hebben er niet van geweten
en haar niets verteld? De zusters die haar als baby verzorgd
hebben wisten het. En de paters die haar vader – een smet
op de orde – naar Duitsland verbannen hebben. Collega's
van hem wisten ervan, bisschoppen wisten ervan. Nooit
heeft iemand zich om háár bekommerd. Hun kerk spreekt
van naastenliefde en van eerlijkheid. Maar als het erop aankomt zien ze een mens als een nietswaardig vliegje, een on-
beduidend stofje, van geen belang vergeleken bij de heilig-
heid van de eeuwige Moederkerk. De zuster van de Lagere
School wist ervan: ze was aardig, maar zei niets. De rectrix
van de middelbare meisjesschool wist ervan. Die was onaar-
dig en zei ook niets.

Nu nog steeds: als ze zegt 'mijn moeder' bedoelt ze haar
grootmoeder. Haar moeder is voor haar 'Yvonne' gebleven.
Toen ze het verteld had zei haar grootmoeder: 'Ik heb u altijd
liever gehad dan mijn eigen kinderen.' Ze heeft zich zo gauw
als het kon door grootmoeder laten adopteren.
  Haar eigen moeder moet in haar jonge jaren een verlegen
meisje geweest zijn, een beetje bang voor de wereld, een leven van opruimen, schoonmaken en eten koken in het ver-
schiet. Een gelovig meisje, een goedgelovig meisje misschien
wel. Zo'n kind dat met allerlei gevoelens geen weg weet en
dat veiligheid zoekt in de buurt van een oudere man, be-
kleed bovendien met het heilig gezag van de priestertoog.
  Nu, zoveel jaren later, ziet zijn dochter hem als een onbe-
holpen man, een tweeslachtig mens. Wie met hem te maken
kreeg in zijn rol van priester, op de preekstoel of in een gesprek, trof een hele ouderwetse man die geen gelegenheid
voorbij liet gaan om de grote waarde van het celibaat te benadrukken. In het alledaagse was hij een sterke, rijzige verschijning die makkelijk contact legde met vrouwen die hij,

eenmaal veroverd, liet vallen. Er ging iets mythisch van hem uit, het geheimzinnige van iemand die de hand las. Voor een echte relatie was hij niet geschikt. Als het erop aankwam, dan zorgde hij dat hij zelf goed uit de situatie tevoorschijn kwam.

Dit alles, zegt zijn dochter, zou ze hem vergeven – als hij maar één keer, even maar, *fier* geweest zou zijn op zijn vaderschap, trots op *haar* bestaan.

'Een paar weken nadat ik het gehoord had heb ik hem opgebeld. We maakten een afspraak in Rotterdam waar een broer van hem woont. De reis erheen duurde en duurde, er leek geen einde aan te komen. Ik wilde hem vragen stellen, honderd vragen. Zodra ik er één in mijn hoofd kreeg werd ik boos: "Hij mijn vader? Hoe is het mogelijk!" Ik wilde vragen en ik wilde hem de waarheid zeggen: bent u niet beschaamd, vader?

Hij kwam mij van het station afhalen. Zijn gezicht was helemaal wit, hij wist zich geen houding te geven. Hij kwam naar me toe, pakte me vast en hij weende. "Je bent ver van huis," zei hij, "en je bent toch thuis." We gingen iets eten aan een haringkar. "Is dat uw dochter?" vroeg de haringman. Hij werd rood en groen, hij sloeg alle kleuren uit. Toen wist ik het eigenlijk al. Waarom was hij niet trots? Waarom zei hij niet: "Jazeker!"

We zijn naar zijn broer gereden. In de auto zeiden we niet veel. Toen hebben we samen een uitstap gemaakt, naar Hoek van Holland waar we zijn gaan wandelen. Hij zei, je *moet* me vergeven. Als je het onzevader leest, daar staat dat je dat *moet* doen.

Hij had het ook niet gemakkelijk gehad, zei hij. Hij had zich na mijn geboorte altijd moeten onthouden. Hij had altijd van mij gescheiden *moeten* leven. Eigenlijk zag hij zichzelf als slachtoffer.

Ik vroeg hem waarom hij niet voor Yvonne en mij had gekozen.

Dat was niets geworden, zei hij. Yvonne was een "tof wijf", maar ze was erg ongeletterd. Voor een duurzaam diep contact was ze te beperkt.

Hij bezwoer mij om het geheim – ook nu nog – geheim te houden. Hij zou mij elke maand geld overmaken, driehon-

derd, driehonderd en vijftig mark. Hij vond dat vrouwen altijd zo emotioneel waren, mannen konden kwesties als deze
veel beter beredeneren.

Ik had maar één verlangen: dat hij zijn vaderschap officieel zou erkennen. Niet dat gezeur over vergeven. Ik wou zo
graag dat hij, met het hoofd omhoog, zou zeggen: "Kijk, dit is
mijn dochter!" Dan had ik het gevoel gehad: ik *mag* er zijn.'

Ze hoorde dat haar grootmoeder van vaders kant in het
kraambed was gestorven en dat haar overgrootvader een
joodse handelaar geweest was, wat die plompe dop van een
neus verklaarde tussen al die fijne gezichtjes.

Ook vernam ze dat haar vader door zijn mede-Redemptoris-
ten uit Brussel verbannen was en dat hij de eerste jaren na
haar geboorte met de 'Spekpater' – een rechtse avonturier
die voedsel inzamelde voor de hongerige katholieken achter
het ijzeren gordijn – door Duitsland had gezworven. Daarna
was hij in het dorpje Aerzen pastoor geworden.

Misschien was hij arm, misschien was hij rijk. Hoe dan ook,
onderhoudsgeld heeft hij Yvonne nooit voor zijn dochter gestuurd. Zo nu en dan iets voor een mantel of voor schoenen.

'In Aerzen heb ik bij hem gelogeerd, zonder te weten dat hij
mijn vader was. Tot mijn twaalfde heeft Yvonne weinig van
hem vernomen – zo nu en dan een kaartje. Daarna is er weer
contact gekomen. Vanaf toen nam Yvonne mij mee naar
Duitsland op vakantie. Dan logeerden we bij hem. In het
dorp zei hij dat wij zijn nichten waren. Voor zijn familie waren we goede kennissen uit België.

De eerste keer herinner ik mij heel goed, wat wil je, het
was mijn eerste reis naar het buitenland. We gingen met de
trein, we moesten twee keer overstappen. Hij verwelkomde
ons heel hartelijk, hij pakte ons stevig vast. In zijn priester-
kleren maakte hij een gewichtige indruk. Hij kreeg al grij-
zend haar, hij droeg net als ik een dikke bril, er waren mensen die zeiden dat ik op hem leek. We konden heel gezellig
bij elkaar zitten voor het open vuur. Dan zette hij een plaat
op en dan fantaseerde ik dat we een gezin waren.'

'Lieve Vonny. Ik ben zeer blij dat je bidt voor mij opdat de H. Geest mijn verstand zou verlichten. (...) Dacht je misschien dat ik er geen spijt van heb dat alles zo gelopen is? Alleen ik heb geleerd mij in het onvermijdelijke te schikken en het offer op te brengen dat ik een geliefd kind en jou niet bij mij heb. Of meen je misschien dat ik het leuk vind om alleen te zijn? Jij hebt onze schat. En ik?

Ik hou nog altijd van *mij*!' (Dit staat er echt.) 'Alleen is het jammer genoeg voor mij hier in Aerzen niet mogelijk je dat op de een of andere manier te tonen! Nooit moet ik hier niet dubbel voorzichtig zijn!'

Citaat uit een brief die pater Geijtenbeek op 15 oktober 1965 aan Yvonne Martien schreef.

Tijdens een van die vakanties heeft hij Yvonne gevraagd of zij zijn huishoudster wilde worden. Dat wilde ze niet.

Lidwina was zestien. Een jongen uit Aerzen vroeg haar of ze mee ging naar de bioscoop. Dat mocht niet van de pater. Waarom niet? vroeg ze. 'Die jongen is protestant.'

Zonder de weduwe Pook zou Lidwina het nooit geweten hebben. Later zou de pastoor zeggen: 'Die vrouw heeft me behekst.' Maar toen was het geheim al geen geheim meer. Toen hadden haar moeder en haar grootmoeder de eed voor het kruisbeeld al verbroken.

'We zouden weer naar Duitsland gaan. Vind je het goed, had mijn vader aan Yvonne geschreven, dat ik jullie in Keulen kom afhalen en dat ik een oudere vrouw meeneem?

We komen op het station, daar staat hij met die vrouw. "Dat is helemaal geen oudere vrouw," zegt mijn moeder. "Nee," zegt mijn vader. "Ze is weduwe."

Gezellig was het daarna niet meer. 's Avonds ging hij bij haar koffie drinken. Tegen ons deed hij afstandelijk. Die weduwe had ook een dochter. Mij zag hij niet meer staan.

Later hoorde ik dat die weduwe brieven van Yvonne op vaders bureau had gevonden en dat ze hem met de inhoud chanteerde. Dat liet hij gebeuren! In haar buurt was hij onderdanig, op het slaafse af. Hij danste met haar als een koppel, hij was poeslief voor haar. Seksueel weet ik het niet,

26

maar ze hadden een verhouding. Op een dag is Yvonne daarover in woede ontstoken. We zijn weggegaan. Yvonne is nooit meer terug geweest.'

Hij was een vrouwenman en hij loog daarover. 'Raad eens Yvonne, we hebben pater Geijtenbeek met een vrouw in Brussel gezien!' Zij schreef hem om daarover te vragen. Hij schreef dat het niet waar was. Vond ze in Duitsland foto's van het uitstapje.

Zes jaar later kwam de brief. Later zou hij zeggen dat hij die van de weduwe Pook had moeten schrijven. Anders zou zij onder de mis een scène gaan trappen. 'Beste Yvonne,' stond erin. 'Met uw brieven wordt hier alleen maar gelachen. U hoeft ze niet verder te schrijven. Ik wil met U geen enkel contact meer.'
 Yvonne las de brief, haar moeder las hem – het was alsof Judas hem had geschreven. 'Hebben we daarom al die jaren gelogen?' zeiden ze. Ze vonden dat die brief hen van hun eed ontsloeg. Ze riepen Lidwina bij zich. Moeder zat op een stoel. Yvonne stond erachter. Ze vertelden de waarheid. Toen ze uitverteld waren lieten ze haar de brief lezen.

Ze heeft hem meteen een brief teruggestuurd en ze schreef op de enveloppe: afzender Lidwina Geijtenbeek.

'Ik weet niet of ik duidelijk kan maken door wat voor hel ik daarna gegaan ben. Heel mijn leven was een leugen, zoveel mensen hadden ervan geweten, alleen ik niet. Mijn zusjes en broertjes hoorden het toen ik twaalf jaar was. Ze zeiden niets. Mijn grootvader wist het toen ik zes was. "Dat is geen weeskind," zei hij op een dag. "Die is van Yvonne."
 "Ja," zei zijn vrouw.
 "Waarom heb je het niet meteen gezegd?"
 "Als ik geweten had dat je niet boos zou worden..."
 "Juist," zei grootvader.
 Daarna heeft hij er met geen woord meer over gesproken.
 Hoe kan een mens zijn verleden dragen als het één grote leugen blijkt?
 Woedend was ik, ontheemd, ik was iemand die er niet had moeten zijn. Ik liep door de stad en ik haatte alle mannen.

Elk antwoord op vragen over vroeger riep nieuwe vragen op en nieuwe woede. Ik werd depressief. Als ik er niet had moeten zijn, waarom zou ik hier dan blijven?'

Met de hulp van een 'fantastische' therapeute bleef ze. En ze begon hartstochtelijk te verlangen naar iets dat van haar was, iets gewoons, iets dat zoveel mensen hebben: een gezin.

Achteraf kan je zeggen: misschien wilde ze het niet weten. Achteraf zijn er zoveel sleutels dat ze verbaasd is dat ze er niet één omgedraaid heeft. Toen de vakanties nog leuk waren moest ze van Yvonne 'Pappa' zetten boven haar briefjes aan de pastoor. Dat vond ze vreemd, maar ze deed het. En waarom ging ze nu juist met Yvonne naar Duitsland? Een blinde moet ze geweest zijn – maar wie wil zien als het beeld ontluisterend is? In het familieboekje stonden de namen van al haar broers en zusjes, maar niet die van haar.

'Waarom niet?' vroeg ze haar grootmoeder.

'Jij bent in Schiedam geboren.'

Verder vroeg ze niet.

Na de wandeling in Hoek van Holland heeft ze haar vader nog een paar keer gezien. Het had alleen goed kunnen gaan als hij haar gegeven had wat zij hem vroeg: publieke erkenning. Die gaf hij haar niet. Als man kon hij beredeneren waarom niet. Op een dag heeft zij na weer een telefoongesprek vol *ja maar* en *begrijp nou es* de hoorn op de haak gegooid. Daarna wilde hij geen contact meer. Hij had het niet op mensen die de hoorn op de haak gooiden. Hij sloeg haar verjaardagen over. En als hij iets schreef was de toonzetting bitter.

Zes jaar later hoorde ze dat hij dood was.

Ze is naar Duitsland gereisd, ze heeft zijn graf bezocht, en ze werd door een jonge kapelaan ontvangen.

'Ik ben zijn dochter,' zei ze.

'Ja,' zei die kapelaan. 'Dat kun je wel zien.'

Misschien is dit wel de kern van alles. Ieder mens wil dat zijn vader fier op hem is – hoe oud je ook wordt, daar verlang je hartstochtelijk naar. Schaamt je vader zich, voor zichzelf en voor jou – hoe oud je ook wordt, dat maakt je woedend. Naar haar vader heeft ze verlangd en op haar vader is ze woedend geweest. Allebei tegelijk. Altijd. Zelfs nu nog, nu hij dood is. Misschien is een mensenleven te kort om hiermee in het reine te komen.

Nu heeft ze zelf een kind, een vrolijk jongetje. Ze heeft haar gezin. Ze houdt van haar man die zoveel ouder is dan zij, dat hij haar vader had kunnen wezen.

En toch: het houdt niet op. Nu pater Geijtenbeek gestorven is zoekt ze contact met zijn familie die ook haar familie is. De meesten begrijpen haar en heten haar welkom. Van twee nichten ontving ze het volgende schrijven: 'Geachte Mevrouw. Als u claimt dat de overledene uw natuurlijke vader is en hij - tijdens zijn leven - u niet heeft willen dan wel kunnen erkennen - dan kunt u dat ná zijn dood niet van anderen verwachten. Hoogachtend, de beide dochters van zijn zuster Ans.'

Yvonne is nooit getrouwd. Voor haar is de pater de man van haar leven gebleven. Ze woont nu in huis bij Lidwina. Veel contact is er niet. Ze maakt een sombere indruk.

Mijn Vijand

Dit is het verhaal van de man die drieduizend of misschien wel vierduizend mensen doodgemaakt heeft om er één te pakken te krijgen – en dat is niet gelukt.

Die drie- of vierduizend, zegt hij, daar doet hij 's nachts geen oog minder om dicht.

Maar die ene?

'Als ik straks in de hemel kom en hij is er ook, dan trap ik hem gelijk de hel in.'

Jaren geleden, toen ik hem voor het eerst ontmoette, woonde hij achter zijn garage langs de Rijksstraatweg in Elst. Het vreemdelingenlegioen bestond honderd vijftig jaar. Ik wilde iets schrijven over Nederlanders die erin hadden gezeten. Hij was voorzitter van hun vereniging: middelbare en bejaarde mannen, genre weet je nog wel, toen en toen. Onder hen waren er die in de strijd een been of erger hadden gelaten.

De voorzitter was anders dan de anderen, harder. Van nostalgie moest hij niet veel hebben. Dat been van Harry, zei hij, dat was geen heldenmoed, dat was een beginnersfout. Ze klitten bij elkaar, dacht hij, omdat ze in hun legioensjaren te *weinig* hadden meegemaakt. Hij niet. Hij had de kelk tot de bodem leeggedronken.

Ook toen al had hij het – zijdelings – gehad over iemand achter wie hij jarenlang had aangezeten. Een Duitser, Hans Schröder. Het hele Vietnamese oerwoud door had hij achter hem aan gejaagd.

Wat had de voorzitter precies gedaan? Waarom was hij zo gebeten geweest op die Duitser, *die ene*? En welke kelk had hij helemaal leeggedronken?

Vele jaren later, op een mooie zomerdag, zocht ik hem op. Hij was inmiddels verhuisd naar een klein dorpje in Noord-Limburg waar hij dag en nacht aan een landhuis timmerde

31

met schuren en kassen en oprijlanen: het zelfgebouwde paleis van een man die zo te zien elke kelk tot de bodem ledigt. Hij woonde er met zijn kinderen voor zover die nog niet uit huis waren en met zijn vrouw, de enige op de wereld die hem tot rust had kunnen brengen. Ik vermoed dat ze dat met haar stem heeft gedaan. Ook als die fluistert vallen de vazen van de schoorsteenmantel.

Ach, zei hij, toen ik het hem vroeg: dat verhaal. Wie zit erom verlegen? Nee hoor. Dat was verleden, dat was gebeurd, dat was over. Nu bouwde hij aan zijn huis, de hele zomer bouwde hij, en dan gingen ze op vakantie en dan, daarna... DAARNA, fluisterde zijn vrouw, ZOU HET KUNNEN.
Een half jaar later vroor het dat het kraakte. Hij kon niet verder bouwen. Dus als ik nu langskwam...

Een paar keer ben ik naar Noord-Limburg gereisd. En toen heeft hij het verteld. Het verhaal van *die ene*.

Zes jaar lang heeft hij achter *die ene* aangezeten. Van de Chinese grens tot ver achter Dien Bien Phoe. Hij *zou* hem te pakken krijgen, hij *moest* hem te pakken krijgen, persoonlijk zou en moest hij hem 'afmaken'. Gedroomd heeft hij ervan! Overdag, 's nachts: als een beest heeft hij ervoor geleefd, als een mol. Altijd verdekt, altijd onzichtbaar, hooguit twee uur slaap met één oog open. Geen eten mee, geen tent – bedenk hoe zwaar die wordt als het regent. Een vos is hij geweest, een kluizenaar: het is hem niet gelukt.
Misschien leeft hij nog wel, die ene, die Schröder, die flapdrol. Als hij hem op straat zou tegenkomen? Zo rustig als hij nu is: hij zou hem gelijk naar de keel vliegen.

'JA,' zegt zijn vrouw, 'MAAR OOIT!' Ooit, zegt hij zelf, heeft hij ontzettend tegen die man opgekeken: hemelhoog. Op een voetstuk heeft hij hem gehad, op handen heeft hij hem gedragen. Je kunt wel zeggen: hij was zijn ideaalbeeld! Een superman was hij, lenig, pezig en sterk, ontzettend sterk. Met een mortier van twintig kilo speelde hij alsof het niks was. Hij moet toen al dik in de dertig zijn geweest.
Zelf was hij in die tijd een schril broekie. Achttien jaar, als hij dat al was. Die Duitser, die Schröder heeft hem toen door

alles heen gesleept! Maar dat was nog in Frankrijk, in de opleiding.

Later in Vietnam: één keer, zegt hij. Eén keer heeft hij hem *bijna* te pakken gehad. Eén keer, in al die zes jaren. Ach! Als hij toen toch eens... hij wist zeker dat hij hem geraakt had. Zo zeker als een huis.

Het was in de buurt van That Ké, aan de grens met China. Toen was die Schröder, de rotzak, al gedeserteerd naar de vijand, naar de Viets. Hoeveel van hun posten waren toen al op *zijn* aanwijzing opgerold? Hoeveel van zijn mede-legionairs waren toen al door *zijn* verraad om het leven gekomen?

Hij haat hem, God wat haat hij die man. Maar hij moet toegeven: een schitterend militair. Voordat hij overliep hoefden ze voor de vijand zo benauwd niet te wezen. Een hoop herrie en een hoop branie. Met hem kwam er lijn in hun aanvallen. Met hem viel de ene post na de andere. Binnen geen tijd hadden ze hem commandant gemaakt van een divisie.

Die keer bij That Ké had die divisie net een konvooi van hen in de pan gehakt. Ze trokken weg, tienduizend man. 'Ik dacht: daar en daar boven That Ké, daar zullen ze wel halt houden. Die plek kende ik. Ze hadden er al eens eerder hun kamp opgezet. Ik wist waar Schröder toen zijn hoofdkwartier had. Voordat hij er was, was ik er al. Ik zag zijn mensen aankomen. Ze doen hun rugzakken af, ze willen wachtposten uitzetten. Op zo'n moment is het in elk leger een beetje een chaos, een warboel. Ze lopen door elkaar heen. Ik denk: nu! En ik begin te blaffen. Alles wat ik had aan munitie heb ik verschoten. Ze vielen om als mussen van het dak, het was gewoon konijntje mikken. Ik heb hem niet gezien, maar ik was er zeker van dat ik hem ook geraakt had. Ik raakte *iedereen*. Toen ik niks meer had om mee te schieten ben ik ertussen uit geknepen. Fout, fout, fout, maar ik was zo totaal geobsedeerd: aan mijn terugweg had ik niet gedacht. God weet hoe ik daar levend vandaan ben gekomen. Diep gelukkig was ik, triomfantelijk. Tot ik hoorde dat ik juist hem niet geraakt had.'

Ja, waarom, waarom, waarom? Waarom is hij in het vreemdelingenlegioen terechtgekomen? Wie weet als oude man nog waarom hij deed wat hij deed toen hij jong was? Hij weet wel waarom hij na vijf jaar bijgetekend heeft en daarna nog eens en nog eens. Om *hem*.

Toen hij terug was in Holland en toen alles allang voorbij was heeft hij hem nog een keer gezien. Op de televisie. Op een avond zit hij zomaar wat te kijken, Brandpunt of zoiets, hij weet niet eens meer wat. Ineens, godverdomme, nondeju, daar staat hij! Hans Schröder, generaal van de Noord-Vietnamezen! Hij had een regenjas aan, hij stond naast generaal Giap, de held van Dien Bien Phoe, en hij was getrouwd met diens dochter! De klootzak. Hij zag er nog precies uit als vroeger. Een echte Pruis, zonder buik.

Het moet 1944 geweest zijn, zegt hij, dat hij van huis wegliep. Zomaar. Van de ene dag op de andere. Ze woonden toen in Reusel en hij liep richting Tilburg, zoveel weet hij nog. En dat hij maar door en door is gelopen. België door en Luxemburg en Duitsland, van de ene boerenhofstee naar de andere. Hier een klusje opknappen, een dag, een week, voor een boterham, een stuk spek, een stuk vlees. En dan weer verder. Waarheen precies? Waarom? Hij herinnert zich alleen nog dat hij in Straatsburg kwam en dat hij daar een plakkaat zag van een mooie soldaat met een witte kepie op zijn kop, palmbomen erachter en zandduinen. Ja! Dat leek hem! Hij heeft zich aangemeld. Een week later zat hij in Sidi bel Abbès als recruut van het vreemdelingenlegioen.

Met dertig man kwam hij op een kamer. Een van hen zei dat hij Hans heette en Schröder. Later hoorde hij dat Hans Schröder een ss-Sturmbannführer geweest was, in rang vergelijkbaar met een Hollandse grootmajoor. Je kon het aan hem zien ook: duidelijk een man die gewend was om bevelen te geven in plaats van te ontvangen.

In Sidi bel Abbès was Schröder net zoveel recruut als hij zelf: minder in tel dan een aardworm.

'Het Legioen in die tijd? In de opleiding? Daar keken ze echt niet op een klap meer of een trap minder! Waar kom je vandaan? 'Ik ben Nederlander.' Sloegen ze me alle kanten uit. 'Leugenaar! Schooier!' Ik zeg, ik ben wél Nederlander. Pats, klap, midden in mijn gezicht. Goed, zeg ik, zeg maar wat ik ben. 'Jij bent Oostenrijker. Waar ben je geboren?' Ik zeg, in Reusel, in Holland. Bom. Had ik er weer een te pakken. 'Je bent geboren in Feldbach! En je heet geen De Wit. Je heet Timmerman. Timmerman! Schoenen halen!'

Ik kreeg maat 47 met jubeltenen. Ik zeg, daar kan ik niet op lopen. Pof. Weer ene. Mijn kepie stond precies boven op mijne kruin. Ik zeg, die past toch... bom, nog een trap. In die dagen? Het Legioen? Dat maakte geen poespas.'

Later begrijp je waar al dat trappen en meppen en vloeken om begonnen is. 't Is de wet van zo'n Legioen. Eerst moet je persoonlijkheid tot de grond worden afgebroken. Als het zover is kan er een nieuwe voor in de plaats komen die beter geschikt is voor vechtdoelen. Je oude ik, Piet de Wit, geboren in Reusel, zoon van een kruidenier en ex-priesterstudent, moet als het ware doorgehaald worden, die moet nooit bestaan hebben. In zijn plaats komt het ik van iemand die je vreemd is, van Timmerman uit Feldbach. Een man zonder achtergrond, zonder geschiedenis, zonder gezicht en met maar één ideaal: de beste soldaat van de wereld te worden in het beste leger van de wereld. Een man vol doodsverachting, zichzelf wegcijferend voor het Hoge Doel, als een monnik levend in Totale Trouw aan Het Legioen dat zijn nieuwe, zijn enige Vaderland is.

Dat begrijp je later: maar dan *ben* je al Timmerman uit Feldbach. Zolang je nog Piet de Wit bent uit Reusel – 'ik heb daar in Sidi bel Abbès heel wat avonden op mijn brits heb liggen huilen hoor'.

Als Hans Schröder er toen niet geweest was en als die zich niet over dat schrille broekie van achttien ontfermd had, dan zou Piet de Wit uit Reusel, vreest hij, het ook fysiek niet overleefd hebben.

'U moet niet vergeten: ik was daar het groentje, het broekie tussen allemaal ouwe vechtrotten. Ik had nog nooit een wapen in handen gehad! Terwijl zij, d'r waren Belgen bij en een Italiaan herinner ik me en een Spanjaard, maar de meesten waren Russen die met Hitler mee hadden gevochten en Duitsers die de straf voor hun oorlogsmisdaden wilden ontlopen. Op de kamer werd Duits en Russisch gesproken. Zo heel nauw keken ze toen niet in Frankrijk en ze hadden voor Indo-China kanonnevoer nodig. Al die Duitsers en Russen gingen na hun opleiding naar het derde regiment, het regiment dat verrecken sollte. Linea recta gingen ze naar Vietnam, naar de grens met China. In één jaar tijd hebben ze het derde regiment drie keer moeten vervangen.'

Van die ouwe knapen, zegt hij, heeft hij het beroep geleerd. Er waren erbij die op alle fronten van Europa hadden gevochten. Van hen was Hans Schröder de beste, zonder meer. In alles. In wapenkennis, in de mars, in de sport, echt een superatleet. In alles haantje de voorste. Iedereen keek tegen hem op. 'En ik, het groentje? Ik leunde op hem, hij liet mij leunen, en ik bewonderde hem.'

'Als hij zag dat ik niet meer kon was hij er altijd bij om me te helpen. Elke goeie legerinstructeur is een beetje een sadist. Ze pakken altijd de jongste, de zwakste, degene die achterblijft. Dat was ik. En dan straffen ze de hele groep om hem. Hans Schröder hielp me zoveel hij kon. Zonder hem had ik nog veel meer straf gehad. Ik kreeg toch al de meeste. Hardlopen, eendenmars, op je ellebogen vooruit kruipen, met de tandenborstel de trappen vegen, gasmasker op: een tête carré, een klap voor je kop, had je zo te pakken. Altijd stond Hans Schröder voor me klaar. Mijn slapie werd hij, mijn held. Ik had maar een idee: net zo worden als hij! Net zo sterk, net zo koelbloedig, net zo'n soldaat. Nee! Ik wilde beter worden. Toen ik van de opleiding af kwam wist ik het zeker. Ik zou de beste soldaat worden die er op de wereld ooit geweest was.'

Na de opleiding vertrok Hans Schröder met de Russen en de andere ss'ers per eerste boot naar Indo-China. De Wit alias Timmerman mocht verder leren en korporaal en onderofficier worden. Uit die opleiding kwam hij als nummer één tevoorschijn: de eerste stap op weg naar het Ideaal. Hij mocht zeggen waar hij heen wilde. Hij aarzelde geen ogenblik: naar het derde regiment, naar Indo-China! Niemand wilde daar vrijwillig heen. Hij wel. Waarom? 'Omdat het derde het meest glorierijke regiment was, het regiment met de beste naam, met de meeste onderscheidingen. Uit '14-'18 alleen al hadden ze vier of vijf palmen op het vaandel!' Hij was, zegt hij, niet voor honderd, nee voor duizend procent legionair geworden. Iets anders bestond gewoon niet. Patria nostra! Eerst komt het Legioen, dan heel lang niks en dan komt de rest van de wereld: onbelangrijk. Noem het wat je wilt, noem het hersenspoeling: sergeant Timmerman uit Feldbach diende niet in het Legioen, hij wás het Legioen. Hij wilde niets

liever dan het Legioen zijn liefde, zijn trouw en zijn vakman-
schap bewijzen.

Zo vertrok hij naar hetzelfde Vietnam waarheen Hans Schröder hem was voorgegaan. De eerste maanden – daar heeft hij
wel slecht van geslapen. Toen maakte hij deel uit van het *he-
melvaartcommando*. Er liep een spoorlijn van Hanoi naar
Haiphong. Die werd elke nacht door de Vietnamezen onder-
mijnd. 'Iemand van ons was op het lumineuze idee gekomen
om langs die spoorlijn, om de vijftien kilometer, posten neer
te zetten. Elke ochtend ging van elke post een ploeg van drie
man op stap met een grote moker. Zeven kilometer, halverwege ontmoette je de ploeg van de volgende post. Van die
drie liep er telkens eentje honderd meter vooruit. Hij hield
stil en dan gaf hij met die moker een enorme klap op die
rails. Lag er geen mijn, dan gebeurde er niks. Dan liepen de
andere twee naar hem toe en dan liep de volgende honderd
meter vooruit. Bang, weer een klap op de rails. Lag er wel
een mijn, dan vond je van degene die de klap gegeven had
niets terug. Ik heb dat drie maanden gedaan: om de dag viel
er een dode. Een keer ben ik met drie man op pad gegaan en
alleen teruggekomen. De trein kon rijden.'

Was dat, vraag ik, een soort ontgroening?

'Nee. Met elke klap bewees je je liefde, je trouw aan het
Legioen!'

Hij overleefde die maanden en hij werd overgeplaatst naar
het noorden.

Daar hoorde hij het.

Een jaar eerder was daar een Duitser aangekomen, een zekere Hans Schröder. Het had geen maand geduurd, of die
was, met wapen en al, naar de vijand overgelopen.

'Het was alsof mijn wereld in elkaar stortte. Hij! Juist Hij!
Juist hem die ik het meest van al had bewonderd! Ik was onder-
derofficier, ik was duizend procent legionair: alles wat ook
maar rook naar verraad, naar afvalligheid, dat was voor mij
een voorwerp van haat, van vernietiging. Zo iemand verdiende de dood.

Bij toeval kwam sergeant Timmerman, geboren in Feldbach,
erachter waar Schröder was en wat hij deed. 'Op een dag

37

stuiten we op een troep amazones, vrouwen die meer in Boeddha geloofden dan in de Fransen. Furies kan ik wel zeggen. We slaan de aanval af. "Timmerman," zegt de commandant, "zou jij die vrouwen terug kunnen vinden in de natuur?" Ik zeg ja. "Dan moet je ze eens volgen en kijken waar ze naartoe gaan. Zoek maar mensen uit. Geen die ziek zijn of kuchen of zo, gezonde kerels. Zo weinig mogelijk." '

Dat was zijn eerste commando-opdracht.

'We volgen hun sporen. Na twee dagen vinden we die vrouwen. We lopen ze na tot boven Cao Bang. Wat zie ik daar? Allemaal vuren, kampvuren. Een enorme troepenconcentratie. Ik denk, ik ga maar eens terug want dan kan ik het melden. Heb ik het geluk dat ik een koerier van hun te pakken krijg. We nemen hem mee. Uit zijn papieren blijkt dat hij van de 312de divisie is. "Timmerman," zegt de commandant weer, "zou je die 312de eens willen volgen, kijken waar die naartoe gaat?" Ik heb andere kleren aangetrokken, leeftocht meegenomen, mannen uitgezocht, achter de 312de aan. We leggen ons in een hinderlaag. We nemen er een paar gevangen. Ik krijg eruit wie hun commandant is. Hans Schröder!'

Sindsdien was het, zegt hij, zijn levensdoel geworden. De 312de te volgen. Hun commandant te pakken nemen. Door Schröder dood te maken zou hij bewijzen dat hij, nee, niet de beste, de allerbeste soldaat was van de wereld.

Het was zwaar, zegt hij, onnoemelijk zwaar. Toen de 312de ergens lang stilhield heeft hij zes maanden onder de grond geleefd in een zelfgetimmerd hokje, niet groter dan een tafelkleed. Hout erover en daar weer overheen hele bomen en zand en gras. Nooit ontdekt, nooit gevonden. Nooit geen voedsel gehad, geen contact, met niemand, behalve via die radio. Nooit echt slapen en meteen klaarwakker. 'Het is een rijk land daar, je vindt alles wat je nodig hebt. Ananas, sla, rijst in de dorpen, een keer een kippetje jatten, eenden genoeg en die zijn makkelijk te plukken, vissen uit waterpoelen, rauw ook lekker. En als er niets was, de honger verdragen.'

Soms, zegt hij, kon je een krijgsgevangene maken. Die had meestal eten bij zich. Had je dat ook.

'Wat deed u met zo iemand?'

'Uithoren.'

En dan?

'Hoe dan?'

'Dan vermoordde u zo iemand.'

'Hohoho. Dat is geen moord. Dat is uitschakelen.'

'U deed het met de hand?'

'Altijd met de hand. Je mocht geen geluid maken.'

'Hoe vaak heeft u dat gedaan?'

'Ontelbaar vaak. Ik zat zo dicht op de vijand: er hoefde er maar een iets te ver door te lopen of ik had hem te pakken. Met het mes. Altijd met het mes.'

'Ik ben,' zegt hij, 'gegroeid in dat commandowerk. Het is mijn lievelingswerk geworden. Of laat ik het zo zeggen: ik vond en ik vind het de meest waardige tak van mijn beroep. U bent op u eigen aangewezen. Iedere seconde kunt u gesnapt worden. Iedere seconde van uw leven die spanning! De adrenaline bruist. Heerlijk.'

De volgende avond.

Ik vraag: 'U heeft voor priester geleerd. Waarom is dat niet doorgegaan?'

Hij zegt dat hij geen roeping had. Hij keek liever naar de blote borstjes van de negerinnetjes dan naar Onzen Lieve Heer. Laten we eerlijk zijn. Dan heb je geen roeping.

'U wilde missionaris worden.'

'Ja,' zegt hij, 'en dat ben ik ook geworden. Ik heb heel wat zieltjes naar den hemel geholpen.'

Hoeveel?

'Poh poh poh. Héél veel.'

Meer dan honderd?

'In al die jaren? Wel duizend ook. Wel drieduizend. Hoe kan je dat nou zeggen? Misschien wel vierduizend.'

'Pastoor was niks voor mij,' zegt hij. 'Missionaris wel. Het avontuur. Dat trok me.'

U wilde een hele goeie missionaris worden?

'Nee. De beste. Ik heb altijd de beste willen worden. Op het seminarie ook. We kregen les in zeventien vakken. Latijn, Grieks, Bijbelse Geschiedenis, Algemene Geschiedenis, noem maar op. Ik wilde overal de beste in zijn. In alles.'

Was u dat ook?

'Ja. Meestal. Soms was ik tweede. Dan had ik de pest in. Ik zou en moest eerste worden.'

Waarom bent u ermee opgehouden?

'Ik ben weggelopen. Vlak voor het examen. Van de ene dag op de andere.'

Waarom?

'Zomaar. Ik had geen roeping.'

'Nee,' zegt hij. 'Dat is niet waar. Het ging om mijn broer.'

En dan vertelt hij, stukje bij beetje, brokkelig en met afgewend gezicht, het verhaal van zijn broer Jan en als hij het helemaal verteld heeft dan zegt hij: 't is net het verhaal van Schröder.

Wat heeft hij ons Jan, zijn broer, helemaal gezien? Er is niet eens een foto waar ze samen op staan. Daarom misschien. En omdat Jan niet als hij een braaf kind was maar een vlegel, een durfal. Daarom heeft hij hem als kind en als jongen op handen gedragen.

In het laatste oorlogsjaar hoorde hij dat ons Jan soldaat geworden was en naar Rusland vertrokken. Vol was hij van trots. Dat hij dat durfde! Dat hij zó moedig was! Wist hij veel? Wat wist je in die dagen? Op zo'n seminarie hoorde je niks. Hij dacht: ik heb een broer die een held is. Verder dacht hij niks.

Hij merkte wel dat hij ermee gepest werd. Door leerlingen. En ook door de paters. Niet openlijk. Bedekt. Met toespelingen. Ook in de les. Verdorie, dacht hij. Hij is *mijn* broer. Daar blijven ze van af.

Het pesten hield niet op en de toespelingen werden sterker.

Toen is hij naar de rector gegaan en toen heeft hij gezegd: tabé, ik vertrek.

Hij ging naar huis. Moeder verdrietig, vader vol bittere verwijten. Hier ook al, dacht hij. En toen is hij weggelopen. Naar Tilburg, België door, Luxemburg door en Duitsland...

'U ging,' zeg ik, 'op zoek naar uw broer.'

'Ja,' zegt hij. 'Dat ook.'

En waarom bent u omgekeerd?

'Omdat ik onderweg pas begreep wat hij echt gedaan had.'

Dat hij voor Hitler was gaan vechten?

'Ja. Dat hij de *verkeerde* kant had gekozen. Ik haatte hem.'

In plaats van naar het oosten is hij naar het westen gaan lopen. Tot hij in Straatsburg kwam waar hij een plakkaat zag hangen van een soldaat met een witte kepie op zijn kop onder de palmbomen.

Ruim twintig jaar later, toen hij terug was in Holland, heeft hij zijn broer gezien. Gesproken heeft hij hem nooit meer.

Een volgende avond. Hij vertelt van de gelegenheden waarbij hij zijn *médailles militaires* heeft verdiend. Verhalen vol bloed en vol doden. Hoe hij met 'een staande sectie geharde kerels' een Laotiaanse Prins bevrijd heeft uit een omsingeling door de Pathet Lao: 'waar je ook keek lagen lijken, de Prins was ongedeerd.' En hoe onder zijn aanvoering een onneembare vesting van de vijand in stormloop werd genomen: 'Er was er niet één van ons die niet geraakt was.' En hoe hij tegen de orders in met zijn peloton op een heuvel bleef liggen: zwermen aanvallers die zwermen doden werden. Hij vertelt de gruwelijkheden met trots: 'Zij hadden meer uithoudingsvermogen, maar wij waren sterker. Man tegen man hadden ze geen kans. Met het mes. Met de bajonet, dat had ik het liefst.' Maar hij vertelt ze als gebeurtenissen uit een vorig leven, afstandelijk: 'Het was mijn *beroep*,' zegt hij, 'en daar had ik *hart* voor.' Zoals een timmerman die hart heeft voor zijn vak de spijker er vlugger en rechter in zal slaan, zo zal de soldaat die in zijn beroep goed wil zijn vlugger moeten zijn dan een ander, vlugger met schieten, vlugger met het mes, vlugger met de bajonet.

Maar als hij vertelt over de jaren dat hij achter Schröder aangezeten heeft: potverdomme zegt hij dan, als was het gisteren gebeurd. Die keer onder Na Cham! Als hij hem toen..., 't is een stommiteit dat hij hem toen niet kapot geschoten heeft. Hij lag daar die divisie te beobachten en hij zag ze naar voren trekken, steeds verder naar voren. Verdorie, dacht hij, nu vlug erachter aan. Straks krijgen ze op hun duvel, dan moeten ze terug, en dan lig ik klaar om... te laat. Overal werd geschoten. Hij *moest* dekking zoeken. Ze kwamen terug. Schröder moet vlak langs hem zijn gelopen. Nondeju, hij kon niks doen. Hoe vaak heeft hij niet in een hinderlaag gelegen dat die verdomde Schröder precies de hoofdweg nam in plaats van het zijpaadje waar hij op had gerekend! Hoe vaak heeft hij niet gedacht: nog één post voorbij, nog een tweede misschien... altijd stond er dan een derde of een vierde.

Er ging geen dag voorbij of hij droomde ervan. Als hij hem toch eens... mocht hij hem eens... hij zag het elke dag voor zich. Koelbloedig zou hij hem... hij! Hijzelf! Hij persoonlijk! Die eer zou niemand hem misgunnen.

Niet tot aan China, tot ín China is hij Schröder gevolgd: telkens als hij daarheen terugging om zijn divisie op peil te brengen. Hun bewegingen heeft hij gemeld zodat de zijnen op een aanval voorbereid waren. Met bebloede koppen zag hij ze dan van het slagveld terugkeren. Die keer in de delta! Een colonne gewonden zag hij weggedragen worden, daar kwam geen einde aan. Bij Dien Bien Phoe waar de slag is uitgevochten die de Fransen niet konden verliezen maar die ze door het genie van generaal Giap toch verloren zat hij de 312de op de hielen.

Dien Bien Phoe was het einde. Na die schokkende nederlaag vertrokken de Fransen voorgoed uit Indo-China. Sergeant Timmerman moest mee: verloren. Generaal Schröder bleef: gewonnen.

Ik vraag het hem.

Heeft u Hans Schröder in die zes jaar wel eens gezien?

'Nee. Verdomme nee.'

U moet zich voorstellen, zegt hij, zo'n divisie, dertigduizend man, dat neemt kilometers in het vierkant in beslag. Een paar heuvels wel. Ongezien bij het hoofdkwartier komen, dat is onmogelijk, dat is zelfmoord, dat kan niet. Of het kan wel, zoals die ene keer. Heel soms kan het.

'Na die ene keer heeft Schröder zijn maatregelen genomen, dat staat vast. Toen wist hij dat *ik* achter hem aanzat. En toen heeft hij groepjes achter *mij* aangestuurd.'

Dat kan niet missen, zegt hij, dat staat vast. Op een dag kwam hij in een dorp en daar zag hij een plakkaat hangen. Alle inwoners werden opgeroepen om uit te kijken naar sergeant Timmerman uit Feldbach, legionair en verkenner, vanwege zijn misdaden tegen het Vietnamese volk door een volkstribunaal ter dood veroordeeld. Was getekend, de commandant van de 312de divisie, H. Schröder.

Soms stuitte hij op zo'n groepje dat achter hem aanzat. Dan was het kort en hevig – schieten, omleggen, wegwezen.

Hij zegt het allebei. Hij zegt dat het schaduwen van de 312de zijn eigenlijke opdracht was. En dat het een mooie bijkomstigheid zou wezen als hij kans kreeg om de verrader neer te schieten. Niet veel later zegt hij dat hij aan die hele 312de geen boodschap had. Het ging om hem! Dat schaduwen was maar het middel om die verdomde Schröder te bereiken. Die had van zijn divisie zo'n geolied en krachtig instrument gemaakt, zo'n prachtig oorlogsinstrument: een vechtmachine die het Legioen zweet gekost heeft en bloed en doden: 'Mijn haat werd alsmaar dieper, grondiger.'

In het begin wel, zegt hij. Toen wist de commandant van wie hij zijn opdracht kreeg wat hem dreef. Die man was er zelf niet minder op gebeten om Schröder te pakken te krijgen. Hij was uit *zijn* compagnie gedeserteerd. Later kreeg hij zijn opdrachten van mensen wie de naam Schröder weinig zei. Een deserteur. So what?

Toen had hij, zegt hij, opdracht om de 312de te volgen. Niet om Schröder persoonlijk om te leggen.

'Het was fout wat ik deed,' zegt hij. 'Militair gezien was het fout. Ik ben er herhaaldelijk voor berispt.'

Hij had gewoon moeten doen wat verkenners horen te doen. Met dertig man op pad gaan, veilig op afstand blijven, beschutting zoeken, zien en niet gezien worden, rapporteren wat je waarneemt. Hoeveel vuren branden er? Hoeveel hout wordt er aangesleept? Graven ze zich in? Of maken ze zich klaar voor de afmars?

Hij deed meer: zodra zijn mannen zich ingegraven hadden koos hij er twee uit en dan ging hij op pad. Zou Schröder hierlangs, zou hij misschien daar... nee, natuurlijk niet. Hij ging nooit alleen. Dan was er niemand om te bevestigen dat hij, persoonlijk, met hem had afgerekend.

Zijn meerderen wisten van zijn wraaklust: in een leger blijft nooit iets onbekend. Vandaar al die berispingen. Een militair hoort niet achter zijn eigen wraak aan te lopen. En toch ga-

S P R E K E N D I K

ven ze hem al die zes jaren dezelfde opdracht: achter de 312de aan! Nooit achter de 308ste of de 310de. Altijd de 312de. Hij vroeg er zelf om en het is hem nooit geweigerd. 'Ze dachten: die is zo gebeten, die zal de 312de niet gauw uit het oog verliezen. Het is gemakkelijk om in die bush bush daar verloren te raken. Alles is zo dichtbegroeid daar, ongelofelijk.'

En zo voerde sergeant Timmerman uit Feldbach binnen de grote oorlog zijn eigen privé-oorlog: een Heilige Oorlog als het ware tegen de Man die de Grootste Waarde in zijn leven vertrapt had en verraden.

Ook dat zegt hij allebei. Dat Schröder bang van hem geweest moet zijn – waarom zou hij hem anders tot drie keer toe door een tribunaal ter dood hebben laten veroordelen? En dat hij aan de persoonlijke wraakoorlog van zijn oude recrutenmaatje schouderophalend voorbij moet gegaan zijn – wat had hij te vrezen van dertig man? Hij had er zelf dertigduizend!

De laatste avond.
'Ik begrijp nu dat het een utopie was, iets godsonmogelijks. Ik heb hem al die jaren nooit gezien. Op drie kilometer afstand, dichterbij ben ik niet gekomen. Het kan zijn dat hij door mijn kijker is gelopen. Maar dan heb ik hem niet herkend.
Ik moet het goed zeggen. Ik was sergeant geworden, in het Legioen ben je dan een afgod. Ik had mijn eerste oorlogskruisje al verdiend. Ik dacht: wat hij kan, dat kan ik ook. *Ik* wou toch de beste soldaat van de wereld worden! Dus ik dacht, als ik hem..., ik weet het echt niet. Ik weet echt niet of hij... we wisten van elkaar dat we achter elkaar aanzaten. Hij stuurde patrouilles op mij af. Vaak genoeg heb ik ze aangevallen. Ik heb er zelf dooien bij gehad ook. Maar of hij nou echt bezorgd was? Hij kende mij! Hij wist dat ik het broekie was: uiteindelijk was hij toch slimmer. Ik denk wel eens, misschien vond hij het best zo. Als hij gewild had, had hij me echt wel kunnen pakken. Hij wist ook wel: om kans te hebben moest ik op vierhonderd meter komen. Verder weg is het op goed geluk. Ik maak het me graag wijs dat hij zich

over mij druk gemaakt heeft. Misschien heeft hij dat ook. Of misschien heeft hij gedacht, ach, die Timmerman. Misschien heeft hij me al die tijd nog steeds de hand boven het hoofd willen houden.'

'Wie heb ik nagejaagd?' zegt hij. 'De man die *mijn* ideaal kapot heeft geslagen. De man die in *mijn* hoofd zat.'
    Alleen in uw hoofd?
    'Het kan. Het zou kunnen.'

'Ik heb,' zegt hij, 'hoge waardering voor missionarissen. Ik weet wat oerwouden zijn. Als u uzelf niet voor honderd procent wegcijfert en niet voor tweehonderd procent inzet, dan komt u er niet.'
    'U heeft uzelf zes jaar lang weggecijferd.'
    'Het enige verschil tussen een legionair en een missiepater is dat een legionair bij gelegenheid kan neuken en zuipen. O nee, paters zuipen ook. Een legionair kan er soms bij neuken.'
    'Een missionaris,' zegt hij, 'heeft de Paus achter zich. Een legionair het Legioen. Allebei zijn ze onfeilbaar.'
    'U had toch roeping.'
    'Ja,' zegt hij. 'Legionairs zijn net monniken.'

Mijn Heilige

'Ik heb nooit kunnen begrijpen dat de Dajaks van het vagevuur weten. En van de eerste mens. Ze doen aan koppensnel-
len, ze hebben nooit een woord gelezen, en toch kennen ze
Adam. De Heer, menen ze, heeft eerst een mens van hout gemaakt. Maar Hij was wat onhandig met het kapmes. Er kwamen allemaal scheuren in en barsten. Toen heeft Hij het
ruwe beeld buiten gelegd in de zon en de regen, maar toen
kwamen er nog meer scheuren en barsten in. Dus dat werd
niets. Laat ik dan maar een mens van leem maken, heeft de
Heer gedacht. Als het dan regent, dan wordt hij mooi glad. En
zo is het gebeurd. Adam!

De Hemel kennen ze ook. Om in de Hemel te komen moeten ze een rivier afvaren die aan beide kanten in brand staat.
Het vagevuur! En ze weten van het bestaan van de zond-
vloed zonder dat ze er ooit van gehoord hebben!'

De eerste keer ontmoet ik hem bij toeval. Ik ben aan het
wandelen in de Limburgse heuvels. Vlak voor Vaals, achter
het Vijlense bos, neem ik een grindpad naar Holset. Daar
loop ik het kerkje binnen dat toegewijd is aan de Heilige Genoveva van Parijs (je hebt er ook een van Brabant). Haar
beeld in het kerkje heeft een geneeskrachtige werking, vooral op eczeem en op oogziekten.

Aan de pastorie naast het kerkje moet ik, van een briefje op
de deur, lang en aanhoudend bellen en geduldig wachten.
Eerst hoor ik een schurende adem en dan geschuifel van
sloffen en als de voordeur opengaat sta ik tegenover een uit-
gemergelde man die *pastoor Collijn* zegt en *aangenaam*.
Voet voor voet schuift de pastoor vervolgens terug naar zijn
woon- tevens spreekkamer. Daar zakt hij uitgeput op een
sleetse driezitsbank, zoekend naar adem die wanhopig naar
longblaasjes zoekt.

Emfyseem, legt hij uit. En of er bezwaar is als hij rookt.
Zijn overige kwalen bestrijdt hij met de inhoud van de vele

drankflessen die her en der door de kamer verspreid liggen.

'Ik heb,' zegt hij als hij voldoende hersteld is, 'mijn hele leven aan den Heer gegeven. Het wordt tijd dat Hij nu eens over de brug komt en me hier weghaalt.'

De pastoor draagt een donkere bril met zijkleppen en hij houdt de gordijnen dicht. 'Zonlicht,' zegt hij. 'Dat is de pest juist. Daar kan ik niet tegen.' Heeft hij overgehouden van een zonnesteek op Borneo. Een kwart eeuw heeft hij onder de Dajaks op Borneo gepredikt. Nu werkt hij, ook bijna een kwart eeuw, onder de Zuid-Limburgers in *Holset*.

Over Genoveva is hij tamelijk kortaf. Daar heb je een hoop narigheid van. Met bussen vol komen ze erop af. Ze stoken je hele kerk zwart met hun kaarsen. Om de drie jaar kan je 'm overschilderen.

Maar hij gelooft er wel in. De andere pastoors in Limburg niet. Die vinden het ouwerwets. 'Ik ben hier,' zegt hij tamelijk mysterieus, 'de laatste witte raaf onder allemaal zwarten.'

Wat ik toen kon vermoeden werd mij later verzekerd. In heel Limburg lopen de kerken leeg. Alleen niet in Holset, dat vlek van wat huizen, wat cafés en het aardige kleine kerkje. Want dat stroomt elke zondag overvol. Van heinde en ver komen ze. Vanwege pastoor Collijn. 'Als hij de kerk binnenkomt,' zeggen ze, 'dan gaat er door ieder een rilling heen.'

Door hem blijkt Holset de *rijkste* parochie van het hele Zuiden. We rekenen hier, zou de pastoor later zelf zeggen, nog altijd met *zes* getallen.

Sinds die eerste keer heb ik hem vaker opgezocht. Hij werd niet zieker en niet beter: een krachtig man op zijn laatste benen. Hij veronderstelt dat deze jaren zijn *vagevuur* zijn, het lijden dat de Heer rechtvaardig acht voordat Hij hem Zijn Hemel binnenvoert.

Elke keer als ik bij hem op bezoek was spraken we over Borneo en over Holset en telkens vervaagde het onderscheid tussen koppensnellers en Genoveva-aanbidders verder. Hij heeft er op Borneo 'zat genezen'. En in Holset ook.

Een keer laat hij zijn agenda zien. 'Hier kijk zelf maar. Hier

staan de namen van de lui voor wie ik bid. Daarachter staat
wat ze mankeren. Oogziekte, leverkanker, reuma. Soms hoor
je er niks meer van. Maar soms hoor je, weet u nog, pastoor,
dat blinde meisje voor wie u gebeden heeft? Die is helemaal
genezen!'

Hij kan het verder ook niet uitleggen. Hij is diepgelovig,
misschien komt het daarvan.

Op Borneo hielden ze hem voor een waarzegger. Dat
kwam door Ballon, een jongetje dat een bloedzuiger binnen
had gekregen zo groot als een bal. Dat beest vreet zich helemaal door je bloed heen, daar ga je dood aan. De Dajaks pakken dan de eerste de beste hond, snijden 'm zijn hoofd af en
zetten zo iemand met zijn kont in het verse bloed, in de
hoop dat die bloedzuiger daarop afkomt. Hadden ze bij dat
jongetje ook gedaan, vergeefs. Hij was er erg aan toe. Zijn ouders komen huilend bij pater. Die gaat met ze mee, hij kijkt
naar het jongetje en hij zegt, huil maar niet meer, morgen is
hij beter. 'Ik weet niet wat dat is, het is een stem in me die
zegt wat ik moet zeggen.' De volgende morgen was dat jongetje genezen. Ja, dan komen ze natuurlijk allemaal naar je
toe. 'Pater, kan je ons ook zeggen wanneer wij doodgaan?'

Als ik bij pastoor Collijn op bezoek ging nam ik een Johnny
Walker voor hem mee of een Jonge Ketel en ook eens een
boek van Redmond O'Hanlon. *Naar het hart van Borneo.*
Walker en Ketel kende hij. Het boek niet. O'Hanlon reisde naar
dezelfde koppensnellers tussen wie Collijn een kwart eeuw
geleefd heeft. Hij beschrijft hoe hij in elk dorp waar hij aange-
lengde *tuak* moest drinken. In elk dorp werd hij ladderzat.

Pastoor Collijn verslikt zich, als hij dit hoort, met een schurende lach in zijn Westmalle ochtendtriple.

Hij was amper op Borneo, zegt hij, of hij werd al uitgenodigd voor het huwelijk van een koningsdochter. 'De hele
stam zit bijeen, ze wonen daar allemaal samen in één heel
lang huis op palen. U bent de nieuwe tuan, zeggen ze. U
moet met ons meedrinken. Tuak, goudgeel ziet het eruit. Ik
drink een beker en nog een. Die hele hut begint met me te
draaien. Zo zat als een kanon was ik.'

Ze hebben hem langs de palen naar beneden en op bed
gekregen. Vier vrouwen hebben zijn maag gemasseerd. Toen
hoorde hij erbij.

'Ik had de lui graag en ik geloof wel dat de lui mij graag hadden. Ik at met ze, ik sliep met ze en ik dronk met ze.' En weer zegt hij, tamelijk geheimzinnig, dat hij de uitzondering was op de regel.

In zijn donkere kamer heeft pastoor Collijn verteld hoe het komt dat zijn kerkje wél vol zit en wat voor witte raaf hij op Borneo en in Limburg geweest is - stukje bij beetje en voor zover zijn adem het toeliet. Telkens onderbrak hij zichzelf want dan moest hij - de blaas - naar de wc of dan moest hij - mijn asem - weer op adem komen.

'U moet weten,' begint hij, 'ik ben voor den Duvel niet bang. Voor maaien niet en voor vuil niet, want anders deug je niet voor Borneo.'

Hij is er meteen na 'den oorlog' heen gegaan met een troepenschip. De overste vond dat hij aan boord de mis moest lezen, maar dat heeft hij niet gedaan. 'Er waren veel katholieken bij. Als ik geen mis las, konden zij geen zonde doen door niet te komen.'

Hij had een ijzeren trunk bij zich met een handvat en met spul voor de eerste drie maanden erin. Toen hij in Jakarta aankwam werd die trunk in beslag genomen. Hij kwam aan wal met een aktentas en daarin zaten een hamer, een schroevedraaier en een nijptang. De trunk kwam drie maanden later.

Met die aktentas is hij naar Borneo doorgereisd, naar Pontianak, met een watervliegtuig. Vandaar is het nog duizend kilometer met de rivierboot naar Sintang.

'Acht dagen heb ik met mijn handen om mijn knieën gehurkt gezeten, dag en nacht, er gingen meer mensen die kant uit. Achter op die boot hing een klein hokje, boven het water uitstekend, daar kon je naar de wc. Je moest er over een smalle plank naartoe. Er zijn er in Sintang gekomen die acht dagen niet geplast hadden.'

Het was de bedoeling dat hij zieltjes zou gaan winnen, maar daar is het nooit zo van gekomen. Er was een internaat in Sintang. Als die jongens daar weggingen dan vroegen ze of ze gedoopt mochten worden. Dan zei hij nee. 'Jullie gaan nu terug naar je dorpen. Daar val je als een druppel in een emmer vol heidenen. Je mag over twee jaar terugkomen. Als je dan nog wilt doop ik je meteen.'

Hij heeft nooit iemand teruggezien.

'Pardon,' zegt hij. 'Excuseer. Even plassen.'
   'Ik zei al,' zegt hij als hij terug is, 'ik was de uitzondering.
Toen ik na tweeëntwintig jaar wegging waren er in dat stuk
oerwoud van mij tweehonderd katholieken, en dat stuk, dat
was groter dan Brabant en Limburg bij elkaar. Ik heb gehoord dat er een jaar later drieduizend katholieken waren. Ik
ging niet om te dopen. Ik ging om te helpen.'

Voor hem zaten er kapucijner paters in Sintang. Ik zeg dat ik
me een boek herinner dat een van hen over de missie op
Borneo schreef. *God kapt zich een weg door het oerwoud.*
   Pastoor Collijn lacht schamper. 'Daar kwamen ze nooit,'
zegt hij. 'Ze deden het uit goede bedoelingen, natuurlijk, anders ga je er niet heen. Maar eerlijk, d'r waren klieren bij, bij
die kapucijners. Kolonialen. Ze zeiden: bekijk het maar. Het
levert niets op. Ze bleven liever langs de kust, daar zijn wel
wegen. Toen ik er aankwam om ze af te lossen stond het
kerkje in Sintang vol met borden. Dit is verboden en dat en
die mag daar niet zitten. Ik heb ze er gelijk uitgesloopt en in
de rivier gegooid. Die kapucijners moeten ze nog hebben
zien drijven toen ze op de boot zaten.'

Hij wil niet hovaardig lijken maar het was gewoon zo. Of je
bent één met 'die lui'. Of je staat erbuiten. Hier in Holset
ook. 'Na de mis ga ik een praatje maken met de lui. Dat hebben ze graag. En ik heb mijn medicijnkoffer nog van Borneo,
vol met doktersmonsters. Als de lui ziek zijn in het weekend,
dan komen ze naar mij toe. Liever dan naar een vreemde
dokter. Ze hebben altijd liever een injectie dan een pil. Die
geef ik ze. Vaak met zuiver water. Het gaat erom dat ze erin
geloven.'

Er wordt lang en hard gebeld. Nee, blijft u zitten. Ik ga wel.
De pastoor schuifelt naar zijn voordeur. 'Goed zo, Marie,'
hoor ik hem hijgen, 'negen dagen hoor, negen dagen bidden.
Je mag wel binnen, maar ik heb bezoek. Andere keer? Vanavond? Niet vergeten hoor! Negen dagen!'

Als hij terug is in de kamer en als hij zich met een verse tri-

ple voldoende hersteld heeft vraagt hij waar hij gebleven
was. O, ja, de kapucijners.

'Ze gingen naar de lui in het oerwoud met koelies die hun
eten meedroegen, blikken vol vlees. Kwamen ze in een dorp
en zagen ze een kip rondlopen, dan zeiden ze tegen zo'n
koelie, vang mij die kip en kook 'm. Zonder iemand iets te
vragen! Natuurlijk leverde die missie niets op.'

Hijzelf begon nooit over het geloof. Ja, als ze erom vroegen. Vertelde hij nóg maar het essentiële. Wel van Jezus. Maar
niet van Maria. En zeker niet van de Drieëenheid. Dat is ook
voor ons te moeilijk om te begrijpen.

'Ik kom in een dorp, veertig kilometer lopen. Komt er een
oud mannetje naar me toe en die zegt, "Tuan, je gelooft toch
niet dat wij jou geloven?" "Nee?" vraag ik. "Nee, natuurlijk
niet," zegt hij. "Ten eerste, jij bent een Hollander. En ten tweede, daar ben je veel te jong voor." '

Een andere keer kwam ik op zijn verzoek vroeg in de ochtend bij hem, want dan 'is het nog niet zo warm in het vagevuur'. Hij heeft dezelfde trui aan, dezelfde broek en dezelfde
sloffen. Zo dicht bij de Hemel geef je niet meer om uiterlijk.

Ik begin over Holset en Borneo en dat die twee...'En ik geloof,' zegt de pastoor, 'dat geloof iets algemeens is. Alle geloof
is één geloof, dat van de Dajaks en dat van ons. De Dajaks
kennen ook één God, dus laat ze. Ze hadden hun eigen priesters, *dukuns*, die duivels uitdreven en zo wat. Werkte ik mee
samen. Soms kwam ik in een dorp dat ik voor die twee katholieken die er waren de mis opdroeg, en dat die heidenen
dan tegelijk met zo'n heidenfeest begonnen. Als de mis uit
was ging ik naar ze toe en dan at ik mee van het varken dat
ze geslacht hadden. De lui zeiden, tuan, sinds jij met de du-
kun samenwerkt doet die het veel beter.'

Hij vertelt dat hij wel eens iemand heeft uitgehuwelijkt. Een
Javaan wilde trouwen met een Dajakmeisje. Zijn ouders
konden niet komen. Heeft die vader gevraagd of de pastoor
namens hem wilde optreden. 'Ze slachten een varken en
dan moet je je als vader piemelnaakt uitkleden en dan smeren ze je in met het bloed van dat varken en zichzelf ook. En
dan moet je een buffelhoorn met drank leegdrinken, zolang
zij drum drum drum trommelen moet jij doordrinken. Je

bent dan wel de vader maar je wordt zo zat als een kanon.'

De andere missionarissen deden dat niet – die zagen de du-kun als hun vijand. Hij dacht: het zijn *hun* priesters zoge-zegd. De anderen pasten zich niet aan en dan krijg je so-wieso problemen. Hij had een collega, die was van de blau-we knoop. Dronk hij tussen de middag voor het eten een borrel, dan ging die collega op zijn horloge zitten kijken. 'Stoort het je?' vroeg hij dan. 'Zeg maar, hoor, dan drink ik 'm in één teug leeg.' De Dajaks hadden 'm niet graag bij hun feesten.

'Ik had het idee, ik wil Dajak worden met de Dajaks. Ik ging op pad met een rugzak en een vetleren tas en met één ver-schoning, elke dag verschonen, en 's nachts drogen, want an-ders zit je gelijk onder de luizen en de vlooien. Er waren ver-schrikkelijk veel bloedzuigers daar, zat je voortdurend vol mee. Ik had een pruim, die nam ik uit mijn mond en die drukte ik erop. Daar houden bloedzuigers niet van, dus die laten los. Daarna stak ik die pruim weer in mijn mond. 't Blijft wel lang nabloeden.
Ik ging om te helpen. Als ik in een dorp kwam dan ging ik naar het dorpshoofd en dan vroeg ik, wie heeft er hier hon-ger? En wie kan de medicijnen niet betalen? Die kreeg het dan gratis. En dan hielp ik de lui. Eerst ging ik bij ze zitten, en dan gaf ik ze tabak en van die vloeitjes zoals wij die gebrui-ken, maar daar gebruikten ze er vijf tegelijk van om 'm dik-ker te maken, dus ik ben al gauw op krantenpapier overge-gaan. Ze hebben ook wel een paar breviers van me opge-stookt. En dan ging ik ze helpen. D'r waren vaak vrouwen die een kindje moesten krijgen en dat ging niet. Ze hadden al een dag of vier, vijf liggen gillen en dan kwamen ze de pas-toor halen. Als ik in een dorp kwam en ik vroeg een jongen, hoe heet jij, en hij zei, ik heet Collijn, dan wist ik: die heb ik gehaald. Er lopen op Borneo heel wat Collijntjes rond waar ik verder niets voor heb hoeven doen dan ze halen.'

Die keer heeft hij een rijtje van tevoren gerolde zware Ja-vaanse Jongens-shagjes in gereedheid liggen. Dan remt het minder bij het praten.

'Als je als koloniaal naar de missie ging,' zegt hij, 'dan kon je veel dopen en dan had je een tamelijk rustig leven. Dan kreeg je hooguit heimwee. Een collega van me heeft van heimwee een jaar zitten huilen, niets dan huilen deed hij, van de heimwee. Foei, foei, zo'n grote vent. Maar als je ging om te helpen – het leven op Borneo heeft mij ruw en onverschillig gemaakt. Ik deed er acht maanden over om mijn dorpen langs te reizen, te voet en met de boot door de stroomversnellingen, want er waren geen wegen. Ik nam nooit iets mee. Nog geen koffie. Ik was van de lui afhankelijk. Als ik ergens kwam gingen ze het bos in, blauwe wortels voor me zoeken. Had je twintig minuten het gevoel dat je voldaan was. Maar de lui vonden het daverend dat ik met ze mee at. Ging je 's ochtends verder op pad, dan kreeg je een schotel koude rijst voorgezet die ik met geen mogelijkheid door mijn keel kon duwen. Wordt het die dag zeven, acht uur voor je iets te eten krijgt. Kwam je in het volgende dorp, kon je erop wachten. "Pastoor! Kom hier met je medicijnen!" Dan zei ik: "Ho, ik ben pastoor!" Daar hadden ze niks mee te maken.'

Hij is de eerste geweest die nonnen meenam naar de lui. Die waren zo opgevoed dat ze met alles aan gingen baden in de rivier. Kreeg hij hun natte kloffies in zijn rugzak. 'Ik heb gezegd, als jullie willen baden, dan poedelnaakt in de rivier. Ga ik wel achter een struik staan. Ze maakten er bezwaar tegen om nog eens met mij mee te gaan.

'Met twee ben ik er ooit verdwaald. Ze waren uitgeput, ze wilden in het bos gaan slapen. Ik zeg, jullie worden opgevreten door de muskieten, jullie moeten dóór. We komen in een moeras. Tot de nek in de prut. Maar ze verdomden het om uit de jurk te gaan. Onbeschrijfelijk zoals die stonken. We vonden een dorp van koppensnellers. Die zagen ons aankomen en die kwamen met hun speren vooruit op de stank af.'

Op elke reis vond je wel een lijk zonder kop. Dat was de adat daar. Manden met koppen vind je in elk dorp. Ze hebben er goede bedoelingen mee, zegt de pastoor. Het is een heel lief volk.

'Wat ik wel deed – overal een schooltje bouwen. Nou ja, een hutje. En dan probeerde ik een katholieke onderwijzer uit Java te krijgen, want daar is het overbevolkt. Ik had zelf een dictionaire gemaakt van hun taal. Elk woord dat ik hoorde schreef ik op, heb je gauw een dik pak. En dat gaf ik dan aan zo'n Javaan.'

Redmond O'Hanlon, die een paar weken bij de Dajaks verbleef, beschrijft het gevoel van Groot Geluk als hij redelijk gezond en tamelijk wel weer terug is in de moderne wereld.

'Nee,' zegt de pastoor, 'ik zou vandaag nog... ik geloof wel dat het me gelukt is om Dajak met de Dajaks te worden. Pas als ik in Nederland met verlof was – dan bleek elke keer dat ik ziek was. Ik kreeg elke veertien dagen een aanval van malaria. Zeven of acht keer per jaar had ik amoebedysenterie. Als de lui mij een hand gaven, dan kneep ik heel hard, want dan deden ze het niet zo gauw weer. En dan liep ik minder kans op amoebiasis. Ik heb paratyfus gehad van die honden die 's nachts tegen je aan komen liggen. Ik schoor me tot en met mijn schaamhaar, maar toch kreeg je die teken. Toen ik eindelijk uit het ziekenhuis mocht zei die dokter, neem me niet kwalijk Collijn, maar ik geloof dat je ook nog elefantiasis hebt. Ik keek naar mijn benen en ik zei, nee dokter. Onderweg naar huis begonnen ze te zwellen. Zulke poten. Een brok vlees tot aan je knieën. Het doet geen pijn. Maar het is lastig met lopen. En ik heb een zonnesteek gehad, vandaar dat ik de gordijnen dicht heb. Ik was op weg naar een kampong en ik had geen hoed op, stom natuurlijk. Sinds die dag moet ik elke ochtend braken, in ochtendlicht zit veel ultraviolet. Ik heb jaren gelopen met een hoed op mijn kop en een lap eronder, zoals de legionairs. Herkauwer ben ik ervan geworden. Als het niet te zuur is, slik ik wat omhoog komt weer in.'
'Ja waarom? Ik zei u al, ik ben diepgelovig. Ik heb eigenlijk nooit beter geweten dan helpen en hard werken, het zal wel een familietrek zijn. Ik zei u ook al, het dopen was bijzaak. Er was daar een man en die wilde gráág gedoopt worden. Ik zei, nee, jou doop ik niet, jij hebt vier vrouwen. Op een dag gaat hij dood, dus ik doop en bedien hem. Ze hebben hem met zijn mooiste pak aan in een holle boom gelegd en ze willen hem in zijn graf kieperen. Doet hij zijn ogen open en zegt hij, wat gaan jullie doen? Ze hadden al een schaap van

hem geslacht voor het begrafenisfeest en ze hadden veel van hem gedronken. Was hij niet dood. Hebben ze weer een schaap van hem geslacht en weer veel van hem gedronken. Ik zeg, je moet niet te vaak doodgaan, want dan ga je failliet. Zegt hij, ja, maar nu ben ik tenminste gedoopt!'

In 1968 kwam pater Collijn met verlof terug in Nederland. Voor de derde keer in tweeëntwintig jaar. Tuan, hadden de Dajaks gezegd toen hij wegging. Jij komt toch wel terug?
Hij is nooit meer teruggekomen.
In Maastricht in het ziekenhuis zeiden ze: Collijn, je hebt angina pectoris. 'Ik moet over veertien dagen terug naar Borneo,' had hij gezegd. 'Dat dacht je, Collijn, je mag niet eens meer een trap oplopen.'
Maandenlang had hij met zijn ziel onder zijn arm rondgezworven – *zijn* heimwee. Hij was in Duitsland naar lege parochies gaan zoeken. Toen was de deken gekomen en die had gezegd, die hebben we in Nederland ook zat.
En zo was hij in Holset onder Vaals beland.

'In het kerkje hier,' zegt pastoor Collijn op een middag, 'de lui die zondags naar de mis kwamen waren op de vingers van twee handen te tellen. Ik dacht, ik moet dat kwakkelen een beetje tegenhouden. Voor ik kwam had een kerkmeester gezegd, als we Collijn krijgen gaan we failliet. Na een paar maanden vroegen ze of ik opslag wilde. Holset had toen een café en nu drie, of vier als je Holsetterheide meerekent. Op een gewone zondag kwamen er vierhonderd vijftig mensen naar de mis. Waarom? Dat zal ik u gauw zeggen. Ik had een heel ander standpunt dan de meeste pastoors. Die gingen trouwen. Of die waren onbenaderbaar, onbereikbaar. In Duitsland helemaal, maar hier ook. Je had de mensen en dan had je een hele tijd niets en ver daarboven kwamen de pastoors. Kantoorlui waren het net als veel van die klieren in de missie. Mijn voorganger hier verdiende wat bij met vertalen. Als er een bus met Duitsers kwam voor Genoveva, dan bleef hij op zijn kamer zitten vertalen. Nu is hij getrouwd. Als ik bij een ander in de mis zat, ik geneerde me. Je kon net zo goed een plaat afdraaien.
Begrijpt u? Ik maakte elke zondag zelf mijn mis, dan las ik hem met overtuiging. Ik wilde het ook wel in plat Limburgs

doen. Mocht niet. Moest ik voor naar Roermond, naar Gijsen, die aan een pijp zat te lurken. Ik heb alleen gezegd, het staat vast, monseigneur, dat Christus ook plat sprak.

Op een dag bestond de Akener Pelgrimsvereniging honderd jaar. Die wilde het in Holset vieren, vanwege Genoveva. Wat moeten we doen? Vraag de bisschop erbij, zei iemand. Gijsen kwam, het was mooi weer, overal mensen, mis in de openlucht. Na afloop zit hij hier in deze kamer op uw stoel. In vol ornaat. Naast hem zit de burgemeester van Vaals, ook in vol ornaat. En daarnaast zit een kerkmeester in zijn zondagse pak. Ik kom binnen in mijn poloshirt. We beginnen te praten. En Gijsen zegt geen stom woord! Alsof hij er niet bij was! Geen woord kwam eruit! Na een half uurtje zeg ik, we gaan aan tafel. Nee, zegt Gijsen. En hij verzint dat hij op een streng dieet is. Voor het tot ons doordringt is hij vertrokken!

Ik denk dat die man bang van mij is. Van mijn geloof. En van de kwaaie brieven die ik hem geschreven heb. Ik moest driehonderd vijftig gulden voor een huwelijk vragen. Wij krijgen er hier in Holset honderd vijftig per jaar en ik vraag honderd vijfentwintig. Mag niet. Vinden de anderen dat ik onder hun duiven schiet. Ik heb gezegd – vragen jullie ook honderd vijfentwintig, dan ben je van het probleem af. Ik doe ook missen over burgerlijk huwelijk. Mensen die al eens getrouwd zijn, die mogen niet nog eens in de kerk. Moest ik weer naar Roermond. Gijsen poeslief. Opeens zegt hij, jij doet dingen die niet mogen. Ik zeg, zo. Ja, zegt hij, jij doet mis over burgerlijk huwelijk. O, zeg ik. Ja, zegt hij en de andere bisschoppen vinden dat ook niet goed. Dat zal jij weten, denk ik. Je praat niet eens meer met ze. Dat moet ophouden, zegt hij. 't Kon mij niks verrekken. Ik heb het nooit meer gedaan. Voortaan noemde ik het 'dankmis'. Toen begonnen ze de lui naar mij toe te sturen want zelf durfden ze niet. Tot van achter München zijn er lui naar Holset gekomen voor hun "dankmis".'

En ze komen voor Genoveva, met bussen vol. Niet meer officieel dat de pastoors het organiseren. Dat doen de buschauffeurs nu zelf, want die willen de verdienste niet kwijt. De stakkers die bij de pastoor langskomen, die zegent hij en die belooft hij dat hij voor ze zal bidden. Maar dan moeten ze zelf wel meebidden. Negen dagen lang. Houd je gelijk het rozenhoedje in stand. Er worden er zat genezen. 'Dus nu heeft Holset een bloeiende parochie, alleen, nou kan ik er niks meer mee. Ik ben van 1917, drie kwartjes ben ik waard, ik ben op nou. Achtentwintig keer ben ik op het altaar omgevallen. Ik zei, als ik om ga, moeten jullie me opvangen. Ze zeiden, pastoor, dat helpt niet meer. U moet een valhelm op. De laatste keer hebben ze me hier binnen gebracht, had ik me nog bezeken ook. Ze komen nu alleen nog hier om zich te laten zegenen. Of om te biechten. Ik had laatst een jongen hier, zijn moeder was tachtig geworden. Die had gezegd: het mooiste cadeau dat je me geven kunt is dat je gaat biechten. Hij had heel wat op zijn kerfstok, alles wat God verboden heeft. Ik zeg, proficiat dat je het allemaal verteld hebt. Voor penitentie drinken we samen een borrel.'

De laatste keer bij de pastoor van Holset breng ik het gesprek op het waarom – wat duidelijk niet zijn *fort* is. Ja waarom? Hij is gewoon de zoon van een smid uit Gulpen, een heel gewoon vrolijk rooms gezin. Op de dag dat hij geboren werd was zijn vader op de markt in Gulpen de gemeentesecretaris tegengekomen, ze waren samen naar het café gegaan om het te vieren. Tegen middernacht waren ze vergeten wat ze ook al weer te vieren hadden. Zo'n gezin – een beste man, zijn vader en zeer gelovig. Elke dag naar de mis. Als hij geen pastoor was geworden, dan was hij zeker smid geworden, net als zijn vader en het is bovendien zijn hobby. Hoe gaat het, of liever hoe ging het toen? Tegenover de smid woonde de bakker en die had een broer die missionaris was. Die broer had tegen zijn vader gezegd – waarom stuur je die jongen van jou niet naar Schimmert? Daar zaten de montfortanen, waar die broer bij hoorde. En zo was hij montfortaan geworden. Niet uit bravigheid – in de kerk was hij vaak genoeg in slaap gevallen. Met twaalf jaar kwam je op dat internaat – drie weken per jaar mocht je met vakantie naar huis en verder nooit. En daarna, op het groot seminarie, mocht je helemaal niet meer naar huis toe. Eigenlijk had hij altijd alles gewoon gevonden. En bovendien, hij was niet zo'n denker, meer een doener. Op het seminarie had hij duizenden meters elektra aangelegd. Toen hij wegging stond de hele buitenboel stevig in de verf. Dus als je vraagt waarom...

Ik verleg het thema tijdig naar de meer roomse vraag *waartoe*.

'Om in den Hemel te komen,' zegt de pastoor van Holset.

Komt u in de Hemel? vraag ik.

'Ik verwacht het wel,' zegt hij.

Rechtstreeks?

'Jazeker. Dat ik nu nog leef is mijn vagevuur. Mijn boete voordat ik den Hemel in mag.'

Wat denkt u daar aan te treffen?

'Dat het daar beter is als hier. En dat ik dezelfde ben als nu, alleen zonder lichaam, zonder tijd en zonder al die kloterij.'

Waar bent u dan?

'Ik denk, hier op aarde. Ik vermoed dat wij hier, zonder het te weten, tussen allemaal geesten leven.'

Dat denken de Dajaks ook.

'Ja. Maar die hebben hun eigen hemel. Op de Hoge Berg.'

Wordt u dan een heilige?

'Ik denk het wel.'

En daartoe heeft u geleefd zoals u geleefd heeft?

'Waarom zou je je anders alles ontzeggen? Zonder hemel had ik het nooit volgehouden.'

U wordt zo iemand als Genoveva?

'Er zijn een hoop heiligen in den Hemel.'

Zien de mensen die een rilling krijgen als ze u de kerk zien binnenkomen u nu al als een heilige?

'Nee. Pardon. Dat zeg ik te gauw. Ja. Ze zien dat ik een groot en diep geloof heb. Ik heb wel eens een briefje gevonden waarop iemand geschreven had: pastoor, gij zijt ene heilige. En ze zeggen het ook wel.'

U bent het met ze eens?

'Heiligen,' zegt pater Collijn, 'zijn eigenlijk allemaal halve gekken. Getikt. Montfort, die van de montfortanen, als die iemand had die smerige wonden had, dan dronk hij de etter van die lui. Daar moet je getikt voor wezen.'

In welk opzicht bent u getikt?

De pastoor van Holset lacht angstig lang en gierend zijn schaarse adem uit. 'Er is een oud boek,' zegt hij. 'Van 1763. Daarin staat dat Holset een lief kerkje heeft met een vreemde pastoor. Dat kerkje staat er en die pastoor zit er ook nog.'

Twee jaar later. Weer daal ik van de Vijlenerberg af richting Holset: het torenspitsje blinkert in een lentekoud ochtendzonnetje.

Van verre vrees ik. De gordijnen van de pastorie zijn open. Aan de deur hangt geen briefje dat je hard moet bellen en geduldig wezen.

Een ziekelijk jongmens in ochtendjas doet open.

'Pastoor Collijn? Hier?'

Over zijn schouders kijk ik naar binnen. Alles fris betegeld, het hele huis verbouwd.

'U meent: d'n vroegere?'

'Nee,' zeg ik. 'Ik meen pastoor Collijn.'

Het jongmens blijkt wel priester maar geen pastoor. Hij is tijdelijk in Holset om op krachten te komen.

'U kunt gaan vragen bij...'

'Nee,' zegt degene bij wie ik ga vragen. 'Hij is niet begraven. Hij heeft zijn lichaam aan de wetenschap gegeven.' Er is wel een mis geweest. Eén in Holset. En één in Gulpen. 'We missen hem. De dolleman.'

De steen is bijna klaar. Die komt in de gevel van de pastorie. 'Pater Laurentius Collijn SMM. Geboren in Gulpen, missionaris in Indonesië, pastoor te Holset. Bid voor hem.'

Mijn Mannen

'Op een dag heeft God de vrouw gemaakt. Toen Hij klaar was kwam er een stagiaire en die dacht: die borsten, die vind ik lelijk, en dat gaatje beneden, 't is toch mooier als daar een sliertje komt. En een kin zonder haar, laat ik het met een baard proberen. En toen heeft die stagiaire de man gemaakt. Hij ging er trots mee naar God. Die keek ernaar en Hij had er onmiddellijk spijt van. Hij dacht: 'Had ik dat nou maar niet aan die stagiaire gevraagd.'

Als ze deze parabel vertelt, lachend, neeschuddend en jaknikkend tegelijk met haar vogelekoppie, is ze tachtig jaar en wekt ze de indruk dat ze de honderd makkelijk gaat halen. De anderhalve meter haalt ze niet en ze kan niet meer wegen dan vijftig kilo. Een vrouwtje om omver te blazen. Lijkt het. Als er in haar tachtig jaar echt geblazen werd, dan deed zij het en dan waren het de mannen om haar heen die op de grond lagen.

'Het doet er niet toe,' zei ze, 'of hun huid blank of geel of rood of zwart is. Als je bij mannen de schedel licht en je kijkt eronder, dan zie je helemaal vooraan: macht en hebzucht. Daardoor worden ze gemotiveerd. Die twee komen altijd bovendrijven.'

Een paar weken later zag ik haar voor het laatst. Ze lag opgebaard in een rouwcentrum aan de rand van Wormerveer. Midden in de nacht was, zonder voorafgaande waarschuwing, haar hart stil blijven staan.
Zo heel erg kan ze dat niet gevonden hebben.
Als je tegen haar zei dat ze eruitzag om de honderd makkelijk te halen dan zei ze dat ze dat niet hoopte. Zo'n pretje was het niet, hier beneden. En dan noemde ze, al naar gelang, de brandhaard van dat ogenblik. Bosnië. Ruanda. Het kon ook de Sudan zijn. Ze zei er niet bij dat haar laatste jaren tamelijk kaal waren. Als je bij haar op bezoek was klaagde ze

hooguit over het 'Hollandse weer' dat een mens binnen hield. Ze zei nooit dat ze eenzaam was. Dat was ze wel.

Het was maar een klein groepje dat over Westerveld achter haar kist aanliep. Er werd gesproken, alleen door mannen. Niemand trof een toon die iemand raakte. Behalve Ronnie Brunswijk, de guerrillaleider die uit Suriname was overgevlogen. Hij noemde haar geen Denise en geen ouwe mevrouw De Hart. Hij had het over 'mammie'.

In de weken en maanden vóór haar dood heb ik haar vaker opgezocht dan ik gewoon was. Het was geen kwestie van voorgevoel. Het was toeval. Ik had haar gevraagd of ze mij, stukje bij beetje, haar leven wilde vertellen. Ze zei dat ze nogal makkelijk praatte en dat ze aardig uit haar woorden kwam – 'ik hakkel niet met eh en eh.' Maar ze was, zei ze, erg introvert hoor! Ze zou nooit met iemand over haar problemen praten.

Ze gaf me een paar schriften mee naar huis waarin ze voor haar dochter de loop van haar leven had beschreven. Ik las ze en herlas ze. Toen ze vond dat ik ze te lang bij me hield belde ze op en zei ze: 'Zeg jonge vriend, moet ik soms losgeld betalen?'

Er stond niets in die schriften over haar laatste jaren, toen ze geregeld op en neer reisde naar Suriname om Bouterse met Brunswijk te verzoenen. Op zo'n kouwe Hollandse regennamiddag vroeg ik haar daarnaar. Ze stond op, ze vroeg of ik thee wilde, koekje erbij, ze kwam terug en ze begon te vertellen.

'Je moet begrijpen, jonge vriend, ik ben ouwe mevrouw De Hart! Daarom! Daarom moest ik naar Suriname komen! Een manspersoon zou uitgekotst zijn. Mannen in het algemeen, maar in Suriname, in zo'n kleine gemeenschap nog meer: daar zien alle mannen in mekaar een bedreiging. Allemaal willen ze koning zijn. Alleen in ouwe mevrouw De Hart, daar zien ze geen bedreiging in. Ten eerste ben ik vrouw. En ten tweede ben ik oud. Als ik een jonge vrouw geweest was, dan ging dát weer meespelen.'

Ze laat me de briefjes zien die 'de jongens' in het hotel

voor haar hebben achtergelaten. 'Mammie, kom je gauw langs?' (Bouterse) 'Ik bel je vanavond weer, mammie.' (Brunswijk) 'Goede reis gehad, mammie?' (Herrenberg)

Ze zegt dat ze ook wel kritiek gehad heeft. Ze hebben wel gezegd: 'Hoe kunt u dat nou doen? U, die altijd zo principieel bent? Hoe kunt u met een kerel als Bouterse om de tafel gaan zitten?' 'Luister vriend,' heeft ze geantwoord. 'Als ik aan al die ellende een einde kan maken, aan al dat bloedvergieten van onschuldige kinderen en van oude mensen, als ik aan die burgeroorlog in Suriname een einde kan maken, dan ga ik als het moet met de duivel in eigen persoon om de tafel zitten. En dan hoeft hij zich niet eens te vermommen. Dan mag hij daar dan zitten met zijn bokkepoten en zijn hoorns en met zijn staart omhoog.'

Ze trekt een gezicht van of niet soms en nou dan en ze zegt: 'Er ís toch een eind gekomen aan dat bloedvergieten? Ik wil niet zeggen dat ík de doorslag heb gegeven. Maar ik heb er wel toe bijgedragen. Ik heb gezegd: "Luister, het kan natuurlijk dat jij, Bouterse, op Brunswijk gaat schieten als je bij hem komt, of dat jij, Brunswijk op Bouterse gaat schieten. Jullie vertrouwen elkaar voor geen cent. Jullie doen maar. Maar ik verzeker je: als er geschoten wordt, dan gaat ouwe mevrouw De Hart de volgende dag naar het Paleis, ze overgiet zich met benzine, en dan steekt ze zich in brand." Ik sta in de Surinaamse gemeenschap bekend als lastig, als moeilijk. Ouwe mevrouw De Hart, daar valt niet tegen te praten. Omdat ik die roep heb denken ze, dat ouwe mens is gek genoeg om het nog te doen ook. Van haar kan je alles verwachten.'

Van haar, zegt ze, accepteren ze het. Ze kunnen natuurlijk zeggen: altijd dat dwarsliggen van mevrouw De Hart, altijd die gezegdes van haar, laat ze oprotten. Ze kunnen zeggen: sorry, mevrouw De Hart, we hebben u niet nodig. Maar dat doen ze nooit. 'Ik denk wel dat dát nou cultureel bepaald is. Hier in Nederland zeggen ze: dat geklets van die ouwe trut. Dat zeggen ze al als je vijfenvijftig bent. In Suriname niet. Daar luisteren ze naar je en dan zeggen ze: breng mammie nog een kopje thee met lemmetje.'

Het moet in 1975 geweest zijn dat ik haar voor het eerst zag. Ze dreef toen het semi-zelfbedieningsrestaurant dat aan het hotel van Krasnapolsky in het midden van Paramaribo was verbonden. Iedereen sprak van 'De Hola'. Het restaurant was op één hoog gevestigd, half in de openlucht, zonder ramen. Als je aan de straatkant zat kon je beneden je de jongetjes zien die met het dubbeltje of kwartje dat je ze zojuist gegeven had krassen maakten op de auto's van anderen die géén 'parkeergeld' betaald hadden.

De gedienstigen, bijna allemaal zwaarbeboezemde Creoolse meiden, sloften zo onbeschrijfelijk traag en lethargisch met je bestelling door de zaak dat het leek alsof die onderweg nog gaar moest worden. Tussen dat geslof door verscheen zo nu en dan de schicht van een heel klein lichtbruin vrouwtje dat, als om het verschil te benadrukken, met ferme tred en hoge snelheid de zaak doorkruiste. Dat was Denise de Hart. Ouwe mevrouw was ze toen nog niet. Mammie ook niet. Wel had ze, ook toen al, het dunne grijze haar strak achterover plat op haar hoofd gekamd wat haar het aanzien gaf van een bejaarde gymnastieklerares in het lichaam van een zestienjarig jongetje.

Precies zo zag ze eruit op haar doodsbaar aan de rand van Wormerveer.

Hoe vaker ik haar in die laatste maanden opzocht en hoe langer we praatten, des te duidelijker werd het waar het gesprek in feite over ging. Over mannen. Dat vond ze leuk. Zo'n klein tanig wijffie dat, leek het soms, haar leven niet anders gedaan heeft dan kerels van twee koppen groter de mantel uitvegen.

'Surinamers,' zei ze zelf, 'zeggen vaak: ouwe mevrouw De Hart is zo lastig, die is on-Surinaams. Dat komt door dat eeuwige etnische gedoe van ze. Je bent dit of je bent dat. Weet je wat ik ben? Ik vertel nu alleen waar ik zeker van ben. Mijn ene overgrootvader was Mozes Meyer de Hart, een Portugees Israëlitische jood, die naar Suriname gekomen is en die bij een Indiaanse vrouw twaalf kinderen heeft gekregen. Elf kinderen heeft hij naar Holland gestuurd. Alleen mijn grootvader is bij die Indiaanse in Suriname gebleven. Mijn andere overgrootvader was een Engelsman die bij een negerslavin een dochtertje verwekte, waarover de hernhutters zich ontfermd hebben en dat ze naar Europa hebben gebracht. Daar trouwde ze met een gevluchte hugenoot, dominee Laret, die uit het zuiden van Frankrijk kwam... ik bedoel, ik heb nu al Portugees en Indiaans en Engels en Afrikaans en Frans en Nederlands. Wat ben je dan? Als Surinamers het mij vragen, dan zeg ik: Ik? Ik ben Denise de Hart.'

Ach, zei ze een andere keer. Mannen? Ze beantwoorden allemaal aan hetzelfde patroon. Bouterse wist toch ook dat hij zich van al zijn tegenstanders moest ontdoen. Brunswijk, enfin, iedereen is even machtsbelust. Van Chin A Sen is het toch ook alleen maar ijdelheid?

Het is me dan al opgevallen dat ze over de man in het algemeen misprijzender praat dan over een man in het bijzonder. Behalve over Chin A Sen.

'Op een dag, mijnheer Chin A Sen was toen nog president van Suriname, heeft hij mij gevraagd om minister te worden. Denkt u dat een man zou doen wat ik toen gedaan heb?

Chin A Sen zit deftig op zijn kantoor. Ik word binnengeleid. Hij groet mij heel beleefd en aimabel. Ze wilden weer wat reshuffelen aan het kabinet, vertelt hij, en of ik niet minister van Financiën wilde worden. Ik zeg, mijnheer Chin A Sen, ik voel er sowieso niet voor, want ik ben geen monetair deskundige. Als u mij voor Economische Zaken zou vragen, dan zou ik het om andere redenen waarschijnlijk ook niet doen, maar Financiën, dat zeker niet. Chin A Sen vraagt: "Waarom zou u tegen Economische Zaken waarschijnlijk ook nee zeggen?" Ik zeg: "Mijnheer de President, dat stelletje dat u om u heen heeft als ministers, dat zootje ongeregeld, mij niet gezien." Tas gepakt, gegroet, weggegaan. Op de gang komt Bouterse mij tegemoet. "Hoe is het afgelopen?" vraagt hij. "Heeft u met Chin A Sen gesproken? Aardige aimabele man is dat, toch, nietwaar?" Ik zeg: "Hij is een grote flapdrol." "Waarom zegt u dat?" vraagt Bouterse. Ik zeg: "Hij had zijn adjudant moeten roepen en hij had mevrouw De Hart bij kop en kont moeten pakken en zijn kantoor uit moeten trappen." Dacht je dat ik, als ik president was, verder zou spreken met een persoon die zijn ministers een zootje ongeregeld noemde? Ik zou gezegd hebben: "Mevrouw De Hart, als u zich anders uit kunt drukken een volgende keer, dan graag. Maar voor vandaag is het gesprek beëindigd."'

Uit de dagen dat ze door 'De Hola' rende herinner ik me dat ze een klein partijtje opgericht had waarmee ze tegen de aanstaande onafhankelijkheid ageerde. Ze was zestig jaar toen – de eerste keer dat ze actief aan politiek deed. 'Ik was niet tegen de onafhankelijkheid,' zegt ze. 'Ik was ertegen hoe dat ging. Dus toen heb ik de NDP opgericht. Zo heet die partij van Bouterse nu ook, NDP. We hebben er nog wel om gelachen. 'Moest je me weer naäpen,' zei ik dan. 'Kon je zelf weer niks bedenken?'

De moeilijkheid is, zegt ze, ze heeft altijd gezegd wat ze dacht. En ze heeft het altijd *meteen* gezegd. 'Dat gezeur eromheen, daar houd ik niet van. Voor de politiek ben ik niet geschikt.'

'Op een dag komt de leider van de oppositie, de heer Lachmon, naar mij toe. Hij wilde iedereen die tegen de onafhankelijkheid was bij elkaar brengen, Hindoestanen, Javanen, Chinezen, iedereen. Hij vroeg mij ook met mijn partij. Ik zeg: "Dat is goed." Zegt hij: "Dan moeten u en ik en Soemita..." Ik zeg gelijk: "No way. No way dat ik met Soemita op één podium klim." Lachmon zegt: "Mevrouw de Hart, doe nou niet zo dwars, Soemita, dat is achtduizend stemmen van de Javanen." Ik zeg: "Hij is voor de rechter geweest vanwege corruptie en knevelarij, hij is veroordeeld, denkt u dat ik met zo'n gevangenisboef op één podium ga zitten?" Lachmon zegt: "Hij heeft zijn straf toch uitgezeten." Ik zeg: "Had hij wegens doodslag in de gevangenis gezeten, dan was ik hem misschien nog sigaretten en lekkers gaan brengen. Maar wie het arme volk knevelt en besteelt... no way, mijnheer Lachmon. No way."'

Mannen kunnen dat, zegt ze, die doen dat rustig. Die denken niet, zo'n boef, laat ik uit zijn buurt blijven. Die denken: ik wil macht, ik kan die boef gebruiken. Ze kijken vreemd op als er iemand is, een vrouw nog wel, die dan zegt: barst maar.

Misschien had ik die schriftjes met haar levensverhaal niet mee moeten nemen. Als ik iets over vroeger vraag, over haar jeugd, dan zegt ze: 'Maar dat heb je toch al gelezen?' Het duurt lang voor ze zich erbij neerlegt dat ik het ook nog eens uit haar mond wil *horen*.

Maar dan, op een vroege ochtend, heeft ze zich er blijkbaar mee verzoend. En dan vertelt ze over het Paramaribo van haar jeugd en over het meisje dat ze geweest is.

'O God nee,' zegt ze. 'Ik was helemaal geen lief kind! Ik ben altijd lastig geweest, moeilijk en ongezeggelijk. Mijn twee zusjes waren heel anders. Gelukkig maar voor mijn ouders! Nog twee zoals ik, dat is ze bespaard gebleven. Mijn moeder sprak er nog over toen ik al veertig was: als zij een pop voor mij gekocht had, dan keilde ik die het raam uit. Ik speelde met de jongens, met de bal. In bomen klimmen. Ik ben nooit een kind geweest om een handwerkje te gaan doen. Elke zondag ging ik bij mijn vader achter op zijn fiets naar het voetballen.'

Ze schetst het beeld van een stadsleven, doortrokken van standsbesef. Zijzelf hoorden bij de hogere stand, de gegoeden, de mensen die hun kinderen in Nederland lieten studeren. Ze woonden in zo'n mooi houten huis dat ze nu bewaren willen en ze hadden thuis een kindermeisje en een kokkin en een meisje om schoon te maken. Er mocht op strenge straf niet anders dan Nederlands gesproken worden. 'Hier hoef je maar naar een kind te wijzen of de kindertelefoon gaat al. Mijn moeder? Ze had haar pantoffel gauw van haar voet hoor!' Als de kinderen te luidruchtig werden in huis, dan stormde vader binnen en dan greep hij er twee die een paar flinke klappen kregen. Hij vroeg niet wat er gebeurd was en wie er schuld had – als ik daaraan moet beginnen, zei hij, dan heb ik dagwerk. Het maakt niks uit, zei hij. Vandaag krijgt hij de klappen die voor de ander bestemd zijn, morgen is het andersom. Door het hele jaar heen krijgen ze allemaal hun deel. 'Nou denken de mensen: je hebt een grief tegen je ouders. Geen sprake van! Zolang kinderen voelen dat er echt van ze gehouden wordt pikken ze alles.'

Het was een wereld waarin iedereen zijn plaats kende – overzichtelijk en zonder gezeur. Die wereld is ze, als het erop aankomt, haar hele leven trouw gebleven. Nergens omheen draaien. Liever een pets.

Ze vertelt dat ze als meisje uit school komt en dat haar lange kousen – stel je voor, in de tropen – afgezakt waren want ze wandelde natuurlijk niet keurig netjes, ze rende. 'Ik bots tegen een volksvrouw op. Ze pakt me bij de arm en ze zegt: "Meisje De Hart! Kijk uit waar je loopt!" Ze is helemaal jouw klasse niet maar wat zeg je dan? "Ja mevrouw." "En trek

je kousen op! Zo hebben je vader en moeder je niet van huis
gestuurd!" "Ja mevrouw." Als je zou zeggen, waar bemoei je je
mee, dan zit die volksvrouw al op het balkon bij je ouders
over jou te klagen voor je thuis bent. En dan krijg je in haar
bijzijn nog twee flinke klappen, zodat die vrouw kan zien
dat ze haar serieus nemen!'

'Als dwars en ongezeggelijk kind heb ik van jongs af aan geleerd om, wat ze nu noemen, een kosten-batenanalyse te maken. Als ik ongehoorzaam wilde zijn, dan begon mijn broer
al: bedenk wat er gaat gebeuren! Je zult zes weken niet uit
mogen gaan. Je moet vier weken direct van school thuiskomen. Wordt Jetty Brouwers straks niet jarig? Denk maar niet
dat je naar die verjaardag toe mag. En dan zat ik af te stre-
pen. Nee hoor, laat maar gaan. Of: ik doe het tóch.'
    En ook dat, zegt ze, is ze haar hele leven blijven doen.
    Op haar zestiende is ze naar Nederland gekomen om de B-
HBS te doen. Niet de A-HBS, daar hoefde ze bij haar ouders
niet mee aan te komen. Je hoefde niet te zeggen: 'Mijn aanleg
is A', dat interesseerde hen helemaal niet. Je kon goed leren,
nou, dan volgde je de hoogste opleiding die je kon. 'De Middelbare Meisjes School, daar werd helemaal niet aan gedacht.
Zoveel kijk hadden ze wel op mij, dat ik daar niet het type
voor was.'
    Ze kwam in Haarlem terecht in een klas met bijna alleen
jongens: 'Ik was het eerste bruine meisje dat op die school
kwam. Ik ben echt een supporter van Haarlem geweest. Kick
Smit, Joop Odenthal, ik heb daar wat op die tribune gestaan
dat je tenen los in je schoenen lagen van de kou.
    Ik weet nog heel goed, de allereerste morgen op die B-
HBS. Ik lag gelijk in de bocht met mijnheer Vos van trigono-
metrie. Hij zegt: "Je hebt achterstand, vraag Frans maar, dan
kan je zijn dictaat overschrijven." Ik zeg: "Waarom heb ik dan
van de directeur een duur boek moeten kopen?" Hij zegt:
"Doe wat ik zeg." Maar ondertussen hoorde ik die hele klas
achter me gniffelen. Ze lagen al het hele jaar met mijnheer
Vos overhoop. In de pauze kwam de een na de ander naar
mij toe. Het ijs was gelijk gebroken.'

'Jonge vriend,' zei ze aan het einde van die ochtend, 'geen
mens kan zeggen of het in je zit of dat het van buiten af

komt. Mijn leven is zo verlopen dat ik altijd de enige vrouw was tussen allemaal mannen. Als ik met huisvrouwen moet zitten, dat gepraat moet aanhoren, over hun kinderen, over het huishouden, vroeger over de grote schoonmaak weet u wel, de voorjaarsschoonmaak en de najaarsschoonmaak: daar krijg ik de kriebels van. Mannen hebben ook niet zo'n geweldige conversatie hoor. Ze praten over hun beroep, over voetbal, over biljarten. Sinds een paar jaar over hun computer. Wat die allemaal kan. En over wat hun printer kan. Ook heel beperkt.'

Op een avond gaan we in Amsterdam wat eten. Ze had daar een vaste plek voor, een groot Caraïbisch restaurant achter de Bijenkorf. Het wordt gedreven door Hindoestanen met wie ze geld inzamelt voor de zieke, halfverhongerde kinderen in Suriname. 'Ali,' roept ze, 'voor mij een halve portie. De rest neem ik mee naar huis.'

'Ja mammie.'

'Voor de oorlog,' zegt ze aan tafel, 'vonden ze mij in Nederland interessant: ik was het bruintje. Als ik een spreekbeurt moest houden op school zeiden ze: vertel eens wat over Suriname. Daar wisten ze toen bitter weinig van af. Ik heb wel discriminatie ondervonden maar dan alleen wat ze nu noemen: positieve discriminatie.

Ze vertelt dat ze zo aan haar eerste baan is gekomen: puur door positieve discriminatie. 'Na mijn B-HBS heb ik middelbaar boekhouden gedaan. Daarna ging ik een baan zoeken, dan kon ik ondertussen verder studeren, economie. Ik kwam op kantoor bij de firma Lopes Cardoso. Later heb ik gehoord hoe het gegaan is. Die Lopes Cardoso's zaten aan de diamantbeurs met drie broers en die hadden ieder een zoon in de zaak. En toen hebben ze onder elkaar gezegd: "Altijd dat mannengedoe, we vragen nou eens een meisje." Ze hebben geadverteerd, het was crisistijd, ze kregen stapels brieven. Ze zijn gaan schiften, ze hielden twaalf brieven over en ze hebben al die twaalf meisjes gesproken. De volgende dag zijn ze weer bij mekaar gaan zitten. Toen namen ze die brieven, ik noem maar wat hoor, ik weet de namen niet meer. Ellen van de Berg, dat was dat meisje met die lange blonde haren en die blauwe ogen. Nee, nee, dat was niet Ellen van de Berg, die

had kort geknipt haar, dat was Joke van Deursen... enfin, zo
over al die brieven. Ze konden zich die twaalf meisjes niet
meer voor de geest halen. Toen ze over vier of vijf gekibbeld
hadden toen zei de oudste Cardoso: "Weet je wat we doen?
We nemen dat bruintje met die mooie donkere ogen." Die
herinnerde iedereen zich. En iedereen zei: "Ja, ja, ja."'

Later, bij haar thuis.
  'Ik had natuurlijk nooit met die Hollander moeten trouwen. Hij was heel groot, twee koppen groter dan ik en hij
was erg knap. Hij deed aan fotomodellen. Van zichzelf was
hij gymnastiekleraar.
  We zijn getrouwd uit dwarsigheid. Ik heb het later mijn
moeder nog wel eens verweten. "Dat tegenwerken van jullie,
dat heeft gemaakt dat we met elkaar getrouwd zijn! Van de
tien keer dat we in Haarlem gingen wandelen kwamen we
toch acht keer langs verschillende kanten naar huis? Dat
hebben jullie toch ook kunnen zien." Hij was katholiek en
mijn vader was vrijmetselaar. Zijn ouders gaven geen toestemming voor het huwelijk en de mijne ook niet. Ik bedoel:
wat een attractie, nietwaar? Ik ben misschien wel verliefd geweest, dat zal wel, maar niet zo van: ah, mijn ridder op zijn
paard. Daar was de tijd ook niet naar. Ik was niet zo'n meisje
dat voortdurend romantisch zat te wezen. Ik had wel andere
dingen aan mijn hoofd. En het was oorlog, dat moet u ook
niet vergeten. Ik mocht blij zijn dat ik in die tijd met zo'n
grote blonde ariër getrouwd was. In de ogen van de moffen
mocht ik daar als bruintje erg blij mee zijn.
  Onzin allemaal, kleine dingen, daar gaat het toch altijd om?
Wrijvingen, kleine wrijvingen eigenlijk, en botsingen van karakter. Ik zit in de kamer en ik lees. Hij komt binnen en zegt:
"Kan je een knoopje aan mijn overhemd zetten?" "Ik ben bezig." "Je bent niet bezig. Je leest." "Je kan toch zelf wel een
knoopje aanzetten?"
  Ik heb tegen hem gezegd: zodra het vrede is laat ik me
scheiden hoor. Dat is toch niks, dat eeuwige geruzie. Stel je
voor dat we zo nog dertig jaar door moeten. Dank je hartelijk. Je weet precies hoe ik ben. Ik ga weg. Ik hoef alleen
maar te hebben: mijn kind, mijn boeken en mijn grammo-
foonplaten. Verder kan je alles houden.
  De kantonrechter vond dat hij veroordeeld moest worden

tot alimentatie. Ik zeg: "Dat is helemaal niet nodig." De rechter heeft me nog apart genomen. "Laat ik hem nou veroordelen tot één gulden. Dan ligt het vast dat hij alimentatieplichtig is. En dan kan het later altijd verhoogd worden." Ik zeg: "Niet voor een gulden. Nog niet voor een kwartje. Hij is dol op mijn kind. Hij zal er, als ik wegval, altijd voor zorgen. Ik heb een opleiding gevolgd. Ik kan mijn eigen brood verdienen." '

Haar dochter Marijke was tien jaar toen. Ze is met haar naar Suriname gegaan. 'Daar ben ik nog een keer met een Hollander getrouwd. Dat was helemaal niks. Hij was enig kind en ik kom uit een gezin van vijf. Dan weet u het wel. Als mijn ouders nog zouden leven en je zou beginnen over de rechten van het kind, dan zouden ze van hun stoel vallen van het lachen. Kinderen hadden monden om te voeden en billen om klappen op te geven. Ze moesten leren, leren en nog eens leren. Dan konden ze later op eigen benen staan.
    Maar hij? Ik heb later wel eens van de buren gehoord hoe of het bij hem thuis toeging. Hij studeerde in Wageningen – hij heeft het niet afgemaakt – en dan stonden z'n ouders speciaal vroeg op en dan stond z'n moeder al met het broodtrommeltje klaar... "Kijk eens, lust je wel kaas, of lust je liever ei?" En Pa stond te wachten met z'n aktentas en met z'n handschoenen en met z'n overschoenen, weet u wel – zo is hij opgevoed. Dat kon dus echt niet.'

Behalve in 'De Hola' kwam ik haar, in het onafhankelijkheidsjaar, geregeld tegen in de lift van hotel Krasnapolsky. Ze ging altijd naar de bovenste etage. Ik dacht, naar haar kantoortje. Maar dat was niet zo. Ze woonde er.
    'Prachtig toch!' zegt ze nu. 'Twee kamers, ik heb er zelf parket in laten leggen. Ik ben er gaan wonen toen Marijke trouwde en naar Nederland terugging. Vreselijk makkelijk. Ik hoefde nooit voor mezelf te koken, nooit geen afwas: een paradijselijke toestand.'
    Vanwege dat partijtje van haar contra de onafhankelijkheid vond de directeur van het hotel dat ze moest kiezen tussen de politiek en de koffieshop. 'Ik zeg: "Kom nou." Hij zegt: "Mevrouw De Hart, zo denk ik erover." "Goed," zeg ik. "Dan gaan we uit elkaar." Ik kon dat zeggen, want ik had on-

dertussen ook een eigen schoonmaakbedrijf. Hij zegt: "Dan kunt u ook niet meer in het hotel wonen." Ik zeg: "Waar staat dat?" Hij zegt: "Dat begrijpt u toch zelf wel." "Nee," zeg ik, "dat begrijp ik helemaal niet. Maar als u het zo wilt, bonjour, dan zien we elkaar voor de rechter."

Voor de rechter beloofde hij dat hij mij "passende vervangende woonruimte" aan zou bieden. Ik zeg tegen de rechter: "Er zal geen enkele woonruimte voor mij passend zijn, edelachtbare. Ik ben al oud en alleenstaand. Ik moet in een beschermde omgeving wonen. In dat hotel woon ik oké. Ik rij de parkeergarage in, ik neem de lift en ga naar mijn eigen verdieping. Ik ga niet in een of andere buitenwijk wonen, waar iedereen weet, daar woont een oudere alleenstaande dame die geld verdient. Dus geen enkele vervangende woonruimte is voor mij geschikt." Dat vond de rechter ook.'

Toen kwam de staatsgreep die Bouterse aan de macht bracht. 'Gelijk de volgende dag,' zegt ze, 'kwamen die jongens naar mij toe. Ik kende ze geen van allen. Maar ik vond ook: die regering van Arron, na de onafhankelijkheid, die bakte er toch niks van? Dus toen de onderofficieren door Arron de kazerne uitgezet werden en ze bij elkaar zaten in een Bondsgebouw? In mijn familie, toen ze hoorden dat ik broodjes voor ze stuurde, ze hebben buikpijn gekregen van het lachen. "Jij stuurt broodjes voor militairen? Wat heb je altijd gezegd? 'Militairen hebben paardevijgen in hun hoofd'." Ik zei: "Die hebben ze nog steeds. Alleen, deze stinken niet."

Achteraf kan je zeggen, we hadden beter arsenicum op die broodjes kunnen smeren. Maar toen? Toen belegde ik broodjes en die deed ik in een doos, ik stopte er nog een slof sigaretten bij en een krat limonade en ik legde er een brief bovenop met: "Goede moed!" en "Volhouden maar!" '

De dag na de staatsgreep belt Sital haar op, een van die jongens. Hij zegt: 'Wij hebben de macht overgenomen. Wilt u ons helpen?' Hij is erover komen praten. 'Ik heb gezegd: "Luister jonge vriend. Ik heb een vreselijke hekel aan militaire dingen. Maar ik wil wel de burgerij helpen. Zolang die wantoestanden, dat vrouwen geen woning krijgen zolang ze niet met de kerel die erover gaat in bed willen liggen voortbestaan... ik wil wel ombudsvrouw worden. Dan open ik een kantoortje om te kijken wat ik kan doen.

De mensen willen het nu niet meer horen natuurlijk, maar die jongens waren in het begin echt wel sympathiek. Maar ja, ik zeg u toch: het zijn mannen. Binnen de kortst mogelijke tijd begonnen ze elkaar de macht te betwisten. Wie is de Hoogste Autoriteit in het land? Het leger? De regering? De Militaire Raad?

Het duurde niet lang of Bouterse gooide Sital in de gevangenis omdat die een coup tegen hem zou beramen. Dus toen heb ik aan Sitals vrouw allerlei dingen meegegeven om te eten en te lezen. Komt Bouterse bij mij op kantoor. Of hij mij even kan spreken. Ik zeg, even wachten, ik moet een klant afhandelen. Klant geholpen. Zegt Bouterse: "Mevrouw De Hart, ik heb gehoord dat u van alles voor Sital gestuurd heeft." Ik zeg: "Juist, jonge vriend. Je hebt goed gehoord." Hij zegt: "U weet toch dat Sital onder arrest is?" Ik zeg: "Nou en?" Hij zegt: "Wat bedoelt u daarmee?" Ik zeg: "Sital is bij *jou* in ongenade gevallen. Toch niet bij *mij*? Jij moet Sital niets sturen. Maar ik? Natuurlijk heb ik voor hem gestuurd."

Later met Haakmat, precies hetzelfde. Ook een moeilijk mens, Haakmat, met hem kon ik goed opschieten. Ik zat vaak bij hem op het terras limonade te drinken. Komt Bouterse weer naar mij toe: "Mevrouw De Hart, u weet hoe het met Sital is afgelopen. En nu zit u bij Haakmat!" Ik zeg: "Jonge vriend, je krijgt hetzelfde antwoord. Haakmat is toch niet bij *mij* in ongenade gevallen? Jij moet geen glaasje limonade bij Haakmat gaan drinken. Maar ik? Ik wel. Ik ben mevrouw De Hart. Mij heeft Haakmat niks misdaan. Ik zit bij Haakmat, of je dat nou aanstaat of niet."

Hij kan niks doen natuurlijk. Hoe moet hij reageren? Hij kan toch moeilijk mevrouw De Hart een paar dreunen geven?

Hij zegt: "Mammie, iedereen weet hoe moeilijk u bent." Ik zeg: "Nou dan? Wat kom je dan met mij praten? Wat denk je? Dat ik om jou ineens niet moeilijk meer ben?"'

Het ging met die militairen helemaal de verkeerde kant op. Dus toen heeft mevrouw De Hart laten weten: 'Ik ga op vakantie naar Nederland. Als ik terugkom, dan werk ik niet meer voor jullie.' Ze dacht: ik blijf in Holland, ik heb niets geen familie in Suriname.

Nauwelijks is ze zich in de Zaanstreek aan het settelen of ze

krijgt een telefoontje van mijnheer Defares. Die was toen minister van Economische Zaken. Hij zegt: 'Mevrouw De Hart,
het is één grote rotzooi bij het Centraal Inkoop Bureau Suriname, bij het CIS. U moet komen om de leiding op u te nemen.' Zij zegt: 'Kom nou, ik ben achtenzestig.' 'Nee, nee, nee,'
zegt hij. 'U moet komen. Het is een grote rotzooi in het land
met allemaal corruptie en zo...' Zij zegt: 'Nou goed ik kom op
eigen kosten, dan kan ik er met jullie over praten.' 'Luister,'
zegt hij, 'u krijgt de vrije hand.'

'Ik ben gegaan. En ik heb een arbeidsovereenkomst getekend tot 31 december. Het was daar een onbeschrijfelijke
toestand! Wat een rotzooi! Ik heb meteen een fotograaf laten
komen om de hele zaak vast te leggen. Dat niemand nader-
hand kon zeggen: mevrouw De Hart overdrijft. O man! Voor
vierhonderdduizend gulden heb ik weg moeten gooien. Als
je het gezien had! Bergen uien en aardappelen met lange uit-
lopers waar de maden uit kropen. Een stank! Niet te harden!

Ik denk dat ik te Hollands ben, te rechtlijnig. Het CIS koopt
namens de regering de eerste levensbehoeften in, meel, aardappelen, zout vlees, noem maar op. En die verkoopt het dan
door aan de handelaren. Op een dag luisteren de Surinamers
naar de radio en wat horen ze? "Mevrouw De Hart in hongerstaking!"

Ik weet tot de dag van vandaag niet wie of wat erachter
heeft gezeten. Interesseert me ook niet. Corrupte boeven natuurlijk, mannen die er geen belang bij hadden dat ik orde
op zaken kwam stellen.

Geloof me, ik héb orde op zaken gesteld. Voor vierhonderdduizend gulden heb ik weg moeten gooien. Ik heb tegen de jongens die daar werken gezegd: "Jullie krijgen hand-
schoenen en jullie lossen mekaar af. Je hoeft niet langer in
die stank te blijven dan, laat ik zeggen, anderhalf uur. Het is
nou juni. Het moet opgeruimd zijn en prachtig mooi vóór 1
juli, Emancipatie-dag. Als het allemaal prachtig is in het magazijn, dan huren we op Emancipatie-dag een bandje, dan komen jullie allemaal met je vrouw of vriendin en dan dansen
jullie in het magazijn."

Het is opgeruimd op 1 juli, we hebben gedanst. De volgende dag, de eerste vrachtwagen die uitrijdt, ik zeg: "Ho. Roep
een paar jongens uit het magazijn." Die chauffeur gaat met
zijn bijrijder, hij roept een paar jongens uit het magazijn. Ik

zeg: "Haal die hele vrachtauto leeg." Ze kijken mekaar aan. Ik zeg: "Moet ik het nog een keer in het Surinaams zeggen?" Alles afgecheckt. Ach natuurlijk, als er geen leiding is, dan hoef je toch niet te vragen hoe het personeel is? Er zaten allerlei dingen in die vrachtauto die niet op de lijst stonden en die ze van plan waren zelf te gaan verkopen.'

'Ik heb de zaak op orde. Ik woonde toen in een ander hotel, in Leonsberg langs de rivier. Ik zit op mijn kamer, het meisje van de balie klopt en zegt: "Mevrouw, er zijn twee heren van de politie die vragen of u thuis bent." Ik zeg: "Ja hoor. Ik kom wel even naar beneden."

Ze nemen me mee naar het politiebureau en ze brengen me bij mijnheer Monsels, de commissaris. Hij zegt: "Mevrouw De Hart, mag ik u even voorstellen aan mijnheer Noordwijk van de Accountantsdienst. Er zijn onregelmatigheden geconstateerd bij het CIS. Wilt u daar een verklaring over afleggen?"

Ik zeg: "Ikke niet." Monsels zegt: "Wat bedoelt u, ikke niet?" Ik zeg: "U spreekt toch Hollands?" "Ja," zegt hij, "maar waarom wilt u geen verklaring afleggen." Ik zeg: "Ik run het CIS. Als ik dat niet goed doe moeten ze me ontslaan. En als ik een strafbaar feit gepleegd heb, dan dient mijnheer Noordwijk maar een klacht in. Diefstal, valsheid in geschrifte, oplichting, weet ik veel wat hij in zijn hoofd heeft."

"Ja mevrouw De Hart," zegt Monsels. "'Dan zult u toch hier moeten blijven." Ik zeg: "Je bent nooit te oud om iets te leren."

Ze maken een kamertje voor mij vrij, ik moet zelf voor een bed zorgen. Dus ik bel een vriend. Mijnheer Monsels brengt me naar dat kamertje. Ik zeg: "We moeten elkaar goed begrijpen. U houdt mij hier. Vanaf dit moment ben ik in hongerstaking."

Die vriend komt met een stretcher. Monsels zegt: "Mevrouw De Hart wil in hongerstaking. Kunt u haar niet zeggen dat ze daar niet aan moet beginnen?" Mijn vriend neemt zijn bril af en zegt: "Weet u wat mevrouw De Hart moet doen? Ze moet net zo lang hongeren tot ze sterft! Dan wil ik zien hoe u dát aan de gemeenschap uitlegt. Elke dag zullen er mensen bloemen op de trap komen leggen. Nee hoor, mevrouw De Hart moet hier sterven!" Arme mijnheer Monsels. Ik had medelijden met hem. Maar ja, die vriend, dat is net zo'n kreng

als ik ben. Iemand met wie ik al dertig jaar bevriend ben, dat
is natuurlijk geen lief makkelijk kereltje. Dus daar zat ik met
mijn boek en mijn breiwerk. Ik las en ik breide.

Na vier of vijf dagen word ik voorgeleid aan de advocaat-
generaal, mijnheer Shak Sie. Het hele land leefde mee hoor.
Elke dag was het op de radio. Shak Sie zegt: "Dit is mijnheer
Noordwijk, u kent hem. Mijnheer Noordwijk, wat is er aan
de hand?" Hij zegt: "Mevrouw De Hart heeft drieduizend gulden ontvangen die ze niet heeft uitgegeven." Shak Sie vraagt
aan mij: "Mevrouw De Hart, wilt u verklaren hoe dat in elkaar
zit?" Ik zeg: "Ikke niet." Shak Sie vraagt: "Waar is dat geld?"
Noordwijk zegt: "Op een rekening van het CIS." "Dus niet bij
mevrouw De Hart?" "Nee. Maar waarom opent mevrouw De
Hart een letter of credit voor geld dat ze niet nodig heeft?"
"Mevrouw De Hart, wilt u dat verklaren?" "Nee hoor. Ikke
niet."

Noordwijk had nog iets. Ik verkocht aan één handelaar
voor een lagere prijs dan het vastgestelde maximum. "Wil
mevrouw De Hart hierover een verklaring..." "Nee hoor, mevrouw de Hart wil het helemaal niet verklaren." "Waarom
niet?" "Omdat *ik* het CIS run. Op mijn manier. Luister, ik heb
me volgens de wet te houden aan *maximumprijzen*. Niet
aan *minimumprijzen*. Klaar."

"Ja," zegt Shak Sie. "Ik ga u niet langer vasthouden. Het geld
staat op rekening van het CIS. U heeft geen minimumprijzen.
U bent vrij om te gaan en te staan waar u wilt."

"Nee," zeg ik. "Ik ben gehaald. U moet mij ook weer naar
huis laten brengen."

Noordwijk vertrekt. Shak Sie zegt, als hij weg is: "Luister
mevrouw De Hart. Ik wil privé onder vier ogen graag horen
wat er aan de hand is."

Ik zeg: "Ik ben vrij?"

"Ja, u bent vrij."

"Dus ik ben niet verplicht u te antwoorden?"

"Nee, u bent niet verplicht."

"Dan wil ik het u graag vertellen. Die drieduizend gulden
heb ik uitgespaard op een schip met lucifers uit Brazilië. Dat
was al onderweg. Toen hebben we een langer contract afge-
sloten tegen een lagere prijs. En toen hebben ze in Brazilië
gezegd, goed, dan geldt die prijs ook voor het schip dat al onderweg is."

"O," zegt Shak Sie. "Is dat alles? En die lagere prijs?"

"Dat komt," zeg ik, "omdat die man tegenover het CIS woont en de spullen zelf komt halen."

"Maar mevrouw De Hart," zegt Shak Sie. "Dat had u toch wel meteen kunnen zeggen!"

"Nee," zeg ik. "Ikke niet. Ik run het CIS!"

"Nou mevrouw De Hart," zegt Shak Sie. "Dat imago dat u hier heeft, dat maakt u voor de volle honderd procent waar hoor!" '

Het was natuurlijk het einde van de zaak. Ze is nog een keer naar een vergadering geweest met de commissarissen van het CIS en met Bouterse en Horb erbij, want die hadden het toen voor het zeggen. Ze heeft gezegd: 'Ik ga er geen woorden aan vuil maken. Die heren, daar heb ik geen boodschap aan. Maar jij, Bouterse en jij Horb: jullie moeten je ogen uit je kop schamen.' 'Nou, dan zeggen ze niks. Ja, wat moeten ze eigenlijk zeggen?'

'Ik ben naar Nederland teruggegaan. Het was november, 1982. Een paar weken later vinden in Suriname de moorden plaats.'

Het moet voor haar een traumatische ervaring geweest zijn. Al die mensen 'met wie ik goed was' in één keer neergeschoten door dezelfde jongens die ze als ombudsvrouw terzijde gestaan had.

In een van onze gesprekken hebben we het over de oorlog. Ze vertelde dat ze als bruintje te veel opviel voor het illegale werk – ze woonde toen met haar eerste man op de Veluwe. En er is iets waar ze niet over wil praten. Ze heeft geen trek aan tranen. In de schriften die ze meegaf heeft ze het opgeschreven, zegt ze. Ik mag het wel lezen. Ik lees hoe ze, als jonge vrouw toen, getuige was van een afzichtelijke moord op twee boerenjongens, door de Duitsers aan vleeshaken opgehangen. Nog steeds hoort ze de jongens gillen als slachtvarkens.

En nu, in haar eigen ooit zo overzichtelijke Suriname...

'Ik heb me,' zegt ze, 'bij Haakmat aangesloten, bij het Amsterdamse verzet.' Ze vertelt dat ze kort na de moorden opgebeld werd. Of ze naar Den Haag wilde komen voor de oprichting van een Bevrijdingsraad. 'Ik ben erheen gegaan. Er zit een stelletje mensen bij elkaar en iemand zegt: straks komt de persoon die voorzitter wordt. Jullie kennen hem allemaal. Het is mijnheer Chin A Sen. Toen ben ik opgestaan en ik heb gezegd: "Count me out." Ze hebben me nog apart genomen. Alsjeblieft mevrouw De Hart, doe nou eens niet dwars. Maar ik heb gezegd: "Die man leider van een *verzets-groep*? Kom nou. Be your age." '

Ach wat, zegt ze. Al die mannen. Ze willen allemaal de leider zijn. Daarom is er van het verzet nooit iets gekomen.

Ze woonde toen nog in Koog aan de Zaan. Zo nu en dan ging ik bij haar langs. Ze was altijd goed op de hoogte. Ze was, zei ze zelf, een van die mensen geworden die de godganse dag met een omgekeerde verrekijker de oceaan over zitten te turen.

Soms was ze er een tijdje niet.

Dan was ze haar kleinzoon gaan opzoeken op Cuba – 'zo'n jongen moet er zelf achter komen toch, dat het niks is, dat communisme'.

En als ze niet op Cuba was, dan was ze bij Ronnie Brunswijk.

Bij haar thuis in Koog aan de Zaan is de geschiedenis met Brunswijk begonnen. Ze zijn hem in Parijs gaan ophalen, ze hebben met hem gesproken en ze hebben geld ingezameld. Toen is Brunswijk naar Suriname teruggegaan en zijn guerrilla begonnen.

'Ach,' zegt Denise weer, 'het is hetzelfde. Als je hem nou ziet met al die pracht en praal en zo, maar echt, in het begin... al gauw was het hopeloos natuurlijk. Weet je, je kan zo'n jongen toch ook niet in de steek laten. In Suriname mocht ik niet meer binnen, een paar keer ben ik via Frans-Guyana naar Brunswijk gegaan. Dat zeg ik toch, het zijn mannen. Allemaal liepen ze om Brunswijk heen en allemaal beloofden ze gouden bergen. Wat is er van terechtgekomen? Niets toch!'

Een keer vertelde ze over zo'n reis – woedend op al die kerels die er ook bij waren en die niets anders deden dan elkaar de loef afsteken. Wie mocht namens Ronnie spreken in Nederland? Wie werd zijn Politieke Vertegenwoordiger op Aarde?

'Je moest eerst tien uur naar Cayenne vliegen en dan drie uur over de weg naar Saint-Laurent en dan acht uur in een korjaal over de Marowijne naar Stoelmanseiland. Je komt aan, in het bos heeft iedereen respect voor een oude vrouw. "Goede reis gehad, mammie? Mammie moet eerst rusten. We hebben een hut voor u klaar, mammie." En dan komt Ronnie 's avonds langs om te horen wat mammie ervan vindt. Mammie vond dat het op moest houden. Ze waren al tien maanden bezig, louter bloedvergieten. Alle kerels die die keer ook uit Nederland gekomen waren dachten: nee hoor. Laat het maar doorgaan. Als het mislukt zijn wij veilig. En als er wel iets van komt: dat is ónze kans. Een hele dag lang hebben we vergaderd. Dan liep de een boos weg en dan de ander. Aan het einde had iedereen ruzie!'

'Ik vond, er moet een einde aan komen. Niemand deed iets voor Ronnie. Hij zat gevangen in de oorlog die hij op ons verzoek was begonnen. Ik dacht, verzoening. Als iemand iets kan bereiken, dan is het oude mevrouw De Hart wel. Niet omdat mevrouw De Hart zo geweldig is. Helemaal niet. Gewoon, omdat mevrouw De Hart ouwe mevrouw De Hart is. Als ik met Bouterse praat, dan zie ik een heel ander aspect van zijn persoonlijkheid dan wanneer hij met u praat of met een ander manspersoon. Ze willen toch aanvaardbaar zijn voor mij. Bij mij gaan ze zich niet stoer en macho gedragen en zo. Ze weten ook wel: als ze dat wel doen, dan zijn ze aan het goede adres! Ik heb wel eens gepraat met een parlementslid. Binnen drie minuten vertelde hij dat hij drieëntwintig kinderen heeft. "Ja," zeg ik. "Dat kan iedere straathond je nazeggen."
  Als ik dus met Bouterse of met Brunswijk of met wie dan ook praat, dan zie ik een jonge kerel, heel charmant en voorkomend. Ik weet natuurlijk ook wel dat die andere kant er is: iedere persoon heeft toch allerlei facetten. Maar omdat ik ouwe mevrouw De Hart ben en omdat ik altijd tussen mannen gewerkt heb, daarom heb ik uiteindelijk toch iets kunnen betekenen.'

Ons laatste gesprek.
  Het is vrede in Suriname, nou ja, zegt mevrouw De Hart, een bende is het en blijft het. Het enige dat Suriname kan

redden, zegt ze, is een vrouwenregering. 'Ik zeg het soms half om te provoceren, maar het is ook iets dat ik in ernst vind. Misschien geen honderd procent vrouwenregering. Je moet je niet profileren als mannenhaatster. Je moet het zo maken dat bij een meningsverschil, dat dan de vrouwen de doorslag geven. Zestig, veertig of voor mijn part vijfenvijftig, vijfenveertig. Niet omdat wij vrouwen engelen zijn hoor. Maar omdat wij een heel andere instelling hebben.'

'Toen wij mensen,' zegt ze, 'nog in beestevellen liepen en in holen woonden, toen sloegen de mannen mekaar al met knotsen de hersens in. En dan gingen wij vrouwen achter in dat hol schuilen met onze kinderen. Ja toch? Dat ze een beetje warmte hadden en een beetje beschutting. Ik zeg: neem nou eens vijftig miljoen, niet eens guldens, nee, dollars. En ga dan eens een vrouw zoeken om, zoals in Ruanda, met kapmessen kinderen dood te hakken. Je zult niet één vrouw vinden. Niet één! Nog niet voor honderd miljoen. Maar een man? Een leider hoeft maar even op hem in te praten en hij doet het voor minder dan een tientje.'

Mijn Viool

'Op een dag wilde Tenny, mijn eerste man, wat gaan schetsen in de omgeving. We logeerden in Collioure, in het zuiden van Frankrijk. Ik zeg: "Ik blijf thuis, ik wil een beetje viool spelen."

Tenny gaat, ik doe de balkondeuren open en ik denk: "Bach. Ik ga boven zee spelen. Dat moet mooi zijn." Het balkon hing als het ware boven de branding.

Ik begin te spelen. Ik kijk onderwijl zo in de verte – ineens zie ik beweging in het zeewater. Een ronde beweging als van een windvlaag. Ik denk: "Dat komt van het staren, het ligt aan mijn ogen."

De beweging komt dichterbij en dichterbij, ze komt tot vlak voor de kust. Het is geen windvlaag. Het is een school dolfijnen. Ze komen met die lachende koppen van ze uit het water, zo boem, hup, op en onder.

Ze hebben daar, ik weet niet hoe lang, in zee gedanst op Bach. Ik speelde en ik bleef maar spelen. Eindelijk kregen ze er genoeg van en zwommen ze dansend weg op de muziek die van mijn viool kwam.'

Als je bij Rita Dalvano aanbelt, dan moet je even wachten tot het zolderraam opengaat en zij de sleutel naar beneden gooit. De kans is groot dat een van de meisjesstudenten op de etages een en twee de voordeur intussen al ontsloten heeft. 'U komt voor Rita? Alle trappen op.' De laatste is zo smal en recht dat je 'm voetje voor voetje op moet klauteren. Dan ben je in de woonkamer. In het midden ervan staat een nog smallere, nog rechtere, metalen trap van spijlen die naar de slaapkamer voert.

Hier woont Rita Dalvano, zesentachtig jaar, Stehgeigerin.

Als je een paar uur later weggaat waarschuwt ze voor de trap naar beneden. 'Zal *ik* je tas dragen?'

'Waarom vertel ik dit? Ik dwaal af. Dat krijg je als je oud wordt. Ik vertelde over de dood van Marcel, mijn tweede man. Hoe kom ik dan in Collioure bij die..., god ja. Misschien wil ik eigenlijk vertellen: die viool, die heeft mij er altijd doorheen gehaald. Toen Tenny bij mij wegging: dat ik daarvan hersteld ben, dat komt alleen maar omdat ik in die tijd heel hard op mijn viool ben gaan spelen.'

'Hij ligt altijd op die stoel in mijn kamer. Ik zet hem nooit weg. Ik heb andere violen, maar die heb ik gewoon opgeborgen. Deze mag in de kamer blijven. Ik speel er helemaal niet zo veel meer op. Zo af en toe haal ik hem uit de kist. Ik poets hem een beetje op. Ik speel een paar noten. En dan leg ik hem weer terug op zijn stoeltje.'

Sinds haar vroegste jeugd speelt Rita Dalvano viool – veelal in restaurants, aan tafel en op verzoek. Haar repertoire omvat tweeduizend nummers, die ze alle uit het hoofd speelt.

'Het is geen Stradivarius en het is geen Amati, daar haalt het niet bij. Dat zijn instrumenten, die kosten honderdduizend gulden of iets dergelijks. Het is een Leopold Widhalm achttiende-eeuws. Ik heb hem gekregen toen ik veertien jaar was. Heel mijn leven is die viool bij mij gebleven. Precies ben ik daar niet over ingewijd, maar ik geloof dat mijn ouders er een deel van hebben betaald, en dat de rest uit een studiefonds is gekomen.'

'Mijn moeder heeft altijd gezegd: "Toen ik van jou in verwachting was, toen zag ik een mooi jong meisje voor me dat prachtig viool speelde. Het publiek juichte je toe."'

Toen ze een jaar of drie was, zette ze haar poppen in een rij op een stoel. Ze nam een stuk hout en ze streek erover. Ze werd zeven jaar en ze moest en zou een viool krijgen. Ze kreeg er een – een afgang. Het kleinste viooltje dat er bestond kreeg ze, een speelgoedding, vreselijk. Er kwam geluid uit.

Er kwam een leraar in huis, een ramp. Dat ding, dat vreselijke speelgoedding, stampvoetend stond ze erop te studeren. Na een paar maanden zei die leraar: we houden ermee op. Laat ze maar lekker buiten gaan spelen. Het wordt nooit wat. Het hele huisgezin was door het gedoe in de war.

Kort daarop werd ze acht jaar. Ze maakte een lijst van allemaal dure cadeaus. Daar heeft ze een streep doorheen gehaald. En ze schreef eronder: in plaats van dit alles: weer vioolles. Moeder in tranen en haar leraar wanhopig. 'Goed,' zei hij. 'We proberen het nog één keer. Maar als het weer niet lukt, dan houden we ermee op en dan is het voorgoed.'

Een half jaar later zette die leraar een advertentie in de krant. Ouders die hun kinderen viool wilden laten leren, die moesten dan en dan daar en daar naar toe komen. Daar speelde een meisje van acht dat een half jaar les had. Konden ze luisteren hoe dat meisje speelde.

'Ik ben opgeleid om concertvioliste te worden, soliste. Ik heb alleen maar lagere school gehad. Vanaf mijn elfde ging ik de hele dag naar de muziekschool. Toonkunst in Rotterdam, net zo goed als het conservatorium. Daar gaf Carel Blitz vioolles, de vroegere concertmeester van het Londens Philharmonisch Orkest. Van hem heb ik les gehad tot ik zeventien was en die gril kreeg.'

Ze komt uit een joods gezin. Van zichzelf heet ze Duifje, Duifje Walvis. Dat Rita Dalvano is van later. Ze woonden op een bovenhuis aan de Gedempte Botersloot in Rotterdam. Wat het geloof aangaat was het thuis nogal rommelig. Het een mocht wel, het ander niet, er klopte niets van. Haar vader werkte bij Tuschinsky, hij was kapelmeester van het bioscooporkest. Op sjabbes werkte hij gewoon. In de sjoel kwamen ze alleen als er iemand trouwde.

Het was een druk gezin. Keurig, alles moest volgens de regels. Moeder was een degelijke huisvrouw en een uitstekende muzikantenvrouw. Vader bracht altijd alle mogelijke vrienden en collega's en kennissen mee. Moeder kookte ruimschoots, want ze bleven allemaal meeëten.

Moeders zwakke punt was haar achtergrond. Die vond ze prulwerk, dat vond ze maar niks. Ze was een afstammeling van kermisklanten. Háár moeder heette Kinsbergen, Paulina Kinsbergen, een echte circusnaam. Oma Kinsbergen reisde rond als waarzegster, in een waarzegtent.

Het moet een generatie zijn overgeslagen. Met haar zwarte

lange pruik, haar piepkleine gestalte in lappenjurk en haar felle ogen zou je 't onmiddellijk geloven als Rita je de toekomst ging voorspellen. Ze aardt, zegt ze, naar haar grootmoeder. 'Ik was juist ontzettend trots op haar. Als schoolmeisje mocht ik in de vakantie mee op tournee, al die dorpen af, de hele zomer door. Ik logeerde in haar blauwe woonwagen. Ik mocht op de witte ezel zitten, en ik hoefde nergens voor te betalen.'

Dat heeft ermee te maken, jazeker, dat ze aan die gril heeft toegegeven. Op haar veertiende vond Carel Blitz dat ze klaar was voor de solistenbeurs, de beurs van de koningin noemden ze die. Als je die beurs kreeg, dan mocht je drie jaar verder studeren bij beroemde professoren in de muziek. Als dat ook goed ging, dan kon je soliste worden. Ze heeft die beurs gekregen. En toen, twee jaar later, ze was net zeventien en ze zat midden in die solisten-opleiding, toen heeft ze, zomaar in een gril, besloten om ermee op te houden.

'Ik heb mijn Widhalm gekregen, toen ik de beurs van de koningin had gewonnen. Hij heeft een, hoe moet ik dat zeggen, hij heeft een nogal fors karakter. Ik speel graag, noem het hartstochtelijk. Dus ik heb wel behoefte aan iets stevigs onder de kin. Er zijn ook instrumenten met een hele lichte toon, een Franse toon die ook heel mooi is. Maar ik ben geboeider door die donkere toon. Mijn Widhalm heeft een klank die de verte in gaat, een echte zaalviool is het. Als ik hem goed behandel, dan heeft hij, naast zijn forse kracht, ook een grote weekheid. Dat maakt dat ik zoveel van hem houd. Hij moet niet alleen maar fors zijn en niet alleen maar week en zacht. Hij moet allebei tegelijk zijn.'

Ze is uiteindelijk dus Stehgeiger geworden. De mensen denken dan al gauw aan zigeuners. Vooral toen ze jong was dacht iedereen dat ze een zigeunerin was. Dat kwam niet alleen door haar uiterlijk, dat kwam vooral door de manier waarop ze viool speelde. Altijd kwamen er mensen naar haar toe om een compliment te maken en dan vroegen ze: 'Spreekt u Nederlands?' Ooit speelde ze in Amsterdam aan tafel bij twee sjieke mensen. Toen ze klaar was zei die vrouw: 'Ik heb bewondering voor de manier waarop u speelt, maar

ik heb nog meer bewondering voor uw Nederlands.' Rita
vroeg: 'Hoe bedoelt u?' 'U spreekt erg goed Nederlands.'
'Waarom zou ik niet?' Vraagt die vrouw: 'Waar komt u dan
vandaan?' 'Uit Rotterdam'. 'O,' zegt ze. 'Dan waren uw ouders
zeker op doorreis.'

'Dus toen, op een dag, ik ben zeventien en ik zou concertvioliste worden. Ik loop op de Coolsingel een ijsje te eten.
Opeens komt er een man naar mij toe. 'Dag Duifje, ken je mij
nog?' Ik zeg: "Natuurlijk. U bent mijnheer Wolf. Ik heb een
paar keer in uw orkest mogen spelen." Dat kwam, die mijnheer Wolf was ook kapelmeester van een bioscooporkest,
net als mijn vader. Ooit toen hij een zieke had, heb ik in
diens plaats meegespeeld. Hij zegt: "Luister, Duifje, ik heb jou
nodig. Zullen we hier even binnenstappen en een kopje koffie drinken?"

We drinken koffie en hij zegt: "Mijn violist gaat weg. Jij
moet zijn plaatsvervanger worden." Ik zeg: "Ik doe toch iets
heel anders, ik moet soliste worden." "Ja," zegt hij, "dat weet
ik en dat is prachtig. Maar je moet het allemaal maar afwach-
ten hoe of dat gaat. En bij mij, het is een degelijke zaak, je
verdient goed en je komt in een goed orkest met goede mu-
zikanten."

Ik ga naar huis en ik vertel het. Mijn moeder zegt: "Het lijkt
me vreselijk als je dat gaat doen." En mijn vader zegt: "Jij
moet toch ster worden? Je krijgt moeilijkheden."

Ik de smoor in, al die tegenwerpingen. Dus ik zeg: "Ik doe
het."

Ik ben naar Wolf gegaan om het te vertellen. Hij zegt:
"Goed, dan maak ik een contract op, maar dat moet je vader
tekenen, want jij bent pas zeventien." '

Ze is natuurlijk met de grootste rotzooi de school uit gegooid. Carel Blitz zei: 'Ik praat nooit meer met je.' Hij vroeg:
'Wat vindt je vader ervan?' 'Hij heeft niet gezegd dat hij het
niet goedvindt.' Toen zei Blitz: 'Mijn vader zou liever met luci-
fershoutjes langs de deur lopen dan dat hij de carrière van
zijn zoon kapot had laten maken.' 'Bedankt,' zei Rita. 'Dan
spreken we inderdaad nooit meer met elkaar.' Ze is de klas
uit gerend en nooit meer teruggekomen.

'Het komt ook, toen ik mijn viool kreeg, toen heb ik gezegd: met deze viool ga ik in mijn leven alles doen wat je met een viool kunt doen. Ik heb woord gehouden, vind ik.

Hij had al verschillende restauraties achter de rug toen ik hem kreeg, en hij was natuurlijk door verschillende mensen bespeeld. Gek eigenlijk dat ik er nooit meer achter kan komen door wie. En of hij toen ook zo mooi heeft geklonken. En of hij door mijn voorgangers goed of niet goed is behandeld. Hij had een tijdje stil gelegen, dat weet ik wel. Ik heb hem terug tot leven moeten wekken.'

Ze had die viool nog maar heel kort en ze was boven bij haar grootmoeder. In de winter woonde zij in het huis aan de Botersloot. Natuurlijk had Rita haar viool bij zich, die had ze altijd bij zich. Goed dragen en zo en niet stoten, voorzichtig, in het begin ben je er zelfs overdreven mee. En toen, op een dag, ze loopt van haar grootmoeder met die viool in haar hand de trap af naar beneden, en ze blijft met haar hak in een rafeltje van de traploper hangen. Ze bliksemt zo die trap af naar beneden. Ze heeft die viool tegen zich aan gedrukt. Ze maakte een enorme smak, maar ze heeft haar handen niet gebruikt om die smak op te vangen. Ze had een gekneusd sleutelbeen en een ringetje schuurde in haar vinger, maar dat kon haar niet schelen. Door de schok vloog die Widhalm toch uit haar handen. Daar heeft ze wél diepe tranen om gehuild.

'Ze hebben later wel eens tegen mij gezegd: zo valt een moeder van de trap die haar kind beschermt. Ik heb zelf nooit kinderen gehad, dus dat weet ik niet. Ik denk wel: er zit iets in. Voor die viool heb ik gevoeld wat een moeder voor haar kind voelt.'

Ze kwam in dat bioscooporkest van Wolf tussen allemaal mannen. Allemaal oude rotten die al jaren in het vak zaten. Ze vonden haar een uitsloofster. Daar zat ze met haar opleiding en met haar prachtige houding, ontzaglijk degelijk en helemaal in stijl viool te spelen. Die mannen zaten te hangen en ze lieten hun vioolkrul desnoods ergens op steunen. Ze hebben haar echt ontgroend. Als zij binnen kwam, dan zaten ze allemaal te roekoe-en. 'Waarom doen jullie dat?' vroeg ze.

'Wij zijn de doffers,' riepen ze dan. 'En jij bent het Duifje.' Ze klaverjasten. De man voor wie ze in de plaats was gekomen, die speelde ook mee, en dat moest zij overnemen. Ze kon er niks van. Niemand wilde haar partner zijn. Ze tosten erom en wie verloor, die zei: 'Ik ben de pineut.' Het ging om geld. Ze verloor al haar centen.

'Het gekke is: in dat orkest en later met mijn damesorkest – toen stonden de heertjes ons buiten wel op te wachten. Maar ik ben eigenlijk altijd een braaf meisje geweest. Het meest werd ik in beslag genomen door mijn viool. Ik stond niet zo gauw klaar om met een jongen in bed te duiken. Ik had wel eens kleine avontuurtjes, die ik niet eens altijd plezierig vond. En soms was het echt heel prut, een begin van aanranding eigenlijk.

In dat orkest speelde een violist, hij was de zoon van een generaal. Hij beschermde mij tegen de streken van mijn collega's en hij leerde mij Frans. Hij nam boeken mee die ik moest lezen, eigenaardige boeken nogal wat de erotiek betreft. Op een avond nam ik de blauwe tram naar Scheveningen, ik was alleen die avond. Op het moment dat die tram vertrekt, wordt de deur van mijn coupé opengerukt en springt er een man naar binnen: die violist. Ik zeg: "Wat doe jij hier? Waar ga je naartoe?" Hij kijkt me verwilderd aan, en ineens begint hij aan mij te plukken. Ik heb me verweerd en ik heb gehuild – die prut, die heb ik vaker meegemaakt. Dat was blijkbaar voor mij weggelegd.

Pas toen ik Tenny leerde kennen, veel later was dat, toen was het voor het eerst iets dat ik mooi vond. Zo mooi, dat ik er ook wel een beetje om moest huilen.'

'Die Widhalm van mij, hoe zal ik het zeggen. Ik heb het idee dat ik hem vlei van tijd tot tijd. "Doe je best, laat eens horen hoe mooi je kan klinken." Ik flirt gewoon met die viool. Ik aai hem als het ware. "Kom, laat nou horen, dat kan best mooier." Net zoals je iemand van wie je houd niet teleur mag stellen – zo mag ik, vind ik, die viool ook niet teleurstellen.'

'Ik denk dat de sterke aantrekkingskracht van de erotiek, dat die voor mij voor een groot deel in de muziek is gaan zitten. Niet alleen in de viool, nee, in muziek op zich, in mooie mu-

ziek. Die kan mij zoveel geluksgevoelens geven, zoveel wee-
moed en al het andere dat je ook in de liefde terug kan vinden. Een deel van mijn erotisch bestaan heb ik in de muziek
kwijt gekund.'

Ze kreeg zwaar tabak van dat bioscooporkest. In die tijd las
ze een boek over Pablo Casals, die had in zijn studietijd een
trio opgericht en daarmee was hij in restaurants gaan spelen. Ze dacht: dat ga ik ook doen, maar dan met meisjes. Ze
had meer dan genoeg van die kerels. Uit dat idee is het eerste grote Nederlandse damesorkest 'Rita Dalvano' geboren.

Het heeft niet zo heel lang geduurd, dat damesorkest. Je kunt
een tijdje in je eigen stad spelen, maar dan moet je op reis.
Het orkest had succes: de dames kregen zoveel bloemen dat
de ziekenhuizen ermee werden opgefleurd. Rita kon een
contract afsluiten met een hotel in Zwitserland. Ze legde het
aan de meisjes voor. Prima. Dus ze tekende. Toen puntje bij
paaltje kwam was de een plotseling verloofd en mocht de
ander niet van thuis, en een derde..., op het laatst heeft ze
het contract af moeten zeggen en mocht ze blij zijn dat ze
geen boete hoefde te betalen.

Ze speelde allang weer in een orkest met heren, toen ze Tenny ontmoette, de schilder Metten Koornstra. Ze hadden een
engagement in Amsterdam, in Heck's. Tenny zat er iedere
middag en iedere avond. Hij was net in Frankrijk geweest, hij
was heel blond en erg bruin en hij had blauwe ogen – ze
dachten dat hij een Noor was, een Noorse zeeman. Ze speelde Grieg voor hem, en dan zat hij beleefd te klappen. Elke
avond kreeg ze van de portier een brief, een hele mooie
brief, ondertekend met 'King'. Dat was Tenny, maar dat wist
ze niet. Fantastische brieven waren dat, met gedichtjes en tekeningen en krabbeltjes. 'Ze zeggen,' schreef King, 'dat je een
zigeuner bent. Ik weet wel beter. Je bent geen zigeuner. Je
bent een Egyptische prinses.'
    Ze verhuisde met het orkest naar Eindhoven. Tenny kwam
ook daar luisteren. Op een avond wenkte hij haar: 'Morgen-
ochtend zo en zo laat. Dan moeten we praten.'
    De volgende ochtend zien ze elkaar. Tenny is erg rommelig
en hij heeft strootjes aan zijn kleren. Rita zegt: 'Goh, dat jij

hier bent. Waar logeer je?' Hij zegt: 'In een spoorwagon. Lekker warm. Maar lastig met mijn kleren.'

'Met Tenny heb ik prachtige jaren beleefd. Hij was precies zoals ik hem hebben wou, zoals ik een man hebben wou. We zijn alle twee leeuwen, we zijn een dag na elkaar jarig. Een van de twee moet de baas zijn. Hij was de mannetjesleeuw. Ik heb me altijd naar hem gevoegd. Tenny was heel krachtig en heel gevoelig tegelijk.'

En zo is Duifje Walvis Rita Dalvano en Stehgeiger geworden – de violist die voor het orkest staat of die in restaurants aan de tafel speelt. Als Stehgeiger moet je het orkest ongelofelijk in de hand hebben. Je moet als het ware echt de baas zijn. Jij bent het die alles aangeeft, de anderen moeten jou volgen. Rita vermoedt dat ze in Nederland de enige vrouwelijke Stehgeiger is geweest.

'Op een dag, de oorlog is al voorbij, sta ik in een restaurant in Amsterdam te spelen. Er was een Russische ballerina bij ons en die had een optreden gehad in de Schouwburg. Er was haar een souper aangeboden door een paar belangrijke figuren. Het was zo'n temperamentvolle, speelse vrouw: ik was niet van haar tafel weg te slaan. Ik ging natuurlijk allemaal Russisch spelen en dat vond ze verrukkelijk. Ze zong mee en ze sprong op en ze deed pasjes – heerlijk. Dat was helemaal spelen voor je geluk. Naast haar zat een mijnheer en die genoot mee, vermoed ik. Ik was net een Russische dans aan het spelen toen hij opstond en wegging. Hij omhelsde me op weg naar de deur. Ik draaide rond en mijn viool vloog onder mijn kin vandaan tegen de muur.
Krankzinnig wat er toen gebeurde. De ballerina gaf een kreet en begon erbarmelijk te huilen. En ik, ik keek niet naar mijn viool om, ik rende naar mijn jas, ik holde naar huis, ik pakte een andere viool, ik rende terug, ik deed mijn jas uit en ik speelde voor die vrouw verder waar ik gebleven was. Zij kwam overeind, ze liep heel waardig naar het midden van de zaak, en toen is ze op mijn muziek ontzettend prachtig gaan dansen. De Widhalm lag in brokken.'

Helemaal hersteld heeft de Widhalm zich nooit meer. Ze

heeft hem naar een restaurateur gebracht, ze wou hem niet eens meer zelf terughalen. Dat heeft Marcel gedaan. Ze pakte hem uit, ze nam hem onder haar kin: de E-snaar was scheller geworden, scherper. Ze deed hem terug in de kist, dicht en weg. Ze wou er niet meer op spelen.

Ze kreeg heimwee. Ze heeft hem weer tevoorschijn gehaald en ze is eraan gaan dokteren. Andere kam erop, andere snaren – het ging een beetje beter. Een andere restaurateur heeft nog iets aan de stapel gedaan. Toen is ze er weer op gaan spelen. En werkelijk, onder haar handen is die viool weer gaan opbloeien.

'Zoals het instrument zich aan jou moet aanpassen, zo moet jij je ook aan aanpassen aan dat instrument. Op mijn Widhalm speel ik heel anders dan op de viool voor de kamermuziek. Als je een persoon leert kennen, dan leer je steeds meer van hem en dat gaat verder, langzaam maar zeker. Zonder dat je je ervan bewust bent voeg je je naar zo'n persoon. Zo gaat het ook met een viool.'

'Ik ben nooit zonder die viool op reis geweest – één keer maar, en dat was toen Tenny en ik op de fiets op huwelijksreis naar Parijs gingen. Toen heeft hij in een kluis gestaan. Alle andere keren zou ik nog liever zonder bagage op reis gegaan zijn dan zonder mijn viool. Ik heb expres om die viool te beschermen de stevigste kist gekocht. Die kist is zwaar en ik ben klein: er zijn altijd mensen die willen die viool van mij dragen. Dat mogen ze nooit. Ik geef hem niet uit handen. Als ik met de auto ga mag hij nooit in de achterbak. Dan heb ik hem op schoot.'

In de gevaarlijke leeftijd voor een man kreeg Tenny affaires met veel jongere vrouwen. Rita is uit huis gegaan. Zij en Tenny zijn vrienden gebleven.

Jaren later staat er op een dag iemand aan haar deur. Hij ziet er bleek en bedonderd uit.

'Rita, ik moet je iets zeggen. Tenny is dood.'

'Nee!'

Ze heeft haar viool, die ze in de hand had, tegen de grond gegooid.

Marcel, Rita's tweede man, heeft ze door de muziek leren kennen. Hij was het spiegelbeeld van Tenny. Marcel bewonderde haar en hij was niet de baas. Met Marcel kon je praten.

In die tijd werkte ze in Atlantic in Amsterdam. Op een avond komen er twee mannen binnen. Ze zegt tegen de garderobe-juffrouw: 'Dat zijn zeelui.' Die zegt: hoe weet je dat? Zij zegt: 'Dat zie ik aan de manier waarop ze lopen.' Ze gaan aan een tafeltje zitten. Een van die twee is vreselijk in haar geïnteresseerd, vooral ook in haar viool. Ineens zegt hij: 'Mag ik u iets vragen? Wilt u voor mij de Méditation spelen? Dat is zulke prachtige muziek. En u speelt zo prachtig.'

Ze waren aan het passagieren. Als ze weggaan vraagt hij: 'Ik wil u schrijven, mag ik uw adres? Ik heb zo'n heerlijke avond gehad.' Vanaf toen kreeg Rita elke dag een brief. Marcel, stond eronder. Marcel Tristesse.

En toen op een keer, ze komt 's nachts uit Atlantic, en ze ziet heel in de verte een klein figuurtje dat met een beetje treurige gang voortloopt. Marcel. Hij had de laatste trein gemist. Ze zegt: 'Dat wordt dan hotel, hier, hotel Atlantic.' En toen keek hij haar zo bedroefd aan, zó bedroefd, dat ze hem een arm gaf en zei: 'Of wordt het Prinsengracht?'

Marcel is mee naar huis gegaan. En hij is nooit meer vertrokken.

'Nu is Marcel ook dood. Hij was een moeilijke man, Marcel. Maar hij had een ding: hij kon bewonderen. Ik heb nooit iemand in mijn leven meegemaakt die zo sterk kon bewonderen als Marcel.'

'De realiteit is dat ik aan de laatste loodjes bezig ben, en dat ik dat ieder ogenblik vergeet. Ik moet mezelf gewoon wel eens bij de oren pakken. "Hé, hé, je bent een oude vrouw." Ik ben in mijn hoofd bezig met iets waar je eigenlijk een hele grote tijd voor nodig zou hebben, en dan vergeet ik dat ik die tijd helemaal niet meer heb. Ach ouwe, doe maar rustig aan, het is haast met je gebeurd: dat heb ik helemaal niet. Ik vind dat wel erg bevredigend. Je hebt mensen die heel teleurgesteld op hun ouwe dag zitten te mokken. Dat heb ik dus niet.'

'Mijn ouders zijn in de oorlog vermoord. Ze zijn op 18 januari 1943 in Theresienstadt aangekomen en zij zijn op 23 januari 1943 vermoord. Ik heb altijd heel erg geleefd met hoe ze gewoon waren. Ik droom heel veel van ze, maar dan van hoe ze waren. Dat is bij mij erg sterk ontwikkeld, dat hoort bij mijn geaardheid. Ik heb er ook wel last van gehad, maar nooit zoveel dat ik er alleen maar in droefenis over leefde.'

Mijn Land

'Witte stranden zie ik voor me, groene eilanden, bloemkolen die uit de diepblauwe zee ontspringen. De muskaatbomen staan er in groei en bloei, vol als kastanjes. Zwaar is de lucht van de kruidnagel. Als het donker is herken je aan de heerlijke geur van de mangroven dat je de kust nadert. Donkerpaars donker is het dan, aan de hemel schitteren miljoenen sterren als diamanten. Hoevelen hebben er niet de tranen in hun ogen voelen wellen als ze dat land aanschouwden! Wie zou daar niet zijn laatste adem willen uitblazen!'

De president in ballingschap zegt dat hij een stille hoop heeft dat hij dit zoete land ooit nog zal zien. Maar hij is bang van niet.

Overal in de Indische Archipel heeft hij gewoond, maar niet op Saparua, het Molukse eiland van zijn voorvaderen. Zijn herinneringen heeft hij van vakanties, als jongen. De rug van een oom ziet hij voor zich, hijzelf daarbovenop. Hij hoefde zijn hand maar uit te steken, links of rechts van het pad, dat deed er niet toe, en hij plukte de sappigste mandarijnen.

Sinds 10 april 1993 is dokter Frans Tutuhatunewa, die een groot deel van zijn leven dorpsdokter was op het Friese platteland, president van de Vrije Republiek der Zuid-Molukkers. Als derde president draagt hij de erfenis van wijlen ir. J. Manusama en van de vermoorde mr. dr. Soumokil, die op 25 april 1950 te Ambon de Republik Maluku Selatan (RMS) uitriep. De onafhankelijke staat werd door de Indonesische Regering al gauw tot een uitzichtloze guerrilla in het bos van Ceram gereduceerd.

'Saparua,' zegt de RMS-president. 'Pak jij om zes uur 's ochtends de fiets en rijd je over het strand, dan kun je het hele eiland rond en dan ben jij om zes uur 's avonds thuis. Er staat daar een huis, *rumah matjan*, het huis van de tijger, het huis staat aan zee en het is ons huis, het huis van de Tutu's. Drie vruchtbare stukken land liggen eromheen. Het derde stuk land loopt uit op het strand. Het wordt doorsneden door een snelstromend riviertje. Volgens de overlevering heeft mijn oudoudtante Martha, op de leeftijd van achttien jaar, aan de oever van dat riviertje een jongen die verderop in het huis van de krokodil woonde diep gegriefd en beledigd. Hij bekende haar zijn liefde. Zij riep, ten overstaan van al haar vriendinnen: "Hoe haal je het in je hoofd!" De volgende zondag ging zij zich wassen in dat riviertje. Een krokodil heeft haar te pakken gekregen en meegesleurd. Niemand heeft Martha teruggezien.'

Sindsdien stellen die van Saparua op het bezit van dit met kwade krachten bezwaarde stuk grond niet veel prijs. Maar het is van de Tutu's en dat blijft het, ook al woont dokter Frans, de wettige erfgenaam, sinds jaar en dag in Holland.

De Tutuhatunewa's brachten predikanten voort en onderwijzers en ambtenaren als zijn vader. In een ver verleden heeft een voorvader de eed gezworen dat geen Tutuhatunewa ooit in het Koloniale Leger dienst zal nemen. Ze hadden in die dagen de Hollanders te hulp geroepen om de Portugezen te verdrijven. Dat lukte. Wat deden die onbetrouwbare zeerovers? Ze bleven en ze namen zelf de macht over! Nooit zou een Tutuhatunewa hen met de wapens dienen! De enkeling die de eed verbrak sneuvelde al gauw of kwam zwaar gewond terug van het slagveld. Geen wonder, zeiden de anderen dan. Er rust een vloek op. Eigen schuld.

'Mijn vader,' zegt de dokter, 'was dus geen militair maar een douanebeambte. Een mieterse man. Bij de Hollanders stond hij in hoog aanzien. Namens het *Indo Europees Verbond* is hij nog kandidaat geweest voor de gemeenteraad van Surabaya.'

Zijn kinderen gaf hij een westerse opvoeding. Thuis moesten ze Nederlands spreken tot ze er gek van werden. Alleen dan, vond vader, had je kans op aansluiting. Als je je best niet deed op school, dan dreigde hij, potverdorie, je eraf te *schoppen*.

Dus léérden de kinderen Tutuhatunewa. Zondags gingen ze naar de zondagsschool en naar de kerk waar hun vader ouderling was. Door de week speelden ze met Hollandse vriendjes en met Chineesjes en met Javaantjes – douanebeambten woonden bij elkaar in diensthuizen. Het gezin hield de Molukse gewoonten in ere, zeker. Maar ze namen de christelijke en westerse waarden over voor zover de adat het hun toestond. Voor de oorlog nog, als jongen, heeft Frans Tutuhatunewa een jaar in Den Haag gewoond op *Europees verlof*. Op de HBS in Surabaya speelde hij *korfbal* en *hockey*. En toen hij zei dat hij wilde gaan studeren, zei zijn vader, dat is goed, maar wel in *Amsterdam* en aan de *Vrije* Universiteit.

Zijn vader zei altijd: je moet je afkomst niet vergeten – blijkbaar moest hij dat vaak zeggen. Misschien zou zijn oudste zoon desondanks geworden zijn wat zoveel jongens met talent werden: een gestudeerd landskind dat zijn toekomst zoekt in Europa. Hij zou er, bijvoorbeeld, huisarts op het Friese platteland hebben kunnen worden, tevreden met zijn succes en slechts licht geplaagd door heimwee naar het land van herkomst, waarover hij thuis met de kinderen liedjes zou zingen vol muskaatgeur en donkerpaarse nachten. Misschien zou dokter Frans Tutuhatunewa de Molukken wel ontgroeid zijn – als de geschiedenis haar deel niet geëist had en als gebeurtenissen van buiten de scholier in Surabaya niet hardhandig en voorgoed tot Molukker *gemaakt* hadden.

Het hardhandigst voor hem waren niet de Japanners die Indië binnenvielen maar de Javanen die Indië vrij wilden maken. De Japanners hebben hem van de HBS gehaald en een maand vastgehouden. Eerst slaan dan vragen. Ze hebben hem ook weer losgelaten. De oorlog heeft hij doorgebracht op het platteland, hij leerde er melken. Zijn vader heeft wel vastgezeten. Toen de oorlog voorbij was heeft hij een man van vijfendertig kilo naar zijn huis in Surabaya aan de oostkant van Java gedragen.

'De Japanners waren al verslagen en de Engelsen waren er nog niet. In dat vacuüm gingen de nationalisten van Soekarno razzia's houden op alles wat niet Javaans was. Het was tuig dat in ongeorganiseerde troepen over straat zwierf. Ik werd aangehouden en meegevoerd. Ze brachten me naar de oude Herenclub van Surabaya, de Simpangsociëteit, waar ik bont en blauw werd geslagen. Daar heb ik geleerd dat je de eerste twee, drie slagen moet verdragen, die doen verschrikkelijke pijn. Daarna komt er zo'n scheut adrenaline in je lichaam op dat je pijnbestendig wordt. Dan hoop je alleen nog maar dat ze je niet op je kop gaan slaan. We werden de biljartzaal in gedreven, de bloedzaal heette die. Het rook er naar geronnen bloed, overal lagen laarzen en schoenen verspreid over de vloer. Ik kon van de pijn niet leunen, niet liggen, alleen op mijn billen zitten want die waren onbeschadigd. We zaten met vijf-, zeshonderd man in die zaal. Er waren vijf Molukkers bij en die hebben ze eruit gehaald. Op het plein kregen we nieuwe slaag met stokken en met riemen. Ze gooiden ons in een geblindeerde vrachtauto, ik probeerde me te oriënteren en ik meende dat ze ons naar de haven reden. We waren er zeker van dat ze ons in zee gingen gooien. We stopten, ik zag een kerkklok, vijf voor twaalf en ik wist: daar is de gevangenis. We worden niet vermoord.

Ze stopten ons in een cel die voor zes man geschikt was en die we met zesenveertig man deelden. Er was één toilet en één kraan die het niet deed. Later werden we naar een andere cel overgebracht waar uitsluitend Molukkers zaten. Verhoord werd je niet, alleen opgesloten en geslagen. Ik schat dat er drie- tot vierduizend zielen door die hellepoort gegaan zijn.

Er was daar een muur. Op een dag kijk ik eroverheen – recht in het gezicht van mijn vader. Hij was naar mij op zoek gegaan. Toen hebben ze hem ook vastgehouden. Hij zei dat er onder de bewakers Molukkers waren en dat die ons zouden helpen. Het waren jongens die meegedaan hadden aan de muiterij op de Zeven Provinciën, in 1933. Ze hadden lang vastgezeten, nu waren ze natuurlijk helden. Er waren erbij die liepen krom van de sterren. Maar ze waren ook Molukker. Ze hebben ons in het geheim laten ontsnappen.

Een week later werd ik weer opgepakt, samen met mijn broer en mijn neef en een vierde Molukker. We werden naar het hoofdkwartier van de opstandelingen gebracht, waar we eerst in elkaar werden geslagen en toen voor het Hoofd moesten verschijnen. Hij was een journalist, hij verhoorde ons in perfect Nederlands. We werden verdacht van de meest waanzinnige dingen. Van spionage en dat we op een Nederlandse school hadden gezeten en dat we westers waren opgevoed. We kwamen voor een krijgsraad. De uitspraak was: voor de zon onder is, afmaken die zaak. We zouden onthoofd worden.

Het was toen een uur of elf in de ochtend. We hadden nog zes uur te leven. We werden bij elkaar gezet in een cel, onze handen geboeid. We hebben afscheid van elkaar genomen, en we hebben nog gelachen ook. Die vriend was bewusteloos, hij kwam bij en mijn broer zei: wat heb jij een dikke kop gekregen! Dat kwam van het slaan. "O," zei die vriend. "Dan heb je je eigen kop zeker niet gezien." Van binnen was ik een en al gebed.

De uren gingen in een zucht voorbij.

We zaten achter glas, we zagen andere gevangen en die zagen ons. Een heeft er toen de jongens van de Zeven Provinciën gewaarschuwd. "Daar zitten landgenoten van jullie." Ze kwamen naar ons toe. Ze herkenden mij van de vorige keer. "Stil," zeiden ze, "hou je maar rustig, we komen jullie halen". Het liep tegen zonsondergang.

Ze kwamen met drie man, Sapija was erbij, voor hem had ik zelfs respect. Hij was grootmajoor, hij had wat te vertellen. Voor het oog kregen we een paar schoppen. Ze sleurden ons naar buiten. Maar in plaats van naar achteren waar de executies plaatsvonden, schopten ze ons naar een plaats waar een vrachtwagen klaar stond. Die bracht ons naar een plaats buiten Surabaya. Daar waren barakken. Er zaten alleen Molukkers in, een soort concentratiekamp. Drie weken heb ik daar gezeten. Niemand wist wat er met ons zou gebeuren. Ineens waren de Engelsen er. Ze kwamen net op tijd. Ze hebben ons bevrijd. Maar mijn leven heb ik te danken aan de Molukse jongens van de Zeven Provinciën.'

Vorig jaar, zegt dokter Frans Tutuhatunewa, was de Indonesische generaal Muskita, van geboorte Ambonees, in Nederland op bezoek. Ooit was hij de man die de RMS het bos in dreef. Nu wilde hij contact leggen met de Molukse leiders. 'Nee,' zei Tutuhatunewa. 'Een man die de wapens tegen mijn volk heeft opgenomen? Met zo'n man praat ik niet.'

Die tijd, zegt hij, als je er op de televisie naar had kunnen kijken zoals nu naar Bosnië zou je er ook kippevel van gekregen hebben. De komst van de Engelsen (van de Gurkha's ei-

genlijk) heeft een eind aan het vacuüm gemaakt. Hij ziet zich
in vrachtauto's zitten, elektriciteitsleidingen repareren, boeken naar de bibliotheek sjouwen: Surabaya wederopbouwen.
Er werd iemand met lef gevraagd om geld te brengen naar
de Nederlandse vrouwen die in het kamp hadden gezeten.
Hoe het hem gelukt is mag de Here weten, maar hij is in Semarang gekomen en hij heeft het geld overgedragen. 'Tutu!'
riep daar iemand. 'Ja mijnheer!' Het was zijn oude wiskunde-
leraar. 'Kan jij vrachtwagen rijden?' 'Ja mijnheer,' loog hij. De
volgende dag was hij op weg, heel Java over, naar Yogyakarta
waar Sukarno zijn hoofdkwartier had. Daar zag hij voor het
eerst de rood-witte vlaggen van de Republiek. Hij keek ernaar en hij zag er iets in dat van anderen was. Niet van hem.
Niet van een Molukker.

Later, als medisch student in Batavia, stond hij vooraan als de
Molukkers er voor hun eigen Republiek gingen demonstre-
ren. Zijn vrije tijd besteedde hij aan het bestuur van de Molukse studentenbond. De onafhankelijkheid van Indonesië
ging min of meer langs hem heen.
    Toen werd het 25 april 1950. Manuhutu en Soumokil rie-
pen de Vrije Republiek der Zuid-Molukken uit.

'Een paar dagen later kwamen ze me ophalen. Ik had die dag
als student de opdracht om in de bloementuin van Buiten-
zorg de vlinderbloemigen te bestuderen. Toen ik terugkwam
renden medestudenten op mij af. Ze zijn gekomen! Je moet
je melden! Voor twaalf uur morgenmiddag op het politiebureau! Ze hadden mijn hele kamer overhoop gehaald. Ik
dacht, ja, maar ik ga me niet melden. Ik ben regelrecht naar
de kazerne gegaan waar de Molukse soldaten gelegerd waren. O, zeiden die, dat knappen we wel even op. Vijf van die
groene baretten gingen naar mijn huis om spullen op te halen. Een week later hebben ze me onder bewapende geleide
naar de haven en aan boord van de "Kota Inten" gebracht.
Het schip lag klaar voor het laatste transport van KNIL-mili-
tairen naar Holland.'

De zeereis was verrekte leuk. Elke dag aardappels en uien.

Zo kwam Frans Tutuhatunewa in Nederland – als gevluchte

student en niet, zoals tienduizenden van zijn landgenoten, als hier te demobiliseren ex-KNIL-soldaat. Zijn studie mocht hij afmaken aan, inderdaad, de Vrije Universiteit. 'De krent in het witbrood,' zegt hij, 'die was ik daar.' Op het ontleedpracticum kreeg hij de grootste kikkers en de grootste muizen. 'Ik heb er zelf voor gewerkt,' zegt hij, 'maar mij is de hand boven het hoofd gehouden.'

Er bestond in die tijd een stichting *Door de eeuwen trouw*, protestanten die zich met Ambon verbonden voelden voor zover dat zich met het huis van Oranje verbonden voelde. Nogal wat VU-hoogleraren waren daar lid van. Tutuhatunewa herinnert zich professor Lindeboom die hem na college aanhield. 'Waar was u?' vroeg hij. 'Ik heb u gemist op de conferentie van *Door de eeuwen trouw*. Jammer. Zie ik u de volgende keer?'

Als co-assistent moest Frans Tutuhatunewa oogheelkunde doen bij professor Hagendoorn. Hij was te laat, met lood in de schoenen sloop hij de volle collegezaal binnen. Hij ging vooraan op de hoek zitten. Hagendoorn kwam van achter de lessenaar vandaan, hij liep naar die hoek, hij ging pal voor hem staan en vervolgde daar zijn college. Na afloop vroeg hij hem even mee te komen. Tutuhatunewa dacht: nu zwaait er wat. 'Wie bent u?' vraagt professor Hagendoorn. 'Tutu,' antwoordt hij. 'Molukker?' 'Ja.' 'Semarang,' zegt professor Hagendoorn. En hij houdt niet op om over Indië te praten waar zijn vader dominee geweest is. Het bleek dat dominee Hagendoorn het huwelijk van Tutu's ouders heeft ingezegend.

In het diakonessenziekenhuis van Haarlem leerde hij een Hollandse verpleegster kennen. 'Toen ze mij voor het eerst zag,' zegt hij, 'dacht ze dat ik een Indiaan was.' Ze trouwden op zijn Moluks. Dat wil zeggen, zegt hij, 'we werden getrouwd'.

'Toen ik klaar was met mijn studie belde de secretaresse van de faculteit mij op. "U moet," zegt ze, "de inspecteur van Volksgezondheid in Friesland bellen." Ik denk, voorzichtig. Dat voorspelt niet veel goeds. Ik bel hem. Hij zegt: "U bent toch die Molukker? Ik heb hier in Friesland een praktijk die vrijkomt. Is dat iets voor u?" Ik ben erheen gegaan en ik heb de zaak beklonken. Ik werd huisarts in Burum.'

'In mijn praktijk had ik één Molukse vrouw, en dat was nog
een nicht van mij ook.'

Als je dokter Frans Tutuhatunewa over Friesland hoort, dan
zou je haast denken dat daar de mandarijnen nóg sappiger
zijn. 'Als er een groter geluksvogel bestaat dan ik, moet hij
zijn naam zeggen.' Dokter moet water zien, zee. Geen plek
waar hij met zijn zeilboot niet geweest is. Zijn vrouw en hij
kregen drie kinderen. Ze zijn nu groot, maar ze hebben 'de
klei nog tussen hun tenen'. Ze spreken Fries. Hij heeft ze verteld van de adat – dat er op de Molukken dorpen zijn die
met het zijne een bloedband hebben, zodat ze niet met kinderen uit die dorpen mogen trouwen.

'Op een dag komt Piet Lokollo naar Burum. Ik kende hem als
een student die zo nu en dan langskwam om van de aardappels af te zijn. "Ik heb," zegt Piet, die toen minister was, "opdracht van ir. Manusama om jou te vragen of je in zijn kabinet wilt komen." Ik kende Manusama nog niet, ik wist alleen
dat hij de hoogste baas was. Ik kon geen nee zeggen. De eerste keer dat ik Manusama zelf zag zegt hij: "Dag Johannes." Ik
zeg, ik ben Johannes niet, ik ben Frans. Johannes is mijn vader.'

'Dit jaar zit ik twintig jaar in zijn kabinet. In 1980 heeft hij
op het congres gezegd: Tutu is degene die de taak heeft om
voor een opvolger te zorgen als mij iets overkomt. Nu word
ik zelf die opvolger.'

'Manusama moest zijn politiek bedrijven met de minst ge-
schoolden van ons volk, met de militairen van het KNIL die
hierheen zijn overgebracht. Onze beste mensen zijn door de
Nederlanders op de Molukken achtergelaten. Als die toen
ook hierheen gekomen waren, dan had de geschiedenis van
de RMS er heel anders uitgezien. Stel je voor, twintig, dertig
mensen van het kaliber Manusama! Dan waren we niet zo
onmondig geweest. Dan was er veel eerder naar ons geluisterd. Wat kon Manusama met die opgewonden standjes? De
enige manier voor hem was het om over de Vrije Molukken
te blijven praten.
    We zijn nu vijfenveertig jaar verder. Ik heb het voordeel

dat ik te maken heb met mannen die van wanten weten. Mijn taak is het om de vele goedgeschoolde Molukkers van nu bij elkaar te brengen. Het is heel moeilijk. Wij zijn eiland- bewoners, van oudsher hebben wij geleerd dat we alleen onszelf hebben om voor onszelf op te komen. We zijn alle- maal individualisten met een harde kop. Rotzak, ik zal het be- ter doen: dat is ons meegegeven. O ja? Doe het dan zelf maar! Ik kan hopen dat ze mijn gezag aanvaarden. Maar ik heb geen macht. Eert uw vader en uw moeder, daar hoop ik op. Dat ze een beetje respect hebben voor mijn grijze haren.'

Toen hij in 1981 van Friesland naar Rotterdam verhuisde waar hij hoofd werd van de alcoholkliniek, kwam de dorps- agent van Burum naar hem toe. 'Dokter,' zei hij, 'u had moet'n blieb'n.'

'Ik ben voorstander van een *volledige* integratie van de Mo- lukkers in de Nederlandse samenleving. Jawel. Wij moeten niet geïsoleerd blijven in onze woonwijken, dat clangedoe is goed voor speciale gelegenheden. Dat heeft zijn waarde ge- had voor de generatie die zich niet senang gevoeld had als ze zo maar op deze maatschappij was losgelaten. Wij leven hier, we moeten niet gaan zitten nietsdoen totdat de Moluk- ken vrij zijn. De opdracht is: hier integreren. Als ons land daar vrij wordt, dan zullen wij hier aan hen daar vragen: wie of wat heb je nodig? Wat kan je gebruiken aan kennis en aan goed opgeleide mensen? Als er daar een president komt, dan is hij de baas. Niet ik. We kunnen als het zover is echt niet en bloc teruggaan. Dat wordt chaos. Dat wordt moord en dood- slag. We moeten ons hier ontwikkelen. De Hollanders moe- ten van ons zeggen: "Gek, maar als die Molukker er niet is, dan loopt de zaak vast." '

Hij is er te oud voor. Maar anders? Als er hier aan de grens iets gebeurde, hij zou de eerste zijn om Nederland te verde- digen. Hij leeft hier, zegt hij, hij eet hier, hij is hier gelukkig: op hem rust de verplichting om voor *deze* maatschappij op te komen.

'Van hieruit de Molukken bevrijden? Alsjeblieft, begin er niet aan. Dat wordt een bloedbad. We hebben al genoeg met

107

bloed betaald. Science fiction verhalen. We zijn geen padvin-
ders meer!'

Hij was als staflid verbonden aan het landelijk Ontwennings-
centrum voor Molukkers in Leusden. Hij gelooft niet dat Molukse jongeren vaker aan de drugs raken dan anderen en ook
niet om andere redenen. Tijdens het ontnuchteren ziet hij
wel verschil. Dan komt al het verdriet en wat je verder ook
maar weggestopt hebt dubbelop naar voren. Iedereen raakt
dan ontheemd. Molukse jongeren worden dan wel heel erg
een Tenu of een Tutu, een *Molukse* jongere. In die tijd komt
het feit dat ze zich verschoppeling voelen in *deze* maatschappij extra hard aan.

'Manusama was een politicus. Ik niet. Ik ben medicus. In zijn
kabinet deed ik algemene zaken. We onderhouden contact,
nee, niet met buitenlandse zaken, met binnenlandse zaken.
Met wie? Met de minister, met mijnheer, toe nou, hoe heet
die man? Het kabinet praat rechtstreeks met mijnheer Kok.
Ik zal zelf niet rechtstreeks met Kok praten, dat doe ik via
mijn mensen. Normaal gesproken zou ik, als president, met
koningin Beatrix moeten praten. Ik wil best een borreltje
met Kok gaan drinken. Maar officieel – dat zouden mijn mensen mij kwalijk nemen. Daar zijn ze heel strikt in.'

Hij gaat niet meer elke zondag naar de kerk. Alleen als hij er
behoefte aan heeft, dan gaat hij.

Zijn grootvader was dominee. Een keer was er feest op Saparua. Het eten was op, nog lang niet iedereen had gegeten.
Grootvader is naar de keuken gelopen, hij heeft een geweer
gepakt en door het raam geschoten. Ga maar naar buiten, zei
hij. Daar lag een varken, dood. Toen was er weer te eten. Hij
had de kracht over het leven. Als grootvader iemand dood
wilde, lag diegene binnen een week onder de zoden.
    Hij kon door handoplegging genezen.

'Ikzelf? Ik heb er nooit misbruik van gemaakt.'

Zijn kinderen zijn met vakantie naar Saparua geweest. Ze zijn
er ceremonieel ontvangen en ze hebben het zand van het

strand in hun mond genomen. Namens hun vader hebben ze
op de vier hoeken van het stuk land dat op het strand uit-
loopt Johannesbroodbomen geplant. Men zegt dat ze rijkelijk
vrucht dragen.

Mijn God

Op een goede of kwade dag, 24 augustus 1977, zat de jongen die marxist wilde worden op een omgevallen boomstam over de Tapanahony-rivier uit te kijken. Kom, dacht hij, laat ik vandaag eens verderop gaan, naar het dorp van mijn familie. Hij vond een korjaal, stak de rivier over en legde aan in Loabi waar zijn moeder woont.

Hij rustte er wat in de hut van een oom toen hij buiten een gerucht hoorde. Hij stond op, zette één voet op de drempel: op hetzelfde ogenblik zette iemand van buitenaf zijn voet op dezelfde drempel. Hij keek omhoog en hij zag een korte, stevige, pikzwarte gestalte met bloot bovenlijf die een zeer gaaf wit gebit toonde. De gestalte stak een hand uit, omarmde hem en drukte hem het volgende ogenblik met zoveel kracht tegen zijn borst dat de jongen er het bewustzijn bij verloor. Toen hij weer bijkwam was de gestalte verdwenen.

De jongen knipperde met zijn ogen, hij voelde dat zijn vingers stijf waren en zijn lippen kromgetrokken. Zijn ogen keken strak als waren ze van glas. Om hem heen stond een drom mensen die in hun handen klapten en 'Tata, wi begi' riepen, wat 'Vader wij smeken U' betekent.

Van hen vernam hij dat de zwarte gestalte, terwijl hij zelf bewusteloos was, door zijn mond had gesproken. Hij had gezegd dat Hij het was die Is en Blijven Zal.

Twee of drie dagen later waren enkele gealarmeerde priesters naar Loabi gekomen. Tegen het vallen van de avond kwam de zwarte gestalte, dit keer onzichtbaar, opnieuw. Weer raakte de jongen buiten bewustzijn. Toen hij bijkwam leed het voor de priesters geen twijfel. De God die de zwarte gestalte in werkelijkheid was en die opnieuw door de mond van de jongen had gesproken kon geen ander zijn dan de Grote Bosgod, de Ogii Zelf. De omstanders brachten offers, plengden sterke drank en dankten de Heer op hun knieën.

Van die dag af was de jongen die marxist wilde worden

het medium van de Heerser over het Bos. Door zijn mond
zou voortaan de Ogii blijven spreken.

Toen ik hem voor het eerst ontmoette kon geen mens vermoeden dat hij drie jaar later profeet zou zijn en medium
van de Bosgod. Ik zocht een gids voor een lange reis die ik
naar het binnenland van Suriname wilde maken. Iemand zei:
'André Pakosie! Die moet je vragen!'
    Ik vond hem over de brug in de zwarte volkswijk Abra-
brokki. Het was zo'n gloeiend hete middag waarop iedereen
in Paramaribo ligt te slapen. Hij ook. Op mijn herhaald roepen stak hij zijn hoofd door het doek dat bij wijze van glas
en gordijn tegelijk voor het venster van zijn achtererf-krotje
hing. Hij rekte zich uit en zei dat hij inderdaad André Pakosie
was. Hij vroeg niet wat ik in godsnaam op dat uur van de dag
van hem wilde, hij deed de deur open en liet me binnen.
Even later dronken we cola uit een lege halve kokosnoot. Op
een plankje in zijn erfkrotje stonden boekjes over de bevrijding van Angola en over de vakbondsstrijd in Suriname zelf.

Hoe oud was hij toen? Achttien, negentien, nauwelijks een
man nog, al was hij getrouwd, had hij een kind en leidde hij
de vereniging van boslandstudenten, jongens en meisjes die
evenals hij vanuit het oerwoud naar Paramaribo gekomen
waren om daar de MULO te volgen.
    We hadden er niet veel tijd voor nodig om te beslissen.
    André Pakosie zou mij de Marowijne op, de watervallen
over en het binnenland van Suriname in gidsen.

Aan die reis kan ik niet terugdenken zonder de vrolijke jongeman voor me te zien die tussen de woeste watervallen op
de voorplecht van de korjaal wiebelend, luidkeels de dichter
Dobru imiteerde: 'Suriname, vuilnisvat, ik houd van jou!' Hij
had de boot, de bootslieden, de motorolie, de hangmatten, de
klamboes, de zakken met rijst, het zoute vlees en de zoete
bananen gecharterd zonder welke de onderneming geen
kans van slagen had. In Frans Guyana, aan de overkant van de
rivier, kochten we de rum van 95% die de voorouders als
plengdrank hogelijk waarderen. Tassen vol drank en leeftocht sleepten we naar de boot – dat wil zeggen, de bootslieden en ik. André liep met lege handen voor ons uit de weg
te wijzen. Een geboren leider.

112

De reis ging naar het grondgebied van de Aukaanse bosnegers waar hij was geboren. We bezochten heiligdommen en begrafenisfeesten, we gingen langs bij het Groot Opperhoofd en we spraken in het pas gestichte dorp Njun Fri (Nieuwe Vrijheid) met de profeet Akalali, ons belangrijkste reisdoel. Akalali bleek een klein gedrongen mannetje met een vetleren pet op zijn kop: voor híj profeet werd was Akalali een bijzonder onopvallend persoon geweest. 'Zou jij toen drie dagen met hem in een hut gezeten hebben,' zei André, 'hij zou jou niet zijn opgevallen.' Op *zijn* goede of kwade dag had Akalali een gestalte gezien die over de rivier naar hem toe was komen lopen. Het bleek Santigroon Foetoeboy te zijn. De gestalte nam bezit van Akalali en gaf hem de instructies op grond waarvan Akalali een grondige sociale en culturele omwenteling in het bos teweeg had gebracht.

André Pakosie, zoveel was duidelijk, vertaalde niet alleen de woorden van de profeet, hij zoog ze ook gretig op.

Terug in Paramaribo verbaasde ik mij dagelijks over hem. Wat deed hij eigenlijk *niet?*

Hij organiseerde alfabetiseringscursussen voor bosnegers. Hij leidde een stichting die hun houtsnijwerk probeerde te verkopen. Hij was voorzitter van de Bosneger Jongeren Organisatie. Hij leidde de culturele vereniging Akifonga. En hij schreef aan een groot boek over de zeden en de gewoonten en de geschiedenis van de bosnegers.

Hij vertelde dat hij een tijdlang dominee had willen worden, maar dat hij daar niks meer van wilde weten. Dat was hem alleen maar aangepraat door de Evangelische Broeders bij wie hij op de lagere school had gezeten en die hem 'een volle tegenstander hoor' gemaakt hadden van zijn eigen cultuur en religie. 'Driekwart van de lessen bestond uit Bijbelse Historie.'

Hij was toen, dat leed geen twijfel, een kind van twee werelden. Hij hoorde al bij de stad en de wereld, getuige de boekjes op zijn plankje. Zelf zei hij dat hij *marxist* was, of nee, hij wilde er zoveel over lezen dat hij het zou worden. Als het zover was, dan zou hij de bosneger bevrijden van armoe, gebrek en achterstelling.

Maar hij hoorde ook nog bij het bos. Een paar dagen later

zag ik hem in het theater Thalia. De vereniging Akifonga gaf een voorstelling. Het sprak voor zich dat Pakosie de hoofdrol vervulde. Drie uur lang danste hij met zijn blote voeten in vuur en door glasscherven.

Zijn vermogen om ongedeerd in het vuur te dansen had hij bij toeval ontdekt. Er was kermis in de stad, een bosneger-man had een showtent waarin vuurdansen een onderdeel van de voorstelling was. Op een avond zei een van de vuur-dansers, de beroemde Ayeini, tegen hem: 'Als je vader hier was dan zou hij zeker meedoen. Maar jij bent van de stad.' Hij heeft toen geantwoord: 'De vader is hier niet, maar de zoon is hier wel. Waar de zoon is, daar is ook de vader.' Met-een kwam er een drang in hem om te bewijzen dat hij de-zelfde kracht had als zijn vader. Hij is naar huis gerend. Hij heeft een lendendoek gepakt. En hij is in het vuur gaan dan-sen. Iedereen was zeer verwonderd.

Dat had nog niets met de Ogii te maken, dat was gewoon een gave, niets om je zorgen over te maken. Die gave kon een mens best combineren met het aankomend marxist-schap. En met het goede leven. Als hij langskwam was het eerste wat ik zei: pjoe, André, mooi hoor! Dan had hij weer een nieuw nog sneller gesneden tropenpak aan. Zijn geringe lengte compenseerde hij flitsend met superhoge hakken.

Op de avond voor de onafhankelijkheid heb ik hem en zijn vrouw mee uitgenomen in het feestelijk verlichte Para-maribo. 'De stad,' zei zijn vrouw toen we thuis waren, 'de stad is om te watertanden!'

Op de avond van de onafhankelijkheid zelf betrad André het stadion aan het hoofd van een stoet, in pangsi en kamisa geklede bosnegers. Ze maakten een ereronde. Op blote voe-ten heeft hij, trillend van geluk, het volkslied staan meezin-gen.

Drie jaar later kwam de Ogii: de Grote Bosgod van wie Akala-li's Santigroon Foetoeboy slechts de boodschapper is.

André had het niet gewild. Tegen iedereen die het horen wil-de riep hij: 'Jullie moet mij vrijwaren. Stel alles in het werk dat je mij vrijwaart! Ik wil mijn werk in de stad blijven doen!

Ik wil mijn boek schrijven!' Men had geantwoord: 'Wij zijn niet in staat om dat te doen. Jij moet berusten. De Ogii heeft jou uitgekozen.'

Een tijdlang kon hij nog denken en hopen dat het over zou gaan. Dat het niet waar zou blijken. Hij werkte in die dagen op het ministerie voor Onderwijs. Hij maakte reizen. Dat wilde hij blijven doen. Namens Suriname leidde hij delegaties van bosnegers naar culturele festivals in Washington en Nigeria.

Die laatste reis bracht hem voor het eerst en voor één nacht in Nederland. Het was hartje winter, 1978. Ik kreeg een telegram waarin stond: 'Wij gaan komen. Breng jassen. André.' Er stond niet bij met hoeveel 'we' zouden komen en waarom. Midden in de nacht stond ik hem op Schiphol op te wachten. Buiten vroor het twintig graden, er woei een oosterstorm, de sneeuw viel striemend uit de lucht. Ik had twee jassen bij me. Door de douane zag ik ze aankomen: drieënzestig in groene voetbalbroekjes, korfbalrokjes en flinterdunne doorzichtige bloesjes gehulde bosnegers en bosnegerinnen, onder leiding van André Pakosie op weg naar een manifestatie in Lagos. De volgende ochtend zouden ze doorvliegen. We regelden een bus, we regelden onderdak en we zorgden ervoor dat het gezelschap in looppas in en uit de bus rende. Niemand vroor dood. Toen trok André allebei de jassen aan want hij wilde met mij mee, zien waar ik woonde. We stapten in de auto. Twintig minuten lang kwam er geen woord uit hem. Hij keek maar en keek maar en keek naar de woedende sneeuwstorm. Toen deed hij zijn mond open en sprak: 'Man! Hoe *kan* jij in dit land leven!'
   Hij zei niets over een Ogii of Bosgod.

Het ging niet over. De tijd die verstreek had zijn lichaam nodig om aan de Ogii te wennen. Om de last te kunnen dragen. 'Als het een sterke Winti is zoals de Ogii dan heeft die bijvoorbeeld vijftig kilowatt kracht. Komt Hij in één keer met al die vijftig kilowatt, dan ontploft je lichaam of het smelt weg. Het lichaam moet geleidelijk aan wennen aan de hogere temperatuur, net zolang totdat al die vijftig kilowatt erin passen.'

115

'Ik hield mijn hart vast,' zou André later zeggen. 'Kon het echt zijn dat het weg was? Dat ik helemaal vrij werd? Ik hoopte dat Hij naar mijn broer zou gaan.'

Op een dag begon het weer. Hij werd neerslachtig. Op kantoor kon hij zijn gedachten niet bij het werk houden. Hij moest naar huis en op bed gaan liggen. Hij werd steeds zwaarder in zijn hoofd. 'Mijn familie is bijeengekomen en toen hebben ze een Winti opgeroepen. Niet de Ogii, een lagere Winti. Die heeft verteld dat de Ogii zelf niet in de stad wilde komen, maar dat ik naar het bos moest gaan, naar een dorp Petondro. Daar zou Hij zelf komen.'

Hij kon niet anders: 'Ik had de vrijheid niet. Ik kon niet vrij zijn in mijn hersenen. Mijn hoofd was leeg.' Hij heeft zijn spulletjes gepakt, hij is de rivier overgestoken en naar Petondro gereden. Zijn gezin liet hij achter. Zijn vrouw wilde niet mee.

De kapitein van Petondro heeft de mensen bij elkaar geroepen. Hij heeft gezegd: 'Er is hier iemand die zegt dat de Ogii op hem is.' Ze hebben priesters gehaald en de Ogii opgeroepen. Ze hebben gevraagd: 'Waar is het kleed?' Voor hij doodging heeft het vorige medium van de Ogii dat kleed bij iemand in bewaring gegeven. 'Als de Ogii weer komt dan zal Zijn nieuwe medium moeten weten waar dit kleed is.'

De Ogii kwam, Hij sprak door Andrés mond en Hij heeft de plaats aangewezen waar het kleed lag. Iedereen was overtuigd en onder de indruk. Waarlijk! De Ogii spreekt weer!

In triomf hebben ze het nieuwe medium van de Ogii door het Aukaner gebied gevoerd, tot aan Agitiondro waar de hoofdkapitein woont. Boodschappers gingen vooruit. De Ogii komt! De Ogii komt! Op zo en zo dag komt de Ogii! Alle dorpen waar André langsvoer waren versierd. Overal stonden de mensen op de aanlegsteigers om de Ogii te begroeten. Help ons Ogii! Sta ons bij! Genees ons als we ziek zijn!

Niet lang daarna was ik voor mijn weekblad in Suriname. Een paar dagen maar. Ik wilde André opzoeken, ik wist toen nog van niks. Hij was nergens te vinden. Hij zat, zeiden de mensen, 'in het bos'. Nog steeds sprak niemand van Ogii of Bosgod.

De vierde dag lag er in het hotel een briefje op me te wachten. 'Jij moet komen. Boodschapper volgt. André.'

Niet veel later stond er een jongeman voor mijn deur. Hij vertelde dat André in Petondro woonde. En dat hij profeet was geworden. Het kon hem niet schelen dat ik geen tijd had. Ik moest mee naar Petondro.

Daar heb ik de Ogii gezien, of nee, gehoord.

Het gaat ongeveer zo.

Tegen zonsondergang verzamelt zich rond een heiligdom een groep mensen die met ritmisch en betekenisvol handgeklap Vader Ogii vragen of Hij met hen in contact wil treden. En of Hij, alstublieft, niet boos wil wezen, want dat niemand iets kwaads in de zin heeft. 'Luister naar ons, Vader en laat ons praten.'

André ondertussen zit op een heilig bankje en begint allengs sneller te ademen. Na tien minuten gaat het ademen over in hijgen, weer later in ademnood. Ondertussen trappelt hij met zijn voeten op de grond, eerst zacht en langzaam, daarna steeds sneller en harder en in steeds gecompliceerder ritmes. Op het hoogtepunt trapt hij als een bezetene op de grond terwijl zijn adem giert als was hij in doodsnood.

Dan plotseling breekt de Ogii door. Een woest grommende uit diepe dieptes afkomstige stem die in niets op die van André zelf lijkt richt zich, razendsnel sprekend, tot niemand in het bijzonder. André lijkt zich ondertussen met korte, gierende, afschuwelijk geknepen ademstoten nauwelijks in leven te houden.

'Ik ben het! Kwami, ik ben het voor de roden en de witten en de zwarten, ik, Kwami. Ik ben het die Ben en Blijven Zal!' De woorden lijken meer uitgestoten dan uitgesproken. In erupties van zinnen beklaagt de Ogii zich erover dat Hij door de mensen als een voetsloof wordt behandeld. Wat hebben jullie met Dikii gedaan, Mijn Zoon die Vlees is geworden? Verstoten hebben jullie hem! En wat met Akulé, mijn eerste medium? Verbannen hebben jullie hem, kaalgeschoren, kak hebben jullie op zijn hoofd gesmeerd! En wat met Tutu en wat met Angoso en met Temisi en met Dominiki?

Zo raast de Ogii, woedend en zichzelf herhalend, door. Ge-

117

beurtenissen uit een ver verleden krijgen de toehoorders naar hun hoofd geslingerd.

Dan eindelijk is het stil. Alleen Andrés hijgen is hoorbaar. Een ingewijde, die zich evenals de Ogii van de Ampuku-taal bedient, stelt de tevoren opgestelde vragen. Veel rustiger nu geeft de Ogii orakelachtige antwoorden.

'Dank U Vader, Dank voor Uw woorden.'

Even orgiastisch als hij is gekomen verdwijnt de Ogii weer.

Het geloof van de Aukaners wil dat de Ogii zelf, lang geleden, in elk geval voordat de mensen de aarde bewoonden, samen met zijn zoons en zijn gezanten, twaalf in getal, langs een ketting uit de lucht naar de aarde is afgedaald. Daar heerste Hij over de woeste en onbewoonde bossen, niet gehinderd door mensenrumoer. Totdat er slaven kwamen die de plantages ontvlucht waren en die in Zijn gebied hun woning zochten. Met die slaven sloot hij een overeenkomst, of liever met hún Winti's. Die mochten in het bos hun eigen rijk vestigen – als ze maar voor ogen hielden dat ze dat deden op andermans grond.

Sedertdien heeft de Ogii zich inderdaad geregeld gemanifesteerd als de nukkige autoritaire huisbaas die de nieuwkomers mores leert als ze het te bont maken. Daartoe kiest Hij op gezette tijden een medium. André is het zesde medium in de geschiedenis.

Na zijn erkenning, de inhuldiging en na de vele door hem verrichte genezingen werd André Pakosie geëerd als de Grote Profeet die hij bewezen had te zijn. Van heinde en ver kwamen de mensen om hulp naar Petondro. Zwerende ogen en suikerziektes, botbreuken en ontstoken baarmoeders – alle ziektebeelden meldden zich bij de nieuwe genezer. Die verwierf zich aanzien, respect en voldoende inkomen om zich meerdere vrouwen en een groeiend kindertal te kunnen permitteren.

Maar ach! De wereld om hem heen veranderde, ook in het oerwoud. Jonge bosnegers, zelfs in Petondro, namen het zo nauw niet meer met de zeden en gewoonten. Dat behaagde het medium niet. Zo'n Grote God als die door zijn mond sprak zou zich licht storen aan de vele overtredingen tegen het Geloof en de Regels die er dagelijks te Petondro plaatsvonden. De jonge jongens, ongeschoold en zonder werk, teerden op de ouderen en stalen goederen, zelfs van hun nieuwe profeet. Die sprak ze toe, belegde vergaderingen, zette ze aan het werk: sommigen bleken onverbeterlijk. Om het wereldse gezag van kapitein en onderkapitein maalden ze niet. Ze maakten herrie op momenten dat het ongepast was.

Het was beter, vond André, als hij zelf een dorp ging stichten. Wie daar wilde wonen moest zich aan de regels houden.

De Ogii werd geraadpleegd: Hij vond het geen slecht idee.

André zocht en vond een geschikte plek voor *zijn* Nieuwe Vrijheid: langs de weg van Paramaribo naar Albina. 'We hebben die plek opengekapt, we hebben hutten gebouwd en het dorp ingericht. De eerste dag dat ik openging was 16 februari 1980.'

André noemde zijn dorp *Sabanapeti*, wat 'Put in de Savanne' betekent. 'Welke droge tijd ook, een bron in de savanne kan jij niet uitputten. Als jij met al jouw problemen naar alle plaatsen bent gegaan en je kan niet geholpen worden, dan kan jij die hulp in Sabanapeti wel vinden.'

Onder zijn verlicht despotisch regime ontstond er een gemeenschap die zuiver in de leer leefde en die vanuit het hele land en van over de grens bezocht werd door zieken en andere ongestelden die naar genezing zochten.

Tijdens de viering van het vijfjarig bestaan hield de toenmalige minister-president van Suriname de feestrede.

En zo was de jongen die marxist wilde worden en de wereld bereizen een leerstellig man geworden die aan het hoofd stond van een dorpje in het oerwoud. Er waren voldoende hutten om dertig tot veertig mensen tot woonstee te dienen: Andrés vrouwen, zijn kinderen, zijn assistenten in religieuze en geneeskrachtige aangelegenheden. Na zonsondergang moest het stil zijn in het dorp: dan kon de Ogii komen. Op donderdag mocht niemand zware arbeid verrichten. De taboes rond eten en drinken werden nauwgezet in acht genomen. Op de dagen dat ze onrein waren bleven de vrouwen in hun hut.

Ik geloof niet dat André het prettig vond om me van zijn

nieuwe leven uitvoerig op de hoogte te stellen. Zou ik, onge-
lovige, niet al te makkelijk terugdenken aan de jongen die op
onze reis aan Akalali had afgezien dat het lot van de bosneger eerder met traditionele bovennatuurlijke krachten dan
met nieuwlichtende linkse boekjes viel te verbeteren? En
zou ik mijn schouders niet ophalen over die zogenaamde
kracht die hem zijn vrije wil had ontnomen?

Ik sprak er met anderen over. De Ogii, leerde ik, stond bekend als de woeste God, de rebel, de God van het verzet. De
stem van zijn mediums is een proteststem, de stem van de
revolutie.
    Dat beviel me: het verkleinde de afstand tussen de jongen
die marxist wilde worden en de man door wiens mond de
God van het Verzet nu sprak.
    Ook gold de Bosgod als een Tamelijk Autoritaire Leider, de
windsnelle Heerser werd Hij genoemd. En ook dat beviel
me. Het verkleinde de afstand tussen de man die in Sabanapeti de Heerser was over zijn dorp en de jongen die in Paramaribo voorzitter geweest was van van alles.

De jaren verstreken: Sabanapeti kwam tot bloei. De profeet
vermeerderde zijn kennis van kruiden en hun geneeskracht.
Zeker zou hij zijn zeggenschap verder uitgebreid hebben,
misschien wel over het hele oerwoud, en waarschijnlijk zou
hij, op die manier het lot van de bosneger toch nog hebben
verbeterd, als er niet iets verschrikkelijks gebeurd was.
    In het bos waarover de Ogii heerste brak onder de men-
sen een burgeroorlog uit.

Of lag de afloop al besloten in de aard van de Grote Bosgod?
Als Hij komt foetert en scheldt Hij *altijd* op de schandelijke
wijze waarop de mensen zijn eerdere mediums en Zijn eigen
Zoon Dikii bij leven hebben behandeld. Van Dikii, die rond
1830 op aarde leefde, wordt verteld dat hij zich, enige minuten na zijn geboorte, oprichtte en dat hij een zeer gaaf wit
gebit toonde. Na een allerminst voorbeeldig leven vol vrou-
wenroof en andere schurkenstreken stierf Dikii, verstoten
door Zijn volk. En ook van de vijf mediums vóór André
wordt gemeld dat zij hun leven in eenzaamheid of ballingschap hebben beëindigd.

De burgeroorlog begon met een schermutseling hier, een
speldeprik daar. Het leek over te waaien. In Sabanapeti bad
men en smeekte men: laat het voorbijgaan. Dat deed het
niet. De strijd werd heviger. De soldaten van het regeringsleger uit de stad maakten jacht op de bosneger-rebellen die
zich in een 'junglecommando' hadden verenigd.

De profeet van Sabanapeti kwam er lelijk tussen te zitten.
Aan wiens kant stond hij? Aan de kant van de bosnegers, zijn
eigen mensen? Of aan de kant van de stad, van de regering,
van de vijand wier Eerste Minister bij het vijfjarig bestaan de
feestrede had uitgesproken?

Op een dag was de commandant van het regeringsleger zelf
naar het bos gekomen. Hij had alle kapiteins en onderkapi-
teins van alle dorpen bijeengeroepen: iedereen die benen
had om te lopen moest meekomen. Hij las in het Nederlands
een felle verklaring voor tegen de bosnegers van het junglecommando. Toen hij klaar was riep hij André Pakosie naar voren. 'Jij daar! Vertaal dit in het Aukaans!'
    Wat moest de profeet? Overal stonden mannen met schiet-
klare geweren. Hij vertaalde de verklaring in het Aukaans. De
vergadering werd ontbonden. Iedereen liep terug naar huis.
En onderweg zeiden de mensen tegen elkaar: wist jij dat, van
de profeet van de Ogii? Dat die aan de kant staat van het regeringsleger? Hij! Hij moet wel tegen de bosnegers zijn! Anders zou hij die verklaring toch niet voorgelezen hebben!'

Niet veel later kwamen de jongens van het junglecommando
om hem te arresteren.
    'Mee jij, verrader.'
    Ze wilden hem naar hun leider brengen.
    'Dat is goed,' zei André. 'Ik ga zelf wel!'
    De leider vroeg hem een bewijs van trouw.
    'Nee,' zei André. 'Ik ben profeet. Ik kan niet vechten.'
    Of hij dan een *obia* wilde maken, een tovermiddel dat de
jungles kracht zou geven voor de strijd.
    'Ja,' zei André. 'Dat wil ik wel proberen.'
    'Dat komt mooi uit,' zei de leider. 'Want ik wil een aanval
doen op Moengo.'

121

De kracht van de obia die André toen gemaakt heeft is dat de
tegenpartij lang vóór de werkelijke aanval visioenen krijgt
alsof de strijd al begonnen is en te vroeg op fantomen gaat
schieten.

Moengo werd door de rebellen ingenomen. Dank zij de
obia? Geen mens die het kan zeggen. Om acht uur die ochtend is de rebellenleider naar André toe gekomen en 'hij
heeft mijn handen geschud'. De aanval, zei hij, had hij om
twaalf uur ingezet. Om elf uur waren de verdedigers al gaan
schieten!

Een dag later was Moengo weer in handen van het regeringsleger. In de roes van de overwinning lieten sommige junglecommando's hun post in de steek. Toen de pantserwagens
kwamen waren ze er niet om het dynamiet tot ontploffing te
brengen.

Ze gaven André de schuld. Ze zeiden dat hij toch verkeerde obia gemaakt had. Hij was toch een verrader.

Een paar dagen daarna werden de inwoners van een naburig
dorp bijeengedreven, op een rij gezet en door het regeringsleger neergeschoten. Tweeëndertig lijken werden er geteld.

Die dag riep de profeet van de Ogii zijn volgelingen bijeen. Hij heeft ze in auto's gezet. Ze zijn door het bos gaan rijden tot de benzine op was. Ze zijn te voet verder gegaan,
door kreken en over kronkelpaden, tot ze aan de Marowijne
kwamen. Ze vonden korjalen. Om twaalf uur die nacht kwamen ze aan de overkant in Frans Guyana aan.

Vandaar begon hij mij op te bellen. Hij klonk bang. Hij zei
dat zijn leven gevaar liep. Waarom? Door wie? Ook uit de
brieven die hij schreef werd het niet duidelijk. 'Ik ben zeer
afgemat van mijn zuchten' stond er, en 'mijn oog is dof van
verdriet'.

Soms sprak ik iemand die in Frans Guyana geweest was:
duizenden bosnegers waren daarheen gevlucht. André Pakosie liep er rond met een camera en een klein opschrijfboek-
je. Hij vertelde dat hij bezig was de gebeurtenissen vast te
leggen, want dat hij van plan was om een groot boek te
schrijven over de zeden, de gewoonten en de geschiedenis
van de bosnegers.

Zijn telefoontjes werden steeds alarmerender. Zoveel werd duidelijk dat hij door zijn eigen mensen nog steeds voor een verrader werd gehouden, voor iemand die aan de verkeerde kant stond. Waarom? Er was geen waarom. Er was de angst van vluchtelingen. Er was het gerucht. Er was behoefte aan een zondebok.

Op een druilerige morgen stond André, met vier van zijn kinderen en met een van zijn vrouwen kleintjes te kleumen op het vliegveld Charles de Gaulle bij Parijs. Met veel moeite had hij een visum voor Nederland gekregen. Een paar stuks handbagage was alles wat hem van zijn bezittingen restte. We kochten kaartjes voor de trein naar Utrecht. Daar woonde een oom van hem.

Een paar dagen later kon je hem in Amsterdam over het Waterlooplein zien lopen, zijn armen vol grijze en blauwe derdehands visgraat-winterjassen voor zijn verkild gezin.

Hij woont nog steeds in Utrecht waar hij een kruidenwinkel drijft en heilzame baden, 'wassies' geeft aan hen die daar vertroosting, rust en kracht bij vinden.

In Utrecht is hij de man geworden die hij in Paramaribo als jongen was: het kind van twee werelden. De winkel en het kantoortje staan vol met computers en modems en faxen. Daarachter heeft hij zijn hut gebouwd, het heiligdom, zijn contactcentrum met het Hogere.

De Ogii komt daar niet. Die houdt niet van stad, laat staan van randstad. Voor zijn vertrek uit Frans Guyana heeft André Hem geraadpleegd. 'Ga maar,' heeft de Ogii gezegd. 'In het bos wordt het niks meer.'

Maar Hij dacht niet dat Hij nog van Zich zou laten horen.

De verbannen profeet is weer op reis gegaan. Een van die reizen bracht hem in Ghana aan het hof van de Koning der Ashanti. De Koning heeft hem in audiëntie ontvangen. Hij sprak dezelfde Heilige Taal. Daar in Kumasi vond hij de wortels van zijn eigen geloof, van de zeden en gebruiken waarover hij ooit zijn grote boek zou schrijven.

Hij keerde opgetogen uit Ghana terug.

Daar lag de sleutel! Zo moest het ook in zijn eigen oerwoud! Het kon! Het kon echt!

De Ashanti-koning bleek een gestudeerd man die zich met goed opgeleide medewerkers omringd had. Politieke invloed had hij niet. Maar om zijn gezag kon geen regering heen!

Nog één keer zette André zich in voor het lot van de bosneger. De burgeroorlog was voorbij, de toekomst lag open. Kijk naar Ghana, zei hij tegen ieder die het horen wilden. Kijk maar! Het kan! Een sterk traditioneel gezag dat de moderne tijd juist wél omarmd heeft en dat zich juist daardoor staande heeft gehouden!

Ineens was hij weer de voorzitter van van alles. Hij belde, hij regelde, hij organiseerde, hij schreef brieven. Een jaar later stond hij op Schiphol om de vier Grootopperhoofden van de Surinaamse bosnegers af te halen die hij door Nederland zou gidsen.
Een week lang heeft hij zijn voornaam gezelschap het land door gejaagd. Van de PTT ('moderne communicatie') naar de Stichting Thuiszorg ('moderne volksgezondheid'), van een VU-professor ('moderne grondrechten') naar een Rural Development Company ('moderne ontwikkeling') – elke avond was er een meeting met jonge, gestudeerde bosnegers die in Nederland woonden.

Na die week was iedereen buiten adem.
Op de voorlaatste dag vielen er harde woorden. De hele week een race tegen de klok! Als dat Vooruitgang is!
'Jij hebt helemaal geen tijd om rond te wandelen,' zei een van de Opperhoofden bitter.
Het was dezelfde die bij de professor van de grondrechten in slaap was gevallen.

Als de Opperhoofden weg zijn ziet André Pakosie bleek: van vermoeidheid en van teleurstelling. 'Als kind van het binnenland,' zegt hij, 'heb ik gedacht: wat moet ik doen? Mijn stam ligt op het sterfbed. Ik kan erbij zitten en kijken hoe het afloopt. Ik kan ook een laatste redmiddel proberen. Dat heb ik nu gedaan. Het is mislukt. Mijn leiders hebben de moed niet. Ik geef de strijd op.'

Op een dag zit ik met hem voor zijn heiligdom en vraag ik naar de Ogii.

124

Hier komt Hij niet, zeg ik. Is dat een bevrijding voor je?

'Hij is in mij en dat zal Hij tot mijn dood blijven. Het is nu zo: als ik mij aan bepaalde regels houd, dan ben ik vrij om mijn eigen leven naar eigen inzicht te leiden.'

Hij heeft je toestemming gegeven om te vertrekken.

'Hij heeft gezegd: als de mensen voor wie jij er bent zo tegen jou zijn, dan kan ik je niet tegenhouden.'

Om te gaan naar een plaats waar Hij je niet zal volgen!

'Ik moet aannemen dat Hij vond: mijn taak is volbracht!'

Spreekt Hij nu door de mond van een ander?

'Nee! Dat zal Hij nooit meer doen!'

Ook niet na jouw dood?

'Nee! Hij heeft gezegd: jij bent mijn laatste medium. Na jou zal ik nooit meer tot de mensen spreken!'

De burgeroorlog heeft jouw wereld verscheurd en verwoest. De cultuur, zeg je zelf, ligt op sterven. Als de Bosgod besluit te zwijgen, dan zit daar een voorspelling in van het einde.

'Zo *kan* je het zien. Het loopt parallel. Je *kunt* het zien als een voorspelling. Dat *kan* je doen.'

Samen zijn we nog één keer naar Suriname teruggegaan. In Paramaribo staken we met de veerboot de rivier over. We hebben de weg gereden die van Paramaribo naar Albina loopt. Niet ver van Petondro zijn we gestopt. Een metalen naambord dat ooit fier langs de weg gestaan heeft lag in een greppel weg te roesten. Sa..na..p..i viel er te lezen.

We zijn het pad op gelopen dat ooit naar de huizen van Sabanapeti voerde en nu naar een onbeschrijfelijke puinhoop. Verteerde matrassen, flessen, potten, pannen, schalen, schoenen, schriften, teilen vol vergane doeken, rottend hout, autobanden – overwoekerd door de jungle. De verspreide bewonersresten van het stuk bos dat André ooit opengekapt heeft en waarop hij zijn dorp gebouwd heeft. Van zijn eigen huis waren de betonnen fundamenten nog zichtbaar. André hield vergane kledingstukken omhoog, boeken met rekeningen, door regen en wind tot een klont papier versmolten.

Een dichtbetikt pak wierp hij mij toe, 'Dit is het resultaat', viel daarop te lezen, 'van mijn reeds veertienjarige studie naar de geschiedenis van de bosnegers.'

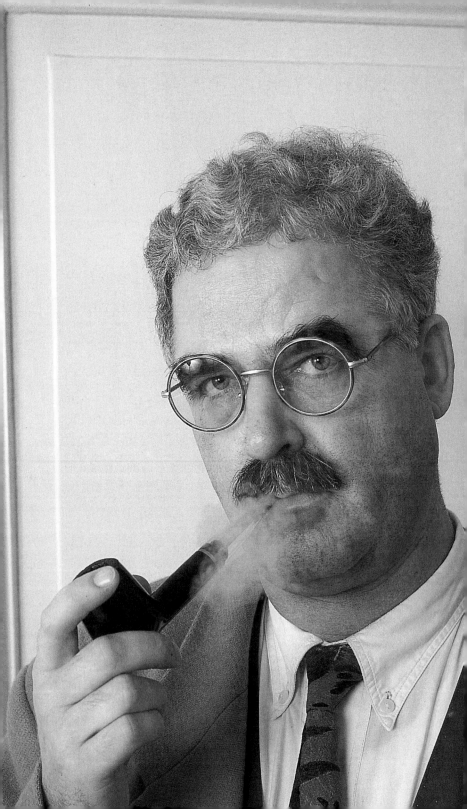

Mijn Eiland

'Terug in Nederland liep ik met mijn ziel onder mijn arm. Toen ben ik dat boek maar gaan schrijven.'

De vierhonderd negenentwintig dichtbedrukte, kleinbeletterde, dubbelkoloms pagina's behandelen de naoorlogse 'Politieke geschiedenis van de Nederlandse Antillen en Aruba'. Elke stembusuitslag sinds WO II, elke daarna gevormde coalitie, elk door haar ingediend wetsontwerp en elke na de behandeling daarvan gebleken stemverhouding wordt er met bovenmenselijke nauwkeurigheid in toegelicht.

De schrijver zelf moet gevoeld hebben dat hij Sisyfus-arbeid verrichtte. 'Aan het eind van deze geschiedschrijving gekomen,' schrijft hij, 'zie ik heel duidelijk hoe beperkt en dus misleidend dit boek is geworden.' De lezer die 'meent aan de hand van een boek als het onderhavige enig inzicht te krijgen in de bontgeschakeerde werkelijkheid' zal merken dat hem 'alleen een buitenkant zo geen façade gepresenteerd wordt'.

Vierhonderd negenentwintig gortdroge pagina's om die ene zin niet te hoeven schrijven: 'Curaçao, ik houd van jou!'

Dat is liefde.

'Ik zal het geenszins ontkennen. Dit eiland is op, in en onder mijn huid gekropen.'

Mr. drs. Alex Reinders is gedurende vier jaar, van 1985 tot 1989, Rector Magnificus geweest van de Universiteit der Nederlandse Antillen. Nu doceert hij (halftime) staatsrecht aan de Vrije Universiteit in Amsterdam. Tijdens zijn overige uren bestuurt hij: voorzitter van de Vereniging van Letterkundigen, lid van de Raad voor de Kunst, voorzitter van de Antillencommissie in de PvdA, lid van de commissie die de toekomst van Bonaire in kaart moet brengen.

In 1983 is hij met zijn gezin naar Curaçao verhuisd. In die tijd was het een hele reis. Tussenlandingen in Zürich, in Lissabon, in Caracas – na vijftien of zestien uur kwam je doodvermoeid op Curaçao aan.

Ze woonden in Apeldoorn, aan een pleintje. 's Ochtends vertrokken ze, met de koffers in een taxi naar Schiphol. Het hele pleintje kwam naar buiten om ze uit te zwaaien. Zo, dachten ze, die zien we voorlopig niet terug. Je ging niet zo maar weg. Je emigreerde.

'Drie jaar. Daar ligt de grens. Je wordt voor drie jaar uitgezonden. Kom je daarna terug, dan is er niets aan de hand. Blijf je, dan ben je verloren. Dan komt het niet meer goed. Ik ben zes jaar gebleven.'

Misschien had hij nooit naar Nederland terug moeten komen. Zijn vrouw wilde het. Rationeel gaf hij haar gelijk, emotioneel spoorde het niet. Hij vond: als we dan toch teruggaan, dan moet ik Nederland, dan moet ik Europa, ten volle een kans geven. Dan moet ik een poosje van dat eiland wegblijven.

Twee jaar heeft hij dat volgehouden.

In mei 1992 is hij er voor het eerst weer heen gegaan. 'Ik werd met open armen ontvangen, als een verloren zoon. Ik was terug in het warme bad waar ik mij behaaglijk in heb rondgewenteld. Meteen stond de sluis weer open.' Hij ging terug in augustus, in september, in november, in december, in april, in mei, met vakantie in de zomer: 'het hangt nog even of ik over een maand wéér kan'.

De eerste keer dat hij op het vliegveld Hato uitstapte – overrompelend. 'Ik dacht, waarom zetten ze de motoren niet af? Er woei een warme wind langs mijn oren. Ik liep die trap af en die wind bleef waaien. Het waren de motoren niet. Het was de tropenwind over de vlakte van Hato.'

Die keer zou hij poolshoogte gaan nemen, als dat in dit verband tenminste geen verkeerd gekozen woord is. Het werd een openbaring. 'Het vriendschappelijke, het opgewekte, het meeslepende! De warmte van de mensen. Hun persoonlijke betrokkenheid! Op een middag zit ik op het terras van Avilla Beach over de zee uit te kijken. Ik zie een school dolfijnen die over het water golft. Op dat moment besluit ik: ja, we doen het.'

Toen hij en zijn gezin zes jaar later terugvlogen zei Boelie van Leeuwen, de Curaçaose schrijver, bij het afscheid: 'Pas op, Alex. Hier ben je een Grote Vis in een kleine kom. Daar ben je een kleine vis in een Grote Kom.'

God wat is dat waar gebleken. God wat heeft hij, de Rector Magnificus van de Universiteit der Nederlandse Antillen, terug in Holland, als een kleine jongen met zijn ziel onder zijn arm gelopen!

'Eigenlijk vond ik het al teleurstellend dat er op Schiphol geen grote delegatie klaar stond om mij met gejuich te ontvangen. Mijn faam bleek me niet vanzelfsprekend vooruitgesneld. Tot Nederland was die niet ten volle doorgedrongen.'
    Op het pleintje in Apeldoorn kwam niemand naar buiten om hen welkom te heten.

'Een jaar na aankomst op Curaçao was ik al Rector Magnificus. Nooit gedacht dat ze een Hollander voor die functie zouden nemen. Ze moeten gedacht hebben: die man heeft een goede babbel. En hij is geen draufgänger. Hij wil niet in één periode de hele universiteit op zijn kop zetten.'

'Zonder Curaçao? Wat zou ik zonder Curaçao een zak zijn geworden!'

Hij komt uit het zuidelijkste deel van Zuid-Limburg – in overdrachtelijke zin denkt hij met een zachte g. Hij komt uit Schaberg, een vlek dat opgegaan is in de 'wat non-descripte' gemeente Landgraaf. Hij ging als enige van het dorp naar de HBS in Heerlen. Zijn vader was timmerman aan de mijnen. Ze waren thuis katholiek op de 'permissieve wijze' die katholieken daar eigen is.
    Toen hij een paar maanden op Curaçao was en toen hij zag hoe de zaken daar functioneerden, toen kreeg hij het heldere inzicht: dit is het Zuid-Limburg van veertig jaar geleden! Dezelfde vriendelijke manier van met elkaar omgaan. En ondertussen: hou ze in de gaten. Hij leefde opnieuw in

een samenleving die gebaseerd is op diensten en wederdiensten. Poekelt gij mijn rug, dan krab ik de uwe. De Curaçaose samenleving, zegt hij, is doordrenkt van het katholicisme, maar dan door dat van beneden de rivieren. De fraters van Tilburg en de fraters van Roosendaal hebben een enorm stempel op dat eiland gedrukt. Aruba is veel harder, het katholicisme is er veel strakker. Op Aruba heeft hij nooit zo van zuidelijke fraters vernomen.

Op Curaçao heeft hij grote aantallen rechtlijnige calvinisten met hun kop tegen de muur zien lopen. Die dachten dat de rechte weg te prefereren viel.

Op Curaçao is dit een ernstig misverstand. *Hij* voelde zich daar als een vis in het water.

Hij had al een paar jaar het idee om uit Nederland weg te gaan. 'Ik was wetenschappelijk hoofdmedewerker aan de universiteit van Utrecht en ik was achtendertig jaar. Als je twaalf of dertien jaar bij die o zo keurige universiteit van Utrecht gewerkt hebt, dan kun je de rest van je leven op een straatlengte voorspellen.' Er verscheen een advertentie. Gezocht docent staatsrecht voor Willemstad.

Toen is hij die poolshoogte gaan nemen.

'Ik werd lector staatsrecht aan een alleszins aangename, kleine, overzichtelijke faculteit met zes vaste mensen en twee of drie Nederlandse gasthoogleraren die zes weken overkwamen voor de keuzevakken. Daar kon ik werkelijk *iedereen* voor vragen. Op recepties in Nederland vond er niet zelden rond mijn persoon een zekere rijvorming plaats van lieden die ook uitgezonden wilden worden. Ernst Hirsch Ballin, professor Van der Grinten, noem maar op. Iedereen liet zich graag in de watten leggen, vooral in de winter.

Aan de faculteit studeerden een paar honderd studenten – ik kende ze allemaal en ik zei wel eens: ik weet ook wie van jullie het met wie doet. Dat kunnen weinig Rectores Magnifici mij nazeggen. Niet zelden bleef je ze jaren meemaken. Er zaten veel ambtenaren bij die op een zijspoor gezet waren of die anderszins ruim in hun tijd staken. Dan is zo'n universiteit een hele uitkomst.

Het was zo'n universiteit met alleen maar laagbouw. De

collegezalen waren open, steevast woei er een wind doorheen. Je aantekeningen kon je alleen bij elkaar houden door
er een zware baksteen op te leggen.

Kom je als nieuweling in zo'n gemeenschap, dan ben je
een betrekkelijke bezienswaardigheid. In het universitaire
milieu kwamen er maar twee of drie nieuwe docenten bij
per jaar. Je komt als lector, in de hoogste rang. Ze kunnen
goede sier met je maken. Kom je vanavond? De nieuwe lector komt ook!

Vanaf het begin is het aantal evenementen legio. De bor-
rels, de recepties, de etentjes vloeien je in ruime mate tegemoet. Iedere nieuwkomer wordt opgenomen in een bad van
welwillendheid. De Curaçaoënaar kan heel flatteus zijn en
een meegaandheid en interesse uitstralen die later niet altijd
tegen toetsing bestand blijkt. Je voert van het begin af aan
een onmetelijke serie voorspelbare gesprekken, een geweldige hoeveelheid small talk, maar dat vind ik juist leuk, dat
vind ik altijd heel onderhoudend. Ik ging er echt elke keer
en tot het laatst welgemoed naartoe. Ik ben nu eenmaal mijn
hele leven en in beide betekenissen het innemende type geweest.

Na twee maanden hield ik bij een buluitreiking mijn eerste toespraak. Ik wil niet hovaardig overkomen, maar die
ging erin als Gods woord in een ouderling. Het was de eerste van de zeventig of tachtig toespraken die ik daar heb gehouden. Op Curaçao geldt de macht van het woord. Met taal
spelen maakt daar je positie. Ik hield een opgewekt verhaal
met een serieuze boodschap. Al gauw kreeg ik de faam de
meest onderhoudende spreker op het eiland te zijn.'

Ooit heeft iemand tegen hem gezegd: je bent een slecht econoom, je bent een middelmatig jurist, maar je bent een goed
bestuurder. Dat vindt hij, sadder en wiser geworden, zelf ook
wel.

Een jaar later werd René Römer, de Rector Magnificus, gouverneur van Curaçao. Zoveel kandidaten om hem op te volgen waren er niet. Alex Reinders nam eerst waar en werd
toen, voor vier jaar, benoemd.

'Ik moet zeggen: een alleszins mooie functie. Je bent een

vooruitgeschoven post en je hebt een heel representatief baantje. Als rector word je op tal van plaatsen zeer graag uitgenodigd en daar gaf ik uitbundig gehoor aan. Zo kwam ik als randfiguur binnen bij allerlei kringen waar ik anders nooit zou zijn binnengekomen. Ik werd kind aan huis bij het Hof van Justitie, in de Staten, bij de banken, bij de offshore. Het gaf een geweldige verbreding. Onontloopbaar kom je elkaar tegen, al was het maar op het terras van Avilla Beach. Je bent verhuisd naar een zoveel kleinere wereld. Maar het gevolg is dat je je eigen wereld aanzienlijk vergroot.'

'Onder Römer was de universiteit wat ver van de maatschappij af komen staan. Dat heb ik geprobeerd te veranderen. Ik organiseerde elke zondagmorgen een voordracht, een lezing, een concert, wat dan ook. Ze verklaarden me voor gek. Op zondagmorgen zit iedereen in de kerk en wie niet in de kerk zit ligt langs de baai. Maar nee, tweehonderd mensen, elke keer weer. Op de schaal van zo'n eiland is dat heel wat. Pim de la Parra is er geweest en Frank Martinus Arion natuurlijk en Boelie van Leeuwen. Hoorde ik dat Rudi van de Hoofdakker op het eiland was, dan belde ik hem op en dan stond een week later de dichter Kopland op het programma. Uit Nederland belde Dolf Hamming van De Bezige Bij. Vind je het goed als Kees van Kooten je belt? Heel neutraal zei ik "best hoor". Terwijl, als ik iemand bewonder dan is het Kees van Kooten. Hij belde. Ik hoor dat er voordrachten zijn. Mag ik ook eens? In mijn jeepje zijn we het hele eiland over getrokken. En zondagsmorgens, de zaal barstens vol, zet Kees van Kooten zijn stoel óp de lessenaar en begint te spreken: dé manier om zo'n universiteit te relativeren. Ik heb kamercommissies rondgeleid en zelfs de koningin en prins Claus en Willem Alexander. Ik bedoel, dat had ik in Nederland toch allemaal een beetje gemist.'

Hij had er niet in het minst bezwaar tegen wanneer iemand tegen hem zei: jij bent geen rector, jij bent schouwburgdirecteur.

De universiteit, hij zegt het zonder terughoudendheid, werd een middelpunt van activiteiten. Er kwamen tal van lieden over de vloer, onder wie nogal wat jongeren. Willem Breuker speelde op de patio – 'De mooiste voorstelling,' zei hij later, 'die ik ooit heb gegeven.'

'Op een gegeven moment kwam het ter sprake: we moeten eens iemand een eredoctoraat verlenen. Maar wie? We kwamen uit op de president van Venezuela, dokter Lusinchi. Hij leek toen brandschoon. We schreven hem en hij bleek vereerd. Een week voor de plechtigheid stuurde zijn secretaresse de lijst van gasten die hij mee zou nemen. Dat waren er negenenzeventig. Ik zeg, we hebben een probleem. Vanaf nu, zeg ik, bestaat de aula uitsluitend uit eerste rijen. Op die lijst stonden zes hoogleraren, vijf ministers, vier generaals, drie admiraals en twee maîtresses.

Hij zou drie dagen blijven.

Mijn moeilijkheid was: in welke taal zou ik hem toespreken? Zuidamerikanen spreken allemaal Engels, maar ze verstaan het niet. In het Spaans durfde ik niet. Ik denk: de Antillen laten zich voorstaan op hun polyglottische vermogens. Dus op het moment suprème pak ik de microfoon, gewoontegetrouw tik ik erop: niets te horen. Doet het niet.

Toen heb ik mijn toespraak de zaal in geschreeuwd. De eerste zinnen tot ieders verbijstering in het Nederlands. Daarna ben ik overgegaan op Engels, daarna op Spaans, daarna op het Papiamento en de uitreiking zelf heb ik in het Latijn gedaan.

Ik maakte al gauw een grap. Iedereen hield de adem in. De president ging bulken van de lach, en dat zette de anderen ook aan de gang. Het kon niet meer stuk.

Na afloop zeiden vele Venezolanen dat ik prachtig Frans had gesproken. Ze hebben me nog drie dagen de oren van het hoofd gegeten en toen heb ik ze hartgrondig tevreden uitgezwaaid. Ik voel nog altijd zijn dikke buik tegen de mijne aan. Die president is nu verwikkeld in een proces wegens corruptie.'

'Na vier jaar is zo'n rectoraat afgelopen. Het is helaas geen erfelijke functie. Daar is ie ook veel te mooi voor.'

Het is hem opgevallen, zegt hij, dat al die kringen waar hij in verkeerde – kind aan huis bij rechters, schrijvers, politici, bankiers, tot aan marinecommandanten toe – op zich allemaal besloten wereldjes waren. Een schrijver zal nooit uitgenodigd worden bij het Hof, als daar een nieuwe rechter benoemd wordt. En ook niet bij de Ennia, als daar de president-directeur is overgekomen. Hij wel. Hij heeft daardoor, zegt hij, alle lagen van die samenleving leren kennen.

'Nee inderdaad. Moeilijk punt. Veertig procent van de mensen leeft onder het bestaansminimum. In de laat-koloniale positie waar je hoe dan ook in verkeert kom je bij zulke lieden niet over de vloer. De positie correleert met de kleur. Hoe zwarter hoe nederiger. Die andere kant, nee, die heb ik niet geleerd door haarscherpe eigen beleving. Je maakt de structurele uitzichtloosheid niet mee van de mensen die geen enkele andere keus hebben dan te overleven via wat de informele economie wordt genoemd.'

'Ik onderging met graagte de egards die voortvloeiden uit mijn bezigheden. Ik voelde me daarbij als een vis in het water. Wat je deed, deed je niet in anonimiteit.

Je gaat leiden aan een zekere ego-vergroting. Je wordt aangeraakt door een perspectivische vertekening. Dit heeft men door de eeuwen heen aangetroffen in koloniale posities: mensen die in het moederland middelmatig waren, en die er overzee door omstandigheden uitsprongen. Het is een aangename vertekening met een strelende kant, waarbij je gelijktijdig voelt dat het niet helemaal verdiend is. Veel van zulke mensen krijgen kapsones. Ze gaan denken dat ze hun speciale positie aan zichzelf te danken hebben en niet aan de omstandigheden waarin ze zijn komen bovendrijven bij gebrek aan gewicht.'

Op een gegeven moment stelde hij vast dat hij in zijn kennissenkring tien miljonairs had – in Nederland kende hij er niet één. In Utrecht liep je heel soms heel misschien eens een minister tegen het lijf. Op Curaçao zaten Albert Heijn en Jan de Koning tastbaar aan de bar van Avilla. In het dagelijkse was iemand die je sprak al gauw een minister of een president, een directeur of een ambassadeur. Iedereen die daarmee te maken krijgt leeft, charmant en onschuldig, een paar niveaus boven zijn stand.

Nu leeft hij in Nederland weer tamelijk in de anonimiteit. En nu knaagt het gemis – de heerlijke herinnering aan de dagen dat hij iemand wás. Je kunt jezelf tegen zelfoverschatting wapenen, je wordt er toch door aangeraakt.

'Besturen op zo'n eiland is een verademing. Alle belemmerende wetgeving en alle belemmerende wetgeving áchter de belemmerende wetgeving ontbreken. In Nederland is dat allemaal zeer verzorgd. Op Curaçao staat het vast dat er een universiteit is en dat die faculteiten heeft en dat er ook een universiteitsraad moet zijn. Eén verordeningetje. Voor de rest is het een zelfstandige inrichting met een jaarlijks budget. Zolang tout Curaçao er over de vloer komt, durft geen politicus zijn tengels ernaar uit te steken. Die hele samenleving daar hangt van improviseren aan elkaar.'

Na zes jaar hebben zijn vrouw en hij elkaar aangekeken. Beslissen we iets? Of beslissen we niets en laten we de beslissing over ons komen?

Ze besloten om naar Nederland terug te gaan.

Op dat moment stond mr. drs. Alex Reinders op het toppunt van zijn roem. Je hoefde de tv maar aan te zetten of zijn kop was erop. Maakte hij een wandelingetje door de Bredestraat, dan werd hij door zevenentwintig mensen aangesproken.

Zelf heeft hij bij zijn afscheid gezegd dat ze daar nog niet van hem af waren. 'Ik lijd ernstig,' zei hij, 'aan de ziekte die Curaçao heet.'

'Terug in Apeldoorn dacht ik: voor jou liggen de banen voor het opscheppen. Jij bent Rector Magnificus geweest. Ik dacht dat mijn kwaliteiten toch wel gingen in de richting van een aardig burgemeesterschapje. Ik solliciteerde, niet naar Amsterdam of naar Groningen, nee, naar kleine stadjes of dorpen. Ik kwam tegenover mannen die mij vroegen: wat heeft u helemaal gedaan? Wij vragen iemand voor een *complexe* organisatie! U heeft leiding gegeven aan zevenhonderd studenten en aan tweehonderd docenten. Noemt u dat complex? Hier wonen tienduizend mensen! Of ze zeiden: was u nou nog wethouder geweest.

Ik kreeg voor de voeten geworpen dat ik niet mee ben blijven doen aan het keurige Holland. Voor Nederland tellen je Antilliaanse jaren niet. Ze werken tegen je. Op Curaçao, denken ze, daar wordt alleen maar gefeest. Daar heeft hij alles gedaan met een Cuba libre in de hand.'

'Had ik alles geweten – ja, ik heb er spijt van dat ik terug ben gekomen.'

Hij werd verondersteld over te gaan tot de orde van de dag. Je mag even je verhaal doen. Dat wordt met belangstelling aangehoord. Iemand stelt een vraag over de temperatuur. Die ligt daar boven de dertig graden. Het hele jaar door? 'Ja, het hele jaar door.'
    Tot zijn verbazing zag hij zijn kennissenkring veranderen. Die kreeg, zegt hij, de sterke neiging om uit lieden te bestaan die iets met Suriname te maken hebben of met Afrika of met de Antillen.
    'Je zoekt zielebroeders.'

'Mijn vrouw is in het Hollandse ingebed. In haar hoofd is het neutraal. Er zijn fricties tussen ons, zeker. Zij voelt zich thuis in het Apeldoornse huis dat we al die tijd hebben aangehouden. Ik vond het intens treurig om in datzelfde huis terug te komen. Je zit maar op je studeerkamer, er gebeurt niets – het flitsende en meeslepende is over.
    Op die kamer ben ik gaan schrijven aan dat dikke boek over Curaçao. Ik dacht: ik schrijf wat en dan doet zich wel iets voor. Er deed zich niets voor. Er was ongetwijfeld een zekere hovaardij in mij: na de sfeer waarin ik verkeerd had vond ik het moeilijk om te moeten werven naar een functie. Je bent echt een autoriteit geweest – nu moet je je eigen verdiensten in het licht gaan stellen. Vreemde gewaarwording. In Nederland krijg je alleen een mooie positie als je al een mooie positie hebt.'

'Dat boek? In die moeilijke tijd heeft het mij van de straat gehouden.'

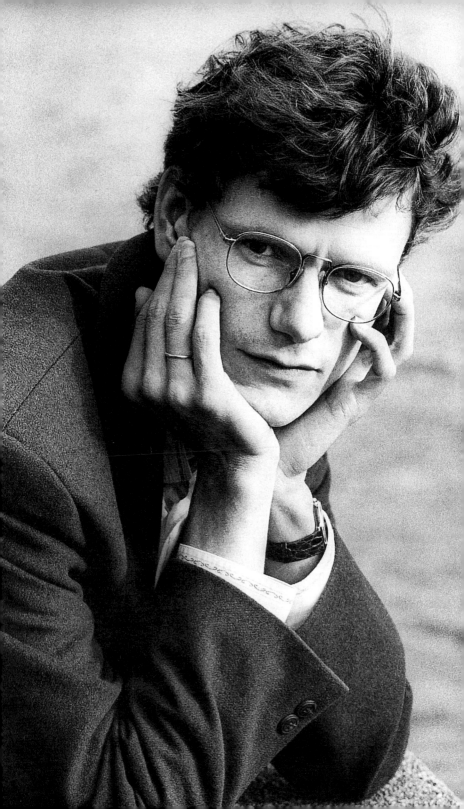

Mijn Vriend

'Wiebe moet zich door mij verraden voelen. Dat heeft hij ook gezegd. Jij! Juist jij! Juist jij laat mij in de steek!'

Een jaar voor Bauke Muller wereldkampioen bridgen werd brak hij met zijn rotsvaste partner, zijn maat en zijn vriend Wiebe de Jong. Hij ging verder met een nieuwe partner, Wubbo de Boer. Ze trainden harder dan hij ooit gedaan had. Ze vlogen naar Chili waar het wereldkampioenschap verspeeld werd. En ze haalden de titel.

Het was voor het eerst dat het Nederlands team het beste was van de wereld.

'We waren kampioen en ik dacht: wat zal Wiebe ervan vinden? Hij zal wel balen voor zichzelf en hij zal wel balen van mij. Ik heb met hem gebroken. Hij niet met mij. Ik heb hem iets afgenomen.'

'Gigantisch zoveel als ik met Wiebe over bridgen heb gesproken. Van mijn jeugd af aan eigenlijk.'

'Ik *moest* wel met hem breken. Ik wilde het hoogste halen. Met Wiebe zou ik..., ik heb het mezelf duizend keer afgevraagd. Hij had het gekund, qua bridgen. Hij is briljant. Ik ben soms briljant. Wiebe *is* briljant. Maar of ik met hem wereldkampioen had kunnen worden? We waren niet zomaar vrienden. We hadden als het ware een relatie.'

'Ik zal niet zeggen dat hij de eerste was aan wie ik dacht toen we de titel binnen hadden. Dan denk je aan niks: het is volstrekt chaotisch. We moesten in de finale tegen de Noren. Drie dagen zaten we opgesloten in een lege kamer zonder publiek en met een tv-camera. We speelden op de vijfde verdieping van een luxueus hotel in Santiago de Chili.

Het laatste spel, we zijn klaar. Bij bridgen weet je de uitslag dan nog niet. Die hangt af van wat de anderen, de nevenparen, gedaan hebben in een andere kamer. We staan op. We lopen onze kamer uit, naar een hal met een lift. Daar staan Leufkens-Westra en Jansen-Westerhof. Die noemen hun scores. Wij noemen onze scores. Berry Westra rekent het snelst, zestien sommen in twintig seconden. 'Ja!' roept Berry. 'We zijn wereldkampioen!'

Op dat moment – dat kan ik niet beschrijven. Dat is een roes. We denderen de trappen af naar beneden, naar de zaal met het publiek. Overal gejuich, overal fotografen. Iedereen feliciteert je, een gekkenhuis. We zijn gelijk gaan doorzakken.

Toen ik bijkwam trok mijn hele bridgeleven als in een film aan mij voorbij. Ik zag alles terug, van het begin af aan.'

De nieuwe wereldkampioenen werden als helden op Schiphol ingehaald. Spandoeken, spreekkoren, muziek. Baukes huis in Hoorn stond vol bloemen. De burgemeester ontving hem. Het GAK waar hij werkt zette zijn onbetaalde verlof om in buitengewoon (dus betaald) verlof. Bauke Muller dacht: nu heb ik bereikt wat ik bereiken wilde.

Hij was gelukkig.

En hij was beducht en nieuwsgierig tegelijk om Wiebe de Jong te ontmoeten.

'Die film begint als ik elf ben. Ik kom uit een echt spelletjesgezin. Mijn vader leerde ons schaken, je kon een gulden verdienen als je van hem won. Pesten, canasta, hartenjagen – we speelden altijd. Op fysiek gebied zijn we niet zo erg sportief, maar met spelletjes, enorm. Ik weet nog precies de dag. Ik ben elf jaar. Mijn broer loopt bij de buurvrouw langs. Een half uur later komt hij terug. "Ik kan bridgen." Had hij de regels geleerd. Hij leert ons de regels. Diezelfde dag nog zitten we te bridgen. Dat hebben we vier, vijf jaar volgehouden. Mijn twee broers, mijn vader en ik. Toen mijn broer het huis uit ging werd het een stuk lastiger. De anderen wilden niet meer. Ik liep maar achter ze aan. Bridgen? Bridgen? Bridgen? Ik vond en vind het een heerlijk spel.'

'Ja wat is er leuk aan? Dat heb ik me altijd afgevraagd en ik heb er nooit de woorden voor kunnen vinden. Ik weet het niet. Ik heb het altijd leuk gevonden om kaarten in mijn handen te hebben. Het liefst nieuwe kaarten die lekker glijden.

Kaarten zijn mooi. De plaatjes op de azen, prachtig. Je kan met je kaarten spelen, je kan een waaiertje maken, je kan ze dichtklappen, alles is lekker. Even met je kaarten langs je wenkbrauwen kriebelen – ik kan mijn kaarten gewoon liefkozen, daar komt het wel op neer.'

'Vroeg? Op je elfde bridgen? Ik ken een Engelse speler die het op zijn vierde speelde. Dat lijkt mij vroeg.'

'We woonden in Oudehaske bij Heerenveen. Daar kwam de bibliobus. Toen ik dertien was zag ik daarin een boekje liggen over bridgen. Flinterdun, dertig bladzijden. Dat was een gewaarwording! Dat wij een spelletje speelden en dat daar boekjes over waren! Ik begreep dat we tot dan toe verkeerd speelden. Wij dachten: de hoogste troefbieder speelt. Dat is niet zo. De eerste troefbieder moet spelen. Ik las het boekje en ik kreeg het gevoel: dit spel heeft onbegrensde mogelijkheden. Toen heb ik alles wat ik over bridgen kon vinden uit de bibliobus gehaald.'

'Ik ben gaan denken aan een club. Het werd Joure. Zes kilometer op de fiets heen en zes kilometer terug. Het bleek dat ik met de besten mee kon. Met schaken veegden ze mij van het bord – dan is het snel gedaan met de interesse. Maar bridgen? Op mijn veertiende hoorde ik bij de jeugdtop van Friesland. Het ging natuurlijk om een handjevol spelers.'

'Een keer per week speelden we. De rest van de week nam het mijn hoofd in beslag. Ik las en ik las en ik las. Technische boeken. Ik haalde boeken uit de bibliotheek, ik las het Nederlandse bridgeblad, via via kon ik lenen. Ik maakte schoon, verdiende honderd vijftig gulden, ging naar Groningen, naar een denksport-winkeltje. Ik wilde dat hele winkeltje wel leegkopen.
Ik leefde in een andere wereld. De hobby's van anderen interesseerden mij niet. Dat stomme gedoe in de kroeg! Ik was introvert, een beetje teruggetrokken, eenzaam wel. Ik hoorde toen niet bij de zeer populairen. Over bridgen sprak ik met niemand. Het was *mijn* wereld. Onder mijn schoolboeken lagen mijn bridgeboeken en die las ik. Soms vroeg iemand ernaar. Dan werd ik enthousiast.'

'Toen ontmoette ik Wiebe de Jong. Dat was niet leuk. Dat was ongelofelijk leuk. In het bridgen heeft hij onwaarschijnlijk veel fantasie. Hij doet dingen die niemand doet. En wat hij na het spel uitkraamt! Van de slechte spelen, daar maakt hij nog een mooi verhaal van. Hij maakt fouten, maar dan zó creatief! We deden mee aan een toernooi. We werden juniorenkampioen van Nederland.'

'Met hem ben ik altijd over bridgen blijven praten, tot voor kort dan. Schitterend! Alles dikte hij aan – die jongen zit tot zijn nek vol verhalen.'

'Ik ging in Groningen studeren. Eerst economie, dat werd niets. Toen psychologie. Ik werd lid van de Groninger bridgeclub. Ik vormde een paar met Kees Verkade. Met hem heb ik vier jaar gespeeld. We haalden de top net niet. Eigenlijk ging het steeds minder. We degradeerden zelfs, dramatisch. Ik was vierentwintig, ik leerde Maria kennen, ik moest afstuderen. Bridgen was niet meer alles voor me. Ik kreeg het idee dat ik het beste al bereikt had. Ik dacht: hoger kom ik niet. Ik ben een subtopper. Ik dacht erover om op te houden.'

'Toen vroeg Wiebe de Jong of ik met hem een paar wilde vormen. Ik dacht: ha! Daar kan iets uit rollen! Iemand met zoveel ideeën: ja, dat wil ik wel. In de club lag Wiebe niet goed. Fantasie vinden ze niet zo leuk en zeker te veel fantasie niet. Hij riep weerstand op. Ze lulden voortdurend over de fouten die hij maakte. Ik zag hoe briljant hij is.

We hadden moeite om een nevenpaar te vinden. En we mochten niet landelijk spelen. Dat bepaalt de club, een kliekje van acht of negen man. Lig je daar niet goed, dan ben je geslacht. Zo'n clubje kan je carrière torpederen. Wiebe en ik vielen erbuiten. We speelden niet volgens hun vertrouwde normen.

We moesten het zelf afdwingen. Daar hebben we lang over gedaan. In die tijd kregen Wiebe en ik die speciale band. Ik was zo ongeveer de enige die hem waardeerde.

We groeiden, maar we groeiden niet snel genoeg. Het duurde een paar jaar voor we het landelijke niveau bereikten. De een na hoogste klasse. Nog steeds niet het Walhalla.

Ik werd een jaar of zevenentwintig, ik studeerde eindelijk

af en toen kwam er een buitenkansje: ik kon bij het GAK een baantje krijgen, als onderzoeker, in Amsterdam.

Ik dacht: jammer, maar met bridgen komen we toch niet hoger. Maria en ik kregen een baby. Eerlijk gezegd, het bridgen zei me niet zoveel meer. Ik wilde stoppen. Driekwart jaar heb ik niet gespeeld.'

'Na die driekwart jaar ging ik toevallig weer eens bij een wedstrijd kijken. Ik was gelijk verkocht. Ik belde Wiebe en ik vroeg: zullen we? Ik speelde een evenement met hem. Dat was zo ontzettend gezellig, zo gigantisch leuk – ik zeg: ik wil wel weer met jou spelen. Maar, zei ik, dan moeten we het serieus aanpakken. Ik wil nog één poging doen om de landelijke top te halen. Ik wil mezelf geen verwijt maken dat ik mijn kans niet heb gegrepen.'

Het paar Muller-De Jong werd in ere hersteld. Ze besloten buiten clubverband te gaan spelen. Ze schreven in voor toernooien, maar ze speelden geen competitie.

Toen kregen ze hun kans.

Een nieuwe bondscoach wilde het buiten de 'regel- en bepaalzucht' van de gevestigde clubs om proberen. Hij dacht: ik wil jongeren ook een kans geven. Dus schreef hij open selectiewedstrijden uit waaraan ook niet-clubparen deel konden nemen. De besten zouden afgevaardigd worden naar het parenkampioenschap in Genève. Nederland mocht voor die wedstrijd achttien paren inschrijven, twaalf bij de mannen en zes bij de vrouwen.

Muller-De Jong greep zijn kans en dwong selectie af.

'Genève was zo fantastisch! We speelden in een grote hal bij het vliegveld, erg massaal, qua publiek afschuwelijk. In die hal liepen alle grote namen rond die ik tot dan toe uit de boekjes kende. Mijn helden! Een Garozzo, een Bobby Wolff, Chagas uit Brazilië, Zia uit Pakistan. Ik had gedacht dat ik vreselijk geïmponeerd zou zijn, maar het bleken gewone mensen. Zia is een enorme playboy, fantastisch zoals die over zijn leven vertelt. Als er toevallig vrouwelijke deelnemers zijn, dan zegt hij steevast dat hij over ze gedroomd heeft. Die mannen leven in grote stijl, financieel zijn ze goed bij de pinken. Daar loop je dan tussen als eenvoudige Hollander! Ik

dacht: laat ze maar populair zijn. Laat ze maar in het middelpunt staan. Aan tafel zien we wel verder.
   Wij speelden ontzettend goed. Wiebe speelde fabuleus. We
bereikten tot ieders verrassing de finale!'

'Na Genève wist ik het zeker: dit wil ik mee blijven maken!
Dit is zo mooi. Daar wil ik alles voor opofferen. Ik was ambi-
tieus geworden – mijn ambitie was niet meer te stuiten.'

Muller-De Jong was na Genève geen onaanzienlijk paartje
meer, maar het had nog steeds moeite om een nevenpaar te
vinden. Daarzonder kun je in Nederland geen competitie
spelen. En dat *moet*, zegt Bauke Muller. Je *moet* in Nederland
in de hoogste klasse meespelen, namens een club, wil je *blijvend* succes hebben en naar de grote internationale toernooien mogen.
   Uiteindelijk vonden ze een Groninger en een Utrechter
die wel wilden. Die Utrechter was *Wubbo de Boer* – de man
met wie Bauke Muller wereldkampioen zou worden.
   Muller-De Jong en Jansen-De Boer mochten namens de
Groningse bridgeclub uitkomen in de één na hoogste klasse.
Ze *zouden* en ze *moesten* dat jaar promoveren naar het Walhalla. Ze begonnen matig. Ze klommen langzaam op. Uiteindelijk misten ze de promotie op één punt na.

'Dat was voor mij het einde van de wereld. Ik baalde als een
stier. Ik vond het oneerlijk. Waarom verdomme hebben we
niet één puntje méér? Ik zag geen uitweg meer. Ik kwam als
het ware in tijdnood.'

'Toen is het gebeurd, februari 1991. Ik maakte Wiebe er een
verwijt over. Ik vond dat hij weer in zijn oude fouten verviel,
in zijn ongeremde fantasie. Ik had zulke hoge verwachtingen! Ik ging me aan hem ergeren. Kleine dingen, voor hem
niet van belang, maar mij brachten ze aan het twijfelen. Wiebe verscheen twee minuten te laat aan tafel. Maakt niets uit,
maar het irriteerde mij. Ik vond dat hij er niet *alles* aan deed
om een absolute topspeler te worden. Ik wilde wél alles in
het spel gooien. Met hem, begon ik te denken, lukt het *nooit*.
Niet *echt*. Ik vond dat hij evenveel moest geven als ik. Ik was
ongeduldig. Wat ik toen gedaan heb – technisch was het mis-

schien verantwoord. Maar menselijk? Tegenover iemand met
wie je zo veel hebt meegemaakt?'

'Ineens wist ik het zeker. Als ik de *echte* top wil halen, dan
moet ik met Wiebe breken. We komen niet verder.
   Toen heb ik mijn besluit genomen.
   Ik durfde het niet tegen hem te zeggen. We speelden een
weekend samen. Telkens wilde ik het zeggen. Telkens kwam
er iets tussen en dan was de gelegenheid voorbij.
   Ik kwam thuis. Ik heb rondgelopen. En toen heb ik hem
gebeld. Twaalf uur 's nachts. Door de telefoon heb ik het gezegd! Hij was stomverbaasd, volkomen uit het lood geslagen.
Ik moest me verklaren en verklaren en verklaren – mijn hele
verhaal werd de grond in geboord. Ik kan ook met een ander
spelen. Voor hem ben ik de enige met wie hij kan spelen.
Voor hem was het een ramp. "Jij!" zei hij. "Juist jij! Juist jij!" '

Toen hij met Wiebe gekapt had vroeg Bauke Muller aan Wubbo de Boer of die met hem een paar wilde vormen.
   Twee jaar later waren ze wereldkampioen.

Wiebe de Jong speelt tegenwoordig niet zoveel meer.

'Wubbo is een hele rustige man die zeer praktisch te werk
gaat. Aan tafel zet hij mij nooit voor raadsels. Hij geeft duide-
lijke informatie en hij heeft een neus voor zijn tegenstander
en voor diens kaarten. Hij is voor niemand bang en hij wordt
nooit zenuwachtig. Hij is ook wel creatief, maar het loopt
niet de spuigaten uit. Hij maakt het nooit te bont.'

'Met Wubbo praat ik nooit lang, maar wel effectief. Het verschil is denk ik: mentale hardheid aan tafel. Die hebben Wubbo en ik allebei. We raken *nooit* in paniek.
   Met Wiebe was ik de aangever en hij de afmaker. Zo'n vin-
dingrijk iemand, daar moet je niet eenzelfde soort speler bij
zetten. In zoverre klopte het wel. Ik ben meer de technische
speler, de boekenwurm. Maar er was niet voldoende evenwicht. Je hebt in Nederland misschien vijftig goede spelers.
Veel meer in elk geval dan goede paren.
   Wubbo en ik zijn allebei heel betrouwbaar, heel gediscipli-
neerd. Hij schuwt geen hoogstandjes, maar hij gaat er ook

niet naar op zoek. We spelen degelijk, en dat geeft mij juist ruimte voor inspiratie. Nu durf ik voor mijn gevoel te kiezen. Als mijn gevoel het ene zegt en mijn redenatie het andere, dan volg ik nu mijn gevoel. Stel ik moet raden waar de ene boer zit en waar de andere. Dan keer ik mij volkomen in mijzelf. Alles verdwijnt. Ik probeer mijn tegenstander te dwingen mij het gevoel te geven waar die boer zit. Als het goed gaat, dan is het of ik in zijn kaarten zit te kijken. Ik registreer de kleinste dingen. Een blik, een aarzeling, een minieme emotie. En dan gok ik, maar eigenlijk weet ik het. Dat is concentratie. Dat is lef. Die heb je nodig aan tafel. Je moet nooit bang zijn om een beslissing te nemen die technisch verkeerd lijkt. Juist omdat Wubbo en ik allebei betrouwbaar zijn kunnen we van elkaar accepteren dat je aan tafel hele rare dingen doet. We zijn een erg goed *paar*.'

Alleen met die mentale hardheid, zegt Bauke Muller, win je een wereldtitel. Vroeger, toen er nog geen schermen op tafel stonden die het oogcontact onmogelijk maken, toen kon je misschien nog winnen op persoonlijkheid. Hij noemt het voorbeeld van de grote *Belladonna*, die qua gepommadeerde, sluw ogende, snelgesneden persoonlijkheid wellicht wat meer in de buurt komt van wat de leek zich bij een bridgekampioen voorstelt dan de aan het GAK verbonden bewoner van een Hoornse doorzonwoning. Die Belladonna, zegt Bauke Muller, die ging met zijn hele lichaam over tafel hangen en dan zette hij een zware basstem op. Zijn tegenstanders krompen ineen en waren verloren.

Nu zijn de mogelijkheden om het spel al vóór de eerste slag te winnen beperkter. Je moet nu, juist op de beslissende momenten, *keihard* zijn. Je tegenstander zal niet schromen om je uit je evenwicht te brengen. Dan moet jij in staat zijn om net te doen alsof hij niet bestaat. Zijn tegenstanders uit de eerste WK-ronde? De Polen waren norse zwijgers, de Brazilianen flitsende druktemakers, de Zuidafrikanen chagrijnige kerels en de Indonesiërs beriepen zich op hun stille kracht. 'Meestal,' zegt Bauke Muller, 'wist ik na hooguit vier spellen wel of wij macht over ze hadden of niet.'

In de kwartfinale moesten ze tegen Amerika één, en in de halve finale tegen Amerika twee. Tegen Amerika één stonden ze zo goed als verloren. Maar zie: mentale hardheid. De Ame-

rikanen hadden een jonge jongen in hun team, een machoty-
pe dat de hele dag *shit* en *fuck* riep en dat het in de allerlaat-
ste ronde niet meer had van de opwinding: toch nog verloren. Amerika twee protesteerde tegen zoiets lulligs als een
overtreding van de rookregels. Bauke Muller trok rustig door
aan zijn shaggie. En het sjoemelde geweldig met de tijdsre-
gel. Je mag twee minuten denken, daarna wordt het geregistreerd. Amerika twee dacht over *elke* slag een minuut en ne-
genenvijftig seconden na.

'Die Amerikanen zijn profs. Ze zijn erg arrogant, tientallen jaren zijn ze wereldkampioen geworden. Voor hen is het ontzettend vernederend om te verliezen van amateurs uit zo'n
klein landje als Nederland. Nog geen uur nadat ze verloren
hadden stonden ze al op de stoep van het hotel, te wachten
op een taxi.'

De finale, tegen de Noren, leek hierna een spel onder vrienden. Van tevoren hadden de Noren gezegd: we maken er een
sportieve partij van. Ze bleken *taaie rakkers*, die Noren, *echte vechters*. Niemand stond ooit ver vóór. Na drie dagen was
het verschil miniem.

'Ik vind het heel mooi om te beseffen dat Nederland een we-
reldteam heeft.'

'Als ik mijn film terugzie, dan denk ik: geluk. Dat heb ik gehad. En toeval. Het is toeval dat ik het hoogste bereikt heb
wat ik kan bereiken. Als toen niet dat gebeurd was en toen
niet dat? Het scheelde weinig of ik was allang met bridgen
gestopt. In een lichamelijke sport kan je het meer zelf afdwingen.
    Nu heb ik bereikt wat ik bereiken wilde. Het hoogste. Nu
zie je wat je ervoor gedaan hebt. En nu vraag je je af. Ik denk
wel dat ik er nu mee kan ophouden.'

Toen ze als wereldkampioen uit Chili teruggekeerd waren in
Nederland organiseerde de bridgebond een huldiging. Daar
ontmoette Bauke Muller zijn vroegere partner Wiebe de
Jong. 'Hij feliciteerde mij, en hij drukte zich tegen mij aan.
Dat vond ik lekker.'

147

Onze Strijd

De een: 'Ik ben nu zover dat ik alleen nog maar kan verliezen. Wie me dat verlies wil toebrengen, die houd ik in de gaten. De laatste keer, oefff! Ze was er dichtbij!'

De ander: 'In de beslissende partij ging het aardig. Ik had een
opening voorbereid en ik kreeg precies op het bord wat ik
wou. Ik stond ontzettend goed. En toen, in de tijdnoodfase, ik
weet ook niet wat er gebeurde. Toen het erop aankwam
speelde ik die ene zet waarvan ik de hele tijd tegen mezelf
gezegd had: die kan niet. Die moet je niet spelen. Het was
meteen uit. De partij heeft nog een uur geduurd, maar dat
was voor mezelf om het te verwerken.'

De een woont in Vught, samen met haar vriend in een rijtjeshuis: Karen van Lith, negenentwintig jaar en al tien keer achter elkaar damkampioen van Nederland.
De ander woont in Emmen, samen met haar vriend in een
rijtjeshuis: Erna Wanders, vijfentwintig jaar en heel vaak als
Karen won tweede geworden.

De laatste keer spande het erom. Eén ronde voor het einde
van het toernooi stond de eeuwige tweede een punt vóór
op de eeuwige kampioen. Een krantekop riep al: 'Karen van
Lith kansloos voor titel.' Maar in het stukje zelf stond dat het
wel leek alsof het andersom was, alsof de kampioene een
punt voor stond op de eeuwige tweede.

Karen van Lith: 'Ik vond het heel vervelend toen het mis leek
te gaan. De tiende keer kampioen van Nederland worden:
dat is toch iets anders dan de negende. Als ik zou winnen
ging alles gewoon verder. Maar als ik zou verliezen, dan kwamen er vragen.'
Erna Wanders: 'Ik was er zó dichtbij! Het hele toernooi
stond ik aan de leiding! Twee ronden voor het einde had ik
twéé punten voor. En dan toch: wéér verloren. Wéér tweede

geworden. *Bijna*, dat woord kan ik niet meer horen. *Zo - goed - als*. Altijd *bijna*. Altijd *zo - goed - als*. Altijd gaat het mis op dat ene ogenblik waar het op aankomt.'

Karen van Lith was negentien jaar toen zé voor het eerst damkampioen van Nederland werd. Ze herinnert zich een fantastisch, een heerlijk gevoel. 'Je bent uitgelaten, prachtig. De eerste weken leef je in een roes. Ik! Ik ben ergens de beste van Nederland in! Op school, thuis, een feest was het. De tweede keer is ook heel leuk: zie je wel, het was geen toeval. Ik ben gewoon de beste. Het is niet zomaar één keer, het is twéé keer. De derde keer ben je pas echt zeker. Daarna ben je degene die op de troon zit. Dan komt het erop neer dat jij daar wil blijven en dat de anderen je eraf willen stoten.'

Erna Wanders: 'Toen ik nog heel jong was en voor de eerste keer gedeeld tweede werd: toen was ik door de dolle! Daarna is het nooit meer echt leuk geworden: altijd maar tweede, dat gaat vervelen. Als je zelf denkt: ik ben zwakker, dan heb je er vrede mee. Maar dat denk ik niet. Laat ik het zo zeggen: ik vind mezelf niet minder dan Karen. Eigenlijk vind ik dat we even sterk zijn. Kijk maar naar de onderlinge resultaten. Ik heb twee keer van haar gewonnen. En dat was echt dat ze, zeg maar, ingemaakt werd. Ze had geen schijn van kans. Dan denk ik: als je zó van iemand kan winnen, dan weet ik het niet. Dan weet ik niet of er wel niveauverschil is.'

Karen van Lith kan niet zeggen dat ze vroeger, op de lagere school of op de HAVO, een bijzonder intelligente leerling was. Gewoon. Matig tot goed. Ze was wel een kind, zegt ze, ze zag altijd alles. Er kon geen vlieg door de klas gaan of ze zag 'm. Ze vertelt het alsof dat met haar damtalent te maken heeft en misschien is dat ook zo. In één oogopslag de mogelijkheden zien die een stelling biedt. En verder was ze een heel normaal kind, geen studiehoofd. Geen meisje voor met een boekje in een hoekje. Een beetje jongensachtig was ze, zeg maar. Niet verlegen. Ze zag er niet tegenop om met een vieze broek thuis te komen.

Erna Wanders beschrijft het kind dat ze geweest is als een verlegen meisje dat gauw een rood hoofd kreeg - dat is ze, zegt ze, nog steeds wel. Geen sportkind, geen brutaaltje, en

150

op school vrij matig. Later pas, toen ze de MAVO gedaan had en halverwege de HAVO was – toen haalde ze ineens uitstekende cijfers.

Ze vertellen allebei dat ze het dammen van huis en van school uit hebben meegekregen. Karen vooral van haar broer, Erna van haar vader, een redelijke huisdammer. Op de lagere school had ze een onderwijzer die behoorlijk fanatiek was met dammen. Ze deden mee aan het Drentse schooltoernooi, vier kinderen kwamen in het schoolteam. Ze speelden erom. Erna werd vijfde.

Karen zat als jong meisje op de damclub van het bedrijf waar haar vader werkt. Heel gezellig, partijtjes van vijf minuten en in de pauze een flesje limonade. Ze was het enige meisje tussen vierentwintig jongens.

Karen van Lith: 'Toen ik vijftien was zeiden ze: die moest maar eens op voor het Nederlands Kampioenschap. De top was erg smal hoor, in die tijd. Het lukte vrij aardig. Ik kwam door de halve finale. En ik werd derde in de finale. Ik stond er zelf verbaasd van. Tot dan toe vond ik dammen een leuk spel, echt wel, maar om nou te zeggen: daar ga ik verder in? Ik ging naar dat kampioenschap en ik dacht: ik zie wel. Dan haal je bijna de titel en dan komt het over je. Ik had misschien wel eerste kunnen worden! Ik dacht: hier kan ik iets in bereiken. Nou ga ik trainen. Ik ben ontzettend hard gaan studeren. Ik denk wel dat ik toen de beslissing heb genomen: ik ga er alles aan doen om eerste te worden. Ooit word ik eerste!'

Erna Wanders: 'Ik was dertien toen ik voor het eerst aan de halve finale meedeed. Je speelde tegen allemaal oudere vrouwen. In de laatste ronde moest ik tegen Pietje Veenboer, oma Veenboer noemden we haar. "Ja meisjes, oma doet het nog goed!" Op een gegeven moment biedt Veenboer remise aan. Dus ik denk: Nou! Dat is niet verkeerd! Dus ik neem het aan. Komt er een man naar mij toe, een dam-arbiter uit Beilen, en die legt zijn arm om mijn schouder en zegt: "Meisje, meisje, meisje! Als ze nog een keer zo gretig zijn met remise aanbieden, dan moet je niks doen maar nog eens héél goed kijken." '

Karen van Lith: 'Elf jaar geleden, het laatste jaar dat ik *niet* won, werd het toernooi gespeeld in Rosmalen waar ik toen woonde. Ik had harder gestudeerd dan de anderen, ik had me verschrikkelijk goed voorbereid, té goed waarschijnlijk. Ik wilde zó graag winnen! Als het erop aankwam ging het mis. Dan voelde ik de spanning en dan zat ik verkrampt achter het bord.'

Dat jaar won Petra Polman.

Een jaar later won Karen voor het eerst. 'Toen was het precies andersom. Ik was rustig. Zij niet. Je zag het aan die Polman. De spanning. Als het erop aankwam ging ze fouten maken. Te snel spelen, niet in haar eigen stijl. Ik weet niet wat. Een keer stond ik een punt op haar achter. Wat zie je dan? Ze gaat verliezen van zwakkere speelsters. Ze heeft na dat jaar een paar keer niet meer meegedaan. Ze is nog wel teruggekomen maar ze heeft nooit meer gewonnen.

In het begin waren we met elkaar bevriend, Polman en ik. Ik kwam bij haar thuis. Maar dan word ik een keer eerste en zij tweede en dan verandert het. Als je nummer één bent, dat verandert de zaak. Dan ben jij degene die nummer twee en nummer drie in de weg zit. Dan ga je elkaar ontlopen.'

Tijdens zo'n damtoernooi om het kampioenschap van Nederland logeren alle tien deelneemsters bij elkaar in een hotel. Of ze willen of niet, ze treffen elkaar bij het ontbijt, bij het middagmaal, 's avonds in de bar.

'Je ontloopt elkaar zo veel mogelijk,' zegt Erna Wanders. De laatste keer ben ik *niet* in dat hotel gegaan. Ik ben gaan logeren bij een vriendin die in de buurt woont.'

'Niet slim van haar,' zegt Karen. 'Vinden de anderen niet leuk.'

'Inderdaad,' zegt Erna Wanders met een lichtrode blos. 'Die vriendin bij wie ik ben gaan logeren, dat was Petra Polman. Voor dat toernooi heeft ze speciaal vrijaf genomen van haar werk. Om samen met mij de partijen voor te bereiden. Ze wilde zó graag dat ik won. Petra heeft me op zitten jutten, tot en met. Het ontbrak er nog maar aan dat Petra met een groot spandoek in de speelzaal verscheen. "Hup Erna! Versla Karen!"'

Karen van Lith: 'In het jaar dat Polman won zag een kennis

152

van mijn moeder me achter het bord zitten. Hij zei: "Ga je
mee hardlopen?" Hij was fysiotherapeut, hij trainde hockey-
ers, een man van een jaar of dertig. Hij kon niet dammen
maar hij kende wel de sport. Hij zei: "Je moet zelfvertrouwen
krijgen." In het begin had ik totaal geen conditie. We deden
duurlopen, tijdlopen. Het ging steeds beter. Drie komma zeven kilometer. Ik deed er dertien minuten over, dat werd
twaalf, dat werd elf komma dertig. Vlak voor het volgende
toernooi liep ik elf komma vijftien. "Zie je wel," zei die man,
"zie je wel dat je het kan. Denk daar nou aan als je achter het
bord zit. Als het spannend wordt, dan denk je: elf komma vijftien. Ik kan het." Tijdens een toernooi belde ik elke ochtend
die man op. "Je speelt om te winnen," zei hij dan. "Sowieso. Je
kan het. Denk er maar aan. Elf komma vijftien. Je kan afzien!"
Het kon me eigenlijk niet schelen wat hij zei. Als hij maar
iets zei.
    Dat jaar won ik.'

De telefoon gaat. Die avond moet Erna Wanders tegen Delia
Verhoef spelen om uit te maken wie van hen met Karen van
Lith mee mag naar het Wereldkampioenschap in Mali.
    Het is, meldt de telefoon, remise geworden.
    Wat zou ze gedaan hebben als een van de twee had ge-
wonnen? Haar opbellen? Feliciteren? Een bloemetje sturen?
    'Nee!' zegt ze beslist. 'Natuurlijk niet. Je bent geen vrien-
dinnen. Je bent concurrenten.'

Erna Wanders: 'Zo'n laatste ronde kom je in een psychologi-
sche toestand, dat je, ik weet niet hoe dat komt, ineens niet
meer in jezelf gaat geloven. Ik had het hele toernooi boven-
aan gestaan dus ik had iets van: het *moet* erin zitten en het
zal erin zitten. Ik dacht, ik ga op winst spelen. Dan kan Karen doen wat ze wil, maar dan kan ze mij sowieso niet meer
inhalen. Ik wilde *ontzettend* graag kampioen worden. Het
ging heel goed. Ik voelde me goed, het was erg warm maar
daar had ik geen last van. Er komt een opening op het bord,
ik wist: die is goed. Ik kwam zelfs erg goed te staan. Ton Sij-
brands die uitleg gaf zei al tegen mijn vriend: 'Jan, het kampioenschap gaat dit jaar naar Emmen.' Ik stond zó ontzettend
goed, het was enkel nog een kwestie van tijd. Ik was mijn ze-
nuwen best wel de baas, toen nog wel. Ik ben van mijn tafel

opgestaan en ik ben bij de anderen gaan kijken. Hester de
Boer was al klaar, remise, dus die kon mij nooit meer inhalen. Ik ga bij Delia Verhoef kijken en ik zie dat ze heel erg
slecht staat naar mijn mening. Ik denk: Delia wint dit nooit!
Nu ga ik zeker fel op winst spelen. Ik wilde zo *verschrikkelijk* graag kampioen worden.

Ik ga terug naar mijn bord. Ik doe een zet. Ineens klopt
mijn stelling niet meer. Ik begin ontzettend aan mezelf te
twijfelen, echt niet leuk meer. Daniella de Vos, mijn tegenstander in die ronde, maakt een combinatie. En ze wint.'

Karen van Lith: 'Het is allemaal heel psychologisch. Als je
echt wil winnen dan moet je eerst leren om te verliezen. Als
je daar niet tegen kan, als je een verliespartij niet van je af
kan zetten, als je er 's nachts van gaat liggen woelen: dan lukt
het niet.' Als ze nu een partij verliest dan is haar vader de eerste die haar tegenstander een hand geeft. Gewoon sportief.
Maar ook om zijn dochter te laten zien: je hebt verloren. Ac-
cepteer het. Volgende partij.

Karen: 'Een paar jaar geleden ben ik naar de sportpsycho-
loog van het NOC gegaan, voor een wereldkampioenschap.
Dan praat je over de momenten dat het nét niet lukt. De momenten dat je hart je in de keel gaat bonken. Daar kwam die
Poolse uit naar voren. Een goede speelster maar niet super-
goed. Tegen haar speelde ik altijd remise. Steeds had ik een
goede stelling en dan liet ik die net remise lopen. Ik was gewoon bang van die Poolse. Dat wordt dan iemand, ah, denk
je, oh, die Poolse weer! Die man leerde me hoe ik zo'n wedstrijd rustig in kan gaan. Je moet ertegenover gaan zitten met
het idee: het maakt niet uit wie daar tegenover mij zit. Je
moet aan het bord denken en aan de schijven. Je moet zo iemand niet gaan zitten aankijken. Anders leg je jezelf een
druk op die niet nodig is. Je kan zeggen: ik *moet* en ik *zal* en
ik *ga* van die Poolse winnen. Als je dat doet leg je er veel te
veel druk op. Je kunt ook zeggen: ik ga vandaag sterk spelen,
kan me niet schelen tegen wie. Het is maar net welk zinnetje
je in je hoofd prent. Dat jaar won ik van die Poolse.'

De buitenstaander vond dat het toernooi waarin Karen voor
de tiende keer kampioen niet mooier kon. Tot het laatst lag
alles open. Met nog een ronde te spelen stond Erna Wanders

154

één punt voor op Karen van Lith en twee punten op Delia
Verhoef. Als Erna won was ze kampioen. Als ze verloor kon
Karen haar nog voorbij komen. Maar ook Delia Verhoef kon
nog evenveel punten halen als Erna. Het ging natuurlijk om
de titel. Maar het ging ook om Mali. De eerste twee mochten
dat jaar naar Mali, naar het wereldkampioenschap dammen.

Erna Wanders: 'In 1991 ben ik het wereldkampioenschap op
een rotmanier misgelopen. Ik werd dat jaar eerste, nou ja, gedeeld eerste. Samen met Karen. Toen gold nog die rotregel:
bij gelijk eindigen wint de kampioen. Karen dus. Op het
bord heeft ze dat jaar niet gewonnen! Die regel is intussen
veranderd. Bij gelijk eindigen volgt nu een herkamp. Maar
juist in dat jaar, in 1991, mocht alleen de kampioen naar het
wereldkampioenschap!'
'Ik wilde kampioen worden. En ik wilde naar Mali. Ik wilde allebei. Daarop is het misgelopen. Toen ik nog heel goed
stond tegen Daniella heb ik overwogen om remise aan te
bieden. Ik ben er zeker van dat ze het op dát moment zou
hebben aangenomen. Als ik het gedaan had was ik nu kampioen geweest.
Ik dacht: Delia staat slecht. Mali is zeker. Nu ga ik door. Ik
deed een zet en het liep me uit de hand! Ik dacht: jammer.
Maar ik heb Mali nog. Ik sta op, ik loop langs het bord van
Delia die nog zit te spelen en wat zie ik? Ze staat een schijf
vóór! Op dat moment, ik kon wel, nou nee, op dat moment
was ik echt mezelf niet meer. Ik ben naar buiten gegaan, ik
heb wat rondgelopen, de spanning van dat hele toernooi
kwam naar buiten. Er kwam iemand naar me toe. 'Erna,' zegt
hij. 'Delia heeft gewonnen.' Ik had het niet meer, ik moest
huilen, ik wilde niemand meer zien, niemand meer spreken.
Ik wilde naar huis. Ik was gedeeld eerste – niemand feliciteerde mij daarmee. Ze zagen ook wel dat ik dat niet op prijs
zou stellen. Ik moest terug naar binnen: we moesten afspra-
ken maken voor die herkamp. Het interesseerde me niet
meer. Ik had er geen zin meer in om me opnieuw te gaan op-
laden. Ik kwam thuis en ik dacht: ik heb er genoeg van. Ik
houd ermee op.'

Karen van Lith: 'Met Daniella de Vos, Erna's tegenstander in
de laatste ronde, ben ik toevallig erg bevriend. Daniella

155

speelde geen goed toernooi. Ze won die partij tegen Wanders wel. Ik denk dat Daniella voor Wanders is wat die Poolse voor mij is. Wanders speelde best goed. Maar ze kon het niet afmaken. Ze was diep teleurgesteld. Ze is meteen na die partij naar buiten gelopen en ze is gaan huilen. Nee, natuurlijk niet. Dan ga ik niet naar haar toe om haar te troosten.'
Na die laatste ronde bleek dat ze met hun drieën gelijk geëindigd waren: Karen, Erna en Delia. Ze moesten een herkamp spelen.

Karen van Lith: 'In de herkamp heb ik duidelijk bewezen dat ik nog altijd de sterkste ben. Natuurlijk waren ze diep teleurgesteld. Ze moeten maar denken: ze krijgen hun kans nog wel. Maar ze moeten nog even wachten. Nog een jaar of dertig, denk ik. Zolang heb ik nog wel te gaan.'
   Erna Wanders: 'In de herkamp speelde ik tegen Karen erg goed. Ik stond, dacht ik, gewonnen. En dan doe ik die ene zet waarvan ik me steeds had voorgehouden: die moet ik *niet* doen!'

Erna Wanders zegt dat ze een stuk harder moet worden, psychologisch dan. En dat ze daar ook weer erg tegen opziet. Zo'n beslissend moment, dat valt uiteindelijk toch niet na te bootsen. Hoe kan een psycholoog er rekening mee houden dat je in die laatste beslissende ronde uitgerekend tegen Daniella de Vos moet spelen? Een zwakkere speelster dan zij, ongetwijfeld, maar: een goede vriendin van Karen van Lith. En: een angsttegenstander voor Wanders. Misschien had die psycholoog dát eruit gekregen. Dat ze veel sterker is dan Daniella. Maar dat ze altijd bang is voor haar. Altijd staat ze tegen Daniella beter, altijd loopt het toch weer uit op hooguit remise. Van Daniella de Vos, zegt ze, heeft ze nog nooit gewonnen!

Karen van Lith: 'Iemand voor wie je bang bent of iemand die heel sterk is, die moet je niet als persoon zien, die moet je anoniem maken. Iemand die zwakker is dan jij: die kan je best aankijken. Die kan je wel als persoon zien. Dan is het juist goed dat zij merkt dat jij een grote rust uitstraalt.
   Ze zit, zegt ze, zelf ook niet altijd als een ijsblok achter het bord. Het komt nog steeds voor dat haar hart haar in de keel

klopt. Het gaat erom: kan je dat hanteren? Kan je het voor je tegenstander verborgen houden? En kan je je spel er niet door laten beïnvloeden?

Sinds ze onbetwist de beste is, zegt ze, spelen de anderen anders tegen haar, banger. Dat is wel prettig. Ze neemt de partij in de herkamp tegen Delia Verhoef als voorbeeld. Die speelde precies de zetten die zij, Karen van Lith, eerder in het toernooi gespeeld had tegen Hester de Boer. Verhoef dacht: dat werd remise. Het maakt haar onzeker als ik dat nu weer speel. Van Lith vond het een makkie. Ze wist dat ze in die partij tegen de Boer gewonnen gestaan had. En ze wist nu ook hoe ze had moeten winnen. Kat in het bakkie – een zege op de angst van de ander.

'Ik ben nu zover, ik speel juist graag onder druk. Ik speel het minst tegen zwakkeren. Ik heb de spanning nu juist nodig. Ik wil graag doorzetten. Ik ben niet iemand die gauw zal opgeven. Ik zal niet gauw remise aanbieden. Ik ga door. Ik wil winnen.'

Erna Wanders: 'Nadat ik van Karen verloor moest ik nog tegen Verhoef om een plaats voor Mali. Ik speelde als een krant, ik kon geen plan bedenken. Ik dacht alsmaar: ik ben Mali aan het vergooien. Gelukkig werd het remise. Moesten we nog een keer spelen, een week later, in versneld tempo.

Die week kon het me niks meer schelen. Dan maar niet naar Mali. Ik had het eigenlijk opgegeven. Op mijn werk ook, heel raar eigenlijk: die week was ik voor mijn omgeving eindelijk weer eens goed te spreken. Het was net alsof ik me helemaal ontspande. En juist toen, toen het niet meer *moest* en *zou*, juist toen ik op het onverschillige af ontspannen achter het bord ging zitten, juist toen won ik de beslissende wedstrijd glansrijk. Ik liep naar buiten. Mijn vriend stond in de gang op me te wachten. Hij dacht: ze heeft verloren. 'Nee hoor,' zei ik, 'ik heb gewonnen. We gaan naar Mali.'

Karen van Lith: 'Ik heb bewezen dat ik de sterkste ben, sterker dan Verhoef en Wanders. Als ik verloren had, dan zou ik *zeer zeker* zijn doorgegaan. Ik gun het ze eigenlijk niet om mij te onttronen. Ik wil als kampioen afscheid nemen.'

Erna Wanders: 'Ik zit er al jaren tegen aan te boksen. Ik wil

157

een keer, ik zal een keer, ik moet een keer kampioen worden. Volgend jaar. Probeer ik het weer.

Ik wil zeker niet dat Karen als kampioen afscheid neemt.
Dat ze niet meer meedoet en dat ik dán de titel win. Zelfs als
ik dan win met tien punten voorsprong op de rest, dan nog
zal de hele damwereld zeggen: ja, maar dat komt, Karen van
Lith was er niet bij. Ik wil háár verslaan.'

Mijn Kerkje

Erg gelukkig kan dominee François Haverschmidt in het Friese terpdorpje Foudgum niet geweest zijn. Tijdens een zondagwandeling, schreef hij, had hij wél gemerkt dat zijn aangelijnde hond steeds zwaarder was geworden, maar niet dat het arme beest in de regen was verdronken.

Hendrikje Zuidema las het verhaal in een boekje met roestige nietjes dat achter in het kerkje van Foudgum lag toen zij daar kosteres werd. Ze heeft het zich vaak afgevraagd. Hoe kan dat? Een hond die in de regen verdrinkt?

Het Foudgum waar dominee Haverschmidt tussen 1859 en 1862 preekte is door hemzelf beschreven als 'een dorpje, zóó klein dat het haast niet eens een dorpje mocht heten'. Een van zijn vrienden die hem op kwam zoeken vernam in het volgende dorp dat hij midden door Foudgum heen was gelopen.

Het Foudgum waar Hendrikje Zuidema sinds 1981 kosteres is telt zevenentwintig huishoudens. Het kerkje met de tufstenen toren en het pannendak kijkt er nog altijd neer op een paar boerderijen en wat opgeknapte woonhuizen die in een cirkel om de voet van het terpje staan. De hoofdstraat die doodloopt op het kostershuis heet tegenwoordig het *P. Paaltjenspad*, terwijl de rijbaan die langs Foudgum voert naar Holwerd als de *F. Haverschmidtweg* bekend staat.

Toen François Haverschmidt in Foudgum werd beroepen was hij vierentwintig jaar en nog maar net dominee. In Leiden, waar hij gestudeerd had, schreef hij als Piet Paaltjens een verzameling gedichten, die hij onder de titel *Snikken en Grimlachjes* publiceerde. Ze bevatten smartelijke herinneringen aan verloren vriendschappen, treurige klachten over grijsblauwe oogjes en akelige verzen over doodbidders en grafdelvers. Maar ze zijn het produkt van een vrolijke studententijd, van jongensdagen vol gezang en drinkgelag, van vriendschappen die de schrijver later met heimwee bezingt. 'Want deftig wel kunnen wij kijken/ En wijs, en vervelend ook doen/ Maar van binnen, och, even prettig/ En dwaas nog zijn we als toen'.

Toen Hendrikje Zuidema in Foudgum kosteres werd was ze achttien jaar en net getrouwd. Ze komt woorden te kort om de dierbaarheid te beschrijven waarmee ze aan haar jeugdjaren terugdenkt. Die bracht ze door, zegt ze, in wat men in Friesland 'de Wouden' noemt, onder Dokkum, in Oudkerk. Als je bij Rinsumageest rechtdoor gaat kom je er vanzelf. Hendrikje herinnert zich geen dag of er kwamen mensen over de vloer. Familie, buren, kennissen. Ze heeft zich wel eens afgevraagd of haar moeder ooit iets anders deed dan koffie zetten en kwekken. Haar vader was kraanmachinist. Het huis stond tussen twee boerderijen. Waar je keek zag je weiland. Daar kon je Hendrikje vinden, tussen de paarden en de pony's, op zoek naar eieren, springend over sloten, oefenend voor een touwtrekwedstrijd. Altijd buiten en altijd vrolijk. Geen meisje dat zich giechelend in mooie kleren naar de huishoudschool in Dokkum liet rijden, meer eentje die elke dag zestien kilometer heen en zestien kilometer terug met de jongens meefietste. Geen bussnoepje. Ze had wel soldaat willen worden.

Toen ze zeventien was werkte ze als eierraapster op een pluimveebedrijf. Op een avond ontmoette ze Dick in de discotheek van Molenend. Hij was toen al eenentwintig. Hij zat aan de bar, ze zag hem van achteren en ze wist: dat is hem. Een beetje onverschillig was hij en dat vond ze prachtig. Hij was soldaat in Libanon geweest. Als ze danste vond hij haar ook leuk.

Die avond kregen ze nog geen verkering – dat heeft, zegt Hendrikje, nog wel veertien dagen geduurd. Poej, wat was ze verliefd. In de disco had ze gevraagd of hij van paarden hield. Ja, zei hij. Hij was langsgekomen, ze waren gaan rijden en toen was het aan. Na drie maanden zei hij: nu kun je wel eens mee naar ons toe. Hij woonde in Hantum waar zijn moeder kosteres is.

Weer drie maanden later waren ze getrouwd. Er zou een kleintje komen. De mensen noemden het 'moeten'. Zij hielden zo ontzettend veel van elkaar: hun kon dat niks schelen.

Vlak voor hun trouwdag kwam haar schoonmoeder de kamer binnen, zwaaiend met een kerkblad. 'Koster gevraagd in Foudgum.'

Dat leek ze wel.

Vlak na hun trouwdag trokken ze daar in.

De huur was gratis.

In Foudgum, schreef dominee Haverschmidt, vond 'de vrolijke student van weinig maanden tevoren zich op eenmaal heengebannen'.

'De eerste jaren,' zegt Hendrikje Zuidema, 'had ik wel op mijn knieën naar Oudkerk terug willen kruipen.'

Veel later, toen hij allang predikant was in Schiedam – waar hij zelfmoord zou plegen – schreef dominee Haverschmidt zijn herinneringen op aan 'Mijn eerste gemeente' in Foudgum, waar hij 'de vogels kon benijden die erover heen vlogen'.

Hij deelde er de pastorie met de muizen en met zijn huishoudster die hij menigmaal met het hoofd in de handen aan de keukentafel schreiend aantrof en met wie hij dan graag een deuntje wilde meehuilen. Zijn volgelingen konden arme landarbeiders zijn of rijke boeren – in beide gevallen waren de 'advertenties uit de Vrijdagsche Leeuwarder Courant en de marktberichten betreffende het vee, de boter, de kaas en de granen zowat al dat hun aandacht trok'. Soms nodigde zo'n boer dominee deftig uit op visite, wat hij dan zonder onbeleefd te zijn niet van zich af kon schuiven. 'Daar zat ik dan, van 's namiddags twee uur ongeveer tot middernacht in een gezelschap, waarvan de meesten niets zeiden en de spraakzaamsten zoo eens om het kwartier een opmerking maakten die al een paar malen gemaakt was. Het ergste was nog als de fles op tafel kwam. De boeren dronken jenever en de dominee kreeg wijn. Maar welke wijn? Uit dezelfde fles waaruit ik op de visite van het jaar tevoren ook een paar glaasjes gehad had en die al die tijd zonder kurk of met een prop papier als stop was blijven staan. Hoe kropen de uren dan om en wat al vliegen konden zich dan op mijn neus zetten en op mijn voorhoofd, bepareld van de inspanning over de vraag: wat zal ik nu weer eens zeggen?'

163

'Ik was drukte gewend, gezelligheid, leve de lol. En toen kwam ik hier! Hendrikje, dacht ik, wat doe je hier? Wat is het hier saai! Leven ze wel? Waar ben ik beland? Ik kwam bij de mensen niet verder dan hun drempel. Niemand kwam hier kijken. Ze zijn erg wantrouwerig hier en heel erg op zichzelf.

Soms moesten ze bij ons vergaderen. Dan maakte ik alles in orde. Ik zette planten neer en ik legde kleedjes klaar, gezellig. Dan zaten ze rond de tafel en dan kon zo'n dikke boerin iets zien dat ze niet goed vond. Ze stak dan haar hand uit, ze hief een vinger op en daar schudde ze mee: zo hoort dat niet. O, wat voelde ik me dan klein! Als er een plank los zat, dan wilde ik daar wel onder kruipen.

Zodra het kon vluchtte ik naar het huis van mijn ouders. Als ik terugreed en ik zag het kerktorentje van Foudgum, dan dacht ik: o, wat is het doods daar! Ik heb in die tijd heel wat zitten huilen, zo eenzaam en alleen als ik mij toen voelde.'

Aan beider ongeluk heeft de omstandigheid bijgedragen dat zich tussen de pastorie (waar dominee Haverschmidt toen woonde) en het kostershuis (waar Hendrikje Zuidema nu woont) het kerkhof uitstrekt. De eerste graven grenzen aan het raam van de voorkamer. Dominee Haverschmidt herinnerde zich onzichtbare begrafenissen, witte vrouwen en veulens zonder kop. In de Heilige Kerstnacht, wist men, knielen om klokslag twaalf de koeien eerbiedig neer in hun stallen.

Hendrikje Zuidema woont op een armbreedte afstand van de stenen waaronder Zwaantje Boersma, Hendrik Boersma, Jan H. Boersma, Douwe Boersma, Dirk Boersma en Trijntje Boersma-Wijnia hun laatste rustplaats hebben gevonden. In de beginjaren heeft zij haar man menigmaal bij nacht en ontij in zijn onderbroek naar buiten gezonden. Dan meende ze zeker te weten dat de doden opgestaan waren en tussen hun graven rondspookten. Zelf heeft ze de heer Bos waargenomen die haar man die ochtend nog ter aarde besteld had. Hendrikjes moeder duikt bij onweer, als de lucht aardedonker is en een bliksemflits naar beneden schiet, het liefst onder de zitbank. Ze weigert de nacht in het kostershuis door te brengen.

En toen, op een dag, toen gebeurde het. Ze woonde toen vijf

jaar in Foudgum en ze deed niets dan werken in een schoon huis omdat ze anders ging prakkizeren.

Ineens stond die man voor het kerkje. Hoe hij heet is ze vergeten. Maar hij bleef de hele middag en een deel van de avond er nog bij. Hij vertelde wie Piet Paaltjens was. En dat die dezelfde was als dominee F. Haverschmidt. En dat hij zulke prachtige verzen geschreven had. Die man droeg er een paar uit zijn hoofd voor. Hendrikje hing aan zijn lippen.

Hij liet wat boekjes achter en die is ze gaan lezen. Die gedichtjes vond ze moeilijk. Maar die herinneringen aan Foudgum, die begreep ze. 'Piet Paaltjens,' dacht ze. 'Stakker. Ik begrijp precies wat je bedoelt, jongen.'

Sindsdien kan er geen mens meer het kerkhofje op lopen en naar het kerkje toe gaan, of zij loopt erachter aan, zwaaiend met de sleutel. 'Kijk maar rustig rond,' zegt ze dan. 'Want dan zet ik ondertussen koffie.'

De een zal het wel doorverteld hebben aan de ander – verbazend zoveel Piet Paaltjens-fans er in Nederland rondlopen. De tweede kwam een maand later, de derde veertien dagen daarna, de vierde vlak daarop. En nu komen ze met grote regelmaat – met zijn vieren, met zijn vijven, met hun vrouwen, voor de tweede keer, voor de derde keer. Er zijn dagen dat Hendrikje Zuidema voor elf mensen koffie zet en dat ze aan werken niet toekomt.

> In het diepst van het woud
>   – 't Was al herfst en erg koud –
> Liep een heer in zijn eentje te dwalen.
>   Och, zijn oog zag zoo dof!
>   En zijn goed zat zoo slof!
> En hij tandknerste, als was hij aan 't malen.
>
>   'Ha!' dus riep hij verwoed,
>   ' 'K heb een adder gebroed,
> Neen, erger, een draak aan mijn borst hier!'
>   En hij sloeg op zijn jas,
>   En hij trapte in een plas;
> 't Spattend slik had zijn boordjes bemorst schier.

En meteen zocht zijn blik
Naar een eiketak, dik
Genoeg om zijn lichaam te torschen.
Daarna haalde hij een strop
Uit zijn zak, hing zich op,
En toen kon hij zich niet meer bemorsen.

Uit: Piet Paaltjens, 'De zelfmoordenaar', *Snikken en Grim-lachjes*, afdeling Romancen.

'Ik laat ze het kerkje binnen. Dan vragen ze of ze op de preekstoel mogen. Dat mag. Ze gaan erop staan. Ze worden heel stil. Ze kijken om zich heen. Ze kijken naar buiten, naar het kerkhof. Ze leunen op de preekstoel. Ze leven zich in dat ze Piet Paaltjens zijn. En dan beginnen ze met zware stem en uit volle borst "De zelfmoordenaar" voor te dragen. Sommigen vegen daarbij hun schoenen af, anderen kloppen zichzelf woedend op de borst, en bijna allemaal doen ze heel statig, zwaarmoedig vind ik. Vaak zie ik ze met hun vingers onder hun oog langs gaan. Vooral als het regenachtig weer is, dan zijn ze niet te houden. Ik dacht altijd dat mannen hard waren – daar ben ik van teruggekomen. Als er vrouwen mee zijn, dan houden die zich wat achter. Die doen er niet aan mee. De mannen gaan er in volle glorie tegen aan. Onvoorstelbaar zo'n voorstelling als ze zich van Piet Paaltjens maken. Of zijn ze het zelf? Als het uit is dan lijkt het wel alsof ze een last van hun schouders hebben. Dan zijn ze blij en tevreden. Dan neem ik ze mee naar mijn huis. En dan zet ik koffie.'

Zelf vindt ze dat gedicht dat over Rika gaat het mooiste. Piet Paaltjens ziet haar in een sneltrein die de zijne passeert. Hij wordt meteen verliefd en hij wil dat zij overspringt en zich in zijn armen stort. Rika blijft zitten. Waarom? 'Gij vreesdet mooglijk voor een spoorwegramp?/ Maar, Rika, wat kon zaalger voor mij zijn,/ Dan, onder helsch geratel en gestamp,/ Met u verplet te worden door één trein?'
Toch snap ik het niet goed, zegt Hendrikje. Wat is er zalig aan zo'n ernstig ongeluk?

Er zijn nu dagen, zegt ze, dat ze bij zichzelf denkt: kan het

166

niet wat stiller? Dan komt ze aan werken nauwelijks meer
toe. Terwijl, als kosteres, je kerkje moet je wel schoonhou-
den.

De mannen die Hendrikje beschrijft – 'er zijn splinterjonge
bij hoor!' – zijn van het ruwromantische soort dat houdt van
woeste tegenstellingen. Liefde op het graf. Leven in het aanzien van de dood. Hun komst sedert enkele jaren naar Foudgum markeert een opleving van de romantische kijk op het
leven die in de tijd van Paaltjens onder kunstenaars gewoon
was.
   Ondertussen – maar dat hoeft Hendrikje niet te weten –
komen die mannen evengoed om háár. Welk een romantisch
contrast vormt deze frisse vrolijke Friese vrouw die koffie
voor ze zet met de zwaarmoedige dominee wier kerkje zij
schoonhoudt? Zelf ziet ze haar bezoekers aan met plezier en
mededogen. Als ze erg moeten huilen, trekt ze zich terug. Als
ze heel veel tijd op de preekstoel nodig hebben, laat ze hen
alleen. En als ze erg moedeloos worden mogen ze blijven
mee-eten.

'Er zijn types onder dat je denkt, toe maar. Er is er een die
Klaas heet en die zegt dat hij religieus nudist is. De eerste
keer zei ik, goed, dan zet ik een grote pot koffie en dan gaan
we gezellig praten. Hij ging uitleggen wat dat is, religieus nudist. Hij had dia's bij zich die hij in de projector stopte. Op
de eerste stond hij bloot met zijn sokken aan voor in de kerk
tijdens een dienst. Bij de derde werd mijn hoofd zo rood als
een tomaat, want daar had hij zijn geslacht op laten zetten.
Hij wou graag met mij en met mijn man mediteren. Nee, zeiden we, dat doen we maar niet. Sindsdien komt hij geregeld
terug, heel onverwacht. Een heel vriendelijk manneke. Of er
komen hier jongens, amper twintig, als zij de preekstoel op
klimmen lopen de tranen al over hun wangen. Ons noemen
ze "de leeuweriken" – de vogels die het leven van Piet Paaltjens hier verblijd hebben. Anderen willen koste wat het kost
hier begraven worden. Van dat idee worden ze helemaal opgewekt.'

Nog niet zo lang geleden, zegt Hendrikje Zuidema, vond er
in het kerkje op de terp een bijeenkomst plaats waar alle-

maal wethouders uit de buurt bij aanwezig waren. De kerk-
voogd die haar in het begin zo streng geëxamineerd had, een
rijke boer die haar nog steeds bekijkt als was ze een spring-
vlo, die begint daar op te scheppen over Piet Paaltjens en
over alle mensen die het kerkje bezoeken en over Foudgum
dat in heel Nederland...

'Ja,' heeft Hendrikje toen hoorbaar gezegd. 'En dat is *mijn*
werk.'

'Goed zo meid,' zei daarop een boerin. 'Je moet voor jezelf
opkomen.'

En die boerin van dat vingertje? Hendrikje moet toegeven,
die is een hele lieve vrouw gebleken.

En nu? Nu vindt de kosteres haar kerkje een van de mooiste
kerkjes in Nederland. 'Ik maak het met liefde schoon. Het is
van iedereen in Foudgum, het is van ons allemaal, maar het is
toch *mijn* kerkje. Het is net of het mijn huis is. Het straalt
iets uit. Eenvoud. Vrede. Ik kan het in twee uur helemaal
schoonmaken. Om de veertien dagen boen ik het van top tot
teen. De banken doe ik met Glassex, een halve fles per keer.
Ik stofzuig. Een keer per jaar doe ik de ramen. Soms zet ik
onder het schoonmaken een bandje op van een trouwerij
die hier twee jaar geleden plaatsvond. Dan ga ik zingend
langs de banken, dan dans ik door mijn kerkje. Ik ga dan op
de preekstoel staan, ik zet de microfoon aan en ik zeg: 'Dag
Broeders en Broedsters.' Als ik klaar ben ga ik omhoog, de
trap op naar de galerij. Dan hang ik over de leuning, ik kijk
rond, ik steek mijn duim omhoog en ik zeg: 'Hendrikje, de
kerk is prachtig schoon.'

Hij moest het eens weten, zegt ze, die Piet Paaltjens. Zelf was
hij dolgelukkig toen hij uit Foudgum weg mocht. Haar heeft
hij, terwijl hij toch al honderd jaar dood is, met Foudgum
verzoend! In een zijkamer van de kosterswoning hangt een
mooie handgetekende lijst met de namen van alle Foudgum-
se predikanten. Johannes Wisop staat er als eerste op, want
die werd in 1567 van priester dominee. De laatste dominee
is Willem H. van den Berg, die in 1962 met emeritaat ging. Ergens middenin staat François Haverschmidt, 3-7-1859 tot
7-12-1862. Alle anderen zijn onbelangrijk, vergeten, die doen
er niet toe. Alleen Haverschmidt. Die leeft nog. En die heeft

haar, Hendrikje Zuidema, het gevoel gegeven waar het om gaat. Dat je niet vergeten bent. Dat je meetelt. Dat je op een klein kaal dorpje mag wonen, maar dat je daarmee nog niet van de wereld weg bent.

Als ze nu naar huis rijdt en ze ziet vanuit de verte het tufstenen kerktorentje met het pannendak, dan zegt ze hardop: 'Dag kerkje.'

Mijn Bron

'Het offer dat ik gebracht heb is: lezen. Terwijl zoveel jongeren om mij heen zich overgaven aan zondig vertier, ging ik op een snikhete dag hier in huis, gordijnen dicht, met ontbloot bovenlijf zitten lezen. Ik moest wel. Mijn opdracht was het om zó ongelofelijk veel kennis te verzamelen dat dáár de Hemelpoort voor zou opengaan. Ik vond dat ik het tegenover de Heer Onze God niet kon maken om... ik vind dat nog wel. Ik vind het nog steeds moeilijk om tijd vrij te maken. In vakanties ook. Als de dag mij toelacht dan denk ik: ik *moet* eerst vier uur lang hier gaan zitten lezen. Dat is mijn taak en verplichting. Als ik niet eerst van acht tot twaalf ga zitten lezen, dan heb ik het gevoel dat ik heb gezondigd.'

Zo hij niet de meest belezen man is van Nederland, dan zeker de man die het meest gedreven over boeken praat. Elke zaterdagmorgen produceert hij voor de TROS-radio, binnen een kwartier en zonder in te ademen, een spektakel van hoteldebotelzinnen, waarin hij vier, vijf en als het moet tien pas verschenen boeken schitterend en prachtig, avontuurlijk en opwindend noemt. In het dagelijks leven is Martin Ros, zesenvijftig jaar, hoofdredacteur van De Arbeiderspers en peetvader van de serie Privé Domein.

'Je ziet het,' zegt hij, 'ik woon nog steeds in het huis van vader en moeder. Dat heb ik overgenomen. Ik zit verkleefd aan mijn herinnering, aan mijn achtergrond. Hier ben ik in grote achterstand begonnen aan de lange eenzame overlevingstocht die mijn leven is.'

Hij zegt dat hij in dit huis voor tachtig procent een gelukkige roomse jeugd gehad heeft. Kleurrijk, warm. En voor zover het bitter was, die laatste twintig procent, daar heeft hij, zegt hij, geen rancunes aan overgehouden.

En inderdaad: of de boeken die hij zelf geschreven heeft nu

gaan over Rudolf von Habsburg, de zoon van Sissi, of over de leider van de Haïtiaanse slavenopstand Toussaint Louverture, of ze nu de levensloop beschrijven van de wielerhelden Gino Bartali en Fausto Coppi of die van wat hij 'de jakhalzen van het Derde Rijk' noemt, de Europese collaborateurs, altijd klinkt onder, tussen en in de regels iets terug van dat gelukkige roomse van vroeger. Altijd zijn er wel de tedere herinneringen aan dat 'totaal verdwenen Land van Herkomst', aan dat 'prachtige spektakel vol couleur en mystiek' dat zijn jeugd bepaald heeft.

Zijn jongste boek, dat over de collaborateurs, is ervan doortrokken.

'O ja?' zegt Martin Ros.

Ja. Want wat willen katholieken altijd en eeuwig en vóór alles? Vergeven. Eerst biechten. En dan vergiffenis schenken. En hoe eindigt dat verschrikkelijke boek waarin de ene Russische fascist na de andere Hongaarse Pijlkruiser, de ene Indische jodenhater na de andere Franse ultra-antisemiet, de ene Roemeense massamoordenaar na de andere Britse namaakführer, hoe eindigt, kortom, dat boek waarin de verzamelde Europese fascisten Hitler naar de kroon steken als het erop aankomt om de joden *wreed* uit te roeien?

'Ja,' zegt Martin Ros. 'In vergeving.'

Hij schrijft, laatste alinea: 'Hoe hartstochtelijk, hoe zondig en opstandig de harten ook geweest zijn die in deze graven rusten, de bloemen die erop groeien zien ons met hun onschuldige ogen gelijkmoedig aan. Niet alleen van de eeuwige rust spreken zij, van de verheven rust van de onaandoenlijke natuur, zij spreken ook van de eeuwige verzoening en van het oneindige leven.'

'Als je het zo wil zien,' zegt de schrijver, 'ja, dan is dit een door en door katholiek boek.'

'Ik ben,' zegt hij, 'het eenzame nakomertje uit het Grote Roomse Arbeidersgezin met allemaal oudere broers die naar de vakschool gingen. Ik was het jongetje dat wél door mocht leren. Op het lyceum kwam ik terecht tussen de kinderen van het RK-Patriarchaat die hoe dan ook een zekere culturele achtergrond hadden. Ze spraken over dingen die voor mij volkomen duister waren. Ze zaten op muziekles, ze wisten ergens van. Terwijl ik, echt, ik kwam uit een hele leuke war-me vrolijke, maar cultureel totaal uitgekaalde wereld. Een paar verfomfaaide westerns in de boekenkast.

Ik *moest* wel. Ik *moest* wel op zoek naar voorbeeld-achti-ge figuren aan wie ik mij kon optrekken: figuren die in een verwant soort isolement verkeerden. Ik *moest* wel iets vin-den waarmee ik me van de anderen kon onderscheiden. Van-daar dat ik op mijn vijftiende met wielrennen ben begon-nen.'

In die eenzame tochten van tweehonderd kilometer, zegt hij, is het begonnen. De zelfvergroting. De continue zelfvergro-ting. 'Op de fiets deed ik niets anders. Ik vereenzelvigde mij met de grote wielerhelden. Ik zoog het landschap in mij op. En ik droomde, altijd en eeuwig, in continue zelfvergroting. Ik betrad het wereldpodium! Ik was veldheer, filmster, minis-ter, vliegenier! Op zolder hebben mijn broers een hokje uit-gehakt waarin ik kon zitten leren – ook in dát hokje voltrok-ken zich de grote scènes en fases van de zelfvergroting. Ik was d'Artagnan, ik sprak er mezelf toe, hele films liet ik daar afspelen. In de kerk ook. In de kerk zetten de fietsdromen zich voort.'

En toen, zegt hij, op een dag, heel laat eigenlijk, hij was al zestien of zeventien, toen ontdekte hij wat hij noemt 'De Grote Compensatie': dé manier om de levens die je kan dro-men maar die in het echt voor jou niet weggelegd zijn tóch te leven. Het Boek. De Compensatie aller Compensaties.

Het eerste boek dat hij zó las, met volledige vereenzelvi-ging, dat ging over Cesare Borgia, de geniale smeerlap, de zoon van de paus, het voorbeeld voor Machiavelli's beschrij-ving van de Machthebber, de kardinaal die zelf ook paus had willen worden maar het niet werd. 'Schitterend,' zegt Martin Ros, 'schit-te-rend. Overal had Cesare rekening mee gehou-den om flitsend de macht over te nemen, om ook paus te worden. Met alles werkelijk. Dan wordt zijn vader vergiftigd en dan is het zover, en wat blijkt dan? Dat hij zelf óók is ver-giftigd! Stel je voor! Drie dagen ligt die vader te sterven. Nog even..., en dan sterft Cesare zelf óók! Ik begrijp nu,' zegt Mar-tin Ros, 'dat ik dát het allerschitterendste vind: dat het ten onder gaat.'

Die lijn is terug te vinden in al zijn boeken, in alle figuren wier leven hij beschreven heeft: verlies en ondergang. De mensen die het nét niet halen of die het wel halen maar dan in groot drama ten onder gaan. Daarmee vereenzelvigt hij zich. Met hun eenzame, vergeefse heroïek, met de illusies waar ze zich aan vastklampen en die in sommige gevallen huizen verzet hebben, maar die altijd weer eindigen in eenzaamheid.

Neem de Haïtiaanse slavenleider Toussaint Louverture, die oude neger die zich in eenzaamheid geschoold heeft en die in de Franse literatuur beschreven wordt als een rare roverhoofdman die het eiland alleen maar arm gemaakt heeft en afgebrand. Die man, zegt Martin Ros, heeft de Grootste Opstand van Slaven uit de wereldhistorie geleid, maar als Mozes heeft hij zelf het beloofde land van de Eerste Vrije Slavenrepubliek niet mogen betreden. Of neem Rudolf von Habsburg, die gezien wordt als een halve gare, die zich in een liefdesnacht met een zeventienjarige baronesse vergooid heeft en de dood vond, maar die, als hij wel keizer was geworden, de loop van de wereldhistorie beslissend zou hebben veranderd. Die mensen! Tragische gokkers op het verkeerde paard. Heroïeke mislukkelingen die van de geschiedenis geen gelijk hebben gekregen.

'Ja, dat is rooms. Dat is helemaal rooms. Je identificeren met degene die het *niet* gehaald heeft. In het roomse zit het beslissende afzien op een bepaald moment. Denk alleen maar aan de geschiedenissen van de martelaren die ik als kind verslond. Of aan de kruistochten! Ik heb het nog steeds, dat verfomfaaide exemplaar van de *Geschiedenis der Kruistochten* van Michaud. Zo'n boek, zo'n joekel, met tekeningen van Doré. Ik herinner me nog precies hoe ik dat boek als jongetje kapotlas met mijn knieën op de harde mat in de keuken terwijl mijn moeder het avondeten kookte. Jarenlang heb ik zere knieën gehad van die mat. Een geweldige vereenzelviging is dat geweest met die kruistochten. Alweer die heroïek die een grote mate van vergeefsheid in zich had en die uiteindelijk tot niets geleid heeft.'

En de jakhalzen van het Derde Rijk?

Het antisemitisme en het racisme, zegt Ros. Die twee. Die zouden hem, als hij toen geleefd had, weerhouden hebben om op te gaan in de vervoering van het fascisme. Die maken het makkelijk, achteraf. Die zorgen dat je eenduidig kunt zeggen: het waren schurken, al die nazi-snurkers. Ze waren fout. Ze deugden niet. Altijd weer is het op racisme en antisemitisme uitgelopen. Hij zou, zegt hij, wel een gruwelijke geheime identiteit in zichzelf moeten veronderstellen als hij daarin, gelijk Céline, gelijk Brasillach, gelijk Ezra Pound tot op het bot was meegegaan.

Maar daarzonder?

Daarzonder zou hij, als hij toen achttien, negentien geweest was, gedeeld willen hebben in de vervoering, onderdeel uitgemaakt kunnen hebben van het gevaarlijke leven, de mystiek en de heroïek die in het fascisme besloten lagen.

'Er heeft in het fascisme een schitterend en groots El Dorado-aspect gezeten: een nieuw gezicht op een nieuw goudland. Het beloofde een groots mytisch spektakel, een spel van jeugd en vitaliteit.'

In zijn *Jakhalzen* schrijft Martin Ros dat er, hoezeer we politiek ook van elkaar mogen verschillen, 'in ons allen iets onbekends huist, iets obscuurs: een behoorlijke hoeveelheid zeer individuele rancune die onze ware identiteit bepaalt en die ten diepste voor ons allen een geheim blijft.'

Hij gelooft niet dat hij de *Jakhalzen* óók geschreven heeft om zijn eigen geheim, zijn eigen obscure rancune als het ware vóór te zijn, geen kans te geven. Zo'n geheim, zegt hij, kan er alleen door een gigantisch drama in je eigen leven of door een gigantisch werelddrama uitgerukt worden. Het fascisme heeft zich voltrokken als een ongelofelijk spektakel, een drama, een duizendjarig rijk, al heeft het maar twaalf jaar geduurd. Het Romeinse Rijk deed tweehonderd jaar over zijn ondergang alleen al, bij het fascisme voltrok het zich in een paar maanden. In dat ongehoord intense drama kon dat obscure stuk identiteit bij velen in één keer op een unieke wijze tevoorschijn komen: ook bij mensen die het bestaan ervan zelfs nooit vermoed hadden en die er tot dan toe mee rondliepen zonder het te weten. Het is die onbekende blinde plek, zegt hij, die Brasillach in staat stelde om prachtig en teder en vol gevoel, elegisch haast, te schrijven en ook te zeggen: 'Spaar vooral de joodse kinderen niet.'

175

Maar dan bedenkt hij zich half en dan zegt hij dat er hoe dan ook een koppeling is tussen het demonische van het fascisme en het katholieke. Zou hij als katholieke jongen, toen, in het authentieke verzet tegen de burgerij, tegen de orde, tegen de clerus, in het authentieke protest tegen de honger, de armoe, de ontbering, zou hij dan, gevoelig als hij was voor de Roomse Mystiek, misschien toch wél... 'Wat het El Dorado voor de fascisten was,' zegt hij, 'is het Hiernamaals voor de katholieken. Daarheen voert dezelfde heroïsche pelgrimstocht die het fascisme predikte om het duizendjarig rijk te bereiken. Zelfs de couleur en de inkleding zijn elkaar verwant. Hitler heeft de RK Kerk relatief zwaar vervolgd, vooral omdat hij, wat hij afgepakt had van de katholieken, niet verder geëxploiteerd wilde zien door de katholieken zelf. En dat was: hun enorme spektakel. En het hiërarchische, vergeet dat niet! Het katholicisme legitimeert die geweldige hiërarchie, die je van kindsbeen af in de kerk vertegenwoordigd zag en die nu juist het wezen is van het fascisme. Het bracht zijn aanhangers de gelukzaligheid terug van bij een hiërarchie te horen. Terwijl het communisme, dat deed een beroep op een in ons allen veel zwakker levende utopie, de illusie van de gelijkheid. Het spektakel, de hiërarchie en El Dorado: die drie zijn het. De drie van het katholicisme. De drie van het fascisme. De drie van de kruistochten!'

De Tweede Wereldoorlog, zegt hij, was in laatste instantie een burgeroorlog. Een full-size burgeroorlog. Aan de kant van de fascisten hebben – buiten Duitsland – ruw geschat vijfentwintig miljoen Europeanen meegelopen, meegeholpen of meegevochten. Ze hebben er een authentieke revolutie in gezien, geleid door het ontzagwekkende charisma van Hitler.

Ze waren fout, natuurlijk. Céline was een schurk. Onzin om te zeggen: hij had het wel over joden, maar hij bedoelde *eigenlijk* de paus. Nee, hij bedoelde *eigenlijk* Hitler! Dat zeggen mensen die het niet verdragen kunnen dat een Zeer Groot Schrijver tegelijk ook een Zeer Slecht Mens kan zijn. Dat kan nu juist wel! Daar gaat het juist om! Het één is waar en het andere is óók waar! Céline was een groot schrijver én hij was een nazi. Punt uit.

'Alle jakhalzen zijn uiteindelijk bij het antisemitisme terechtgekomen. Waarom? Ik snap het nog steeds niet. Als ik alle verklaringen voor het antisemitisme onder elkaar zet, het zijn er een stuk of vijftien, en ik trek een streep, dan staat daaronder een vraagteken. Waar komt het nou precies vandaan? In Hongarije is het de haat tegen de rijke stinkerds die de banken in bezit hebben en de bioscopen en de zaken. Maar in Roemenië is het juist de haat tegen de heffe, ze stinken, ze vergiftigen, ze hebben geen ziel, het zijn eigenlijk beesten. Om totaal tegengestelde redenen worden de joden gehaat. Het is een raadsel, nog steeds. Een compleet raadsel. Als je gelovig bent, dan moet je uiteindelijk zeggen: het is de Duivel. Een andere verklaring is er niet. De Duivel hitst de mensen op om achter de joden aan te gaan. Die zijn, hoe je het ook wendt of keert, altijd nog het Uitverkoren Volk Gods. Ze hebben gefaald. Maar ze zijn nog steeds Het Volk. Je mag er, zegt het testament, geen vinger naar uitsteken.

De Duivel, de Antichrist, die kan dat niet uitstaan. Ja natuurlijk, dat moet het zijn. Er zit iets, hoe moet ik het zeggen, er zit iets satanisch in die hele wereldoorlog! Dat is het El Dorado waar de fascisten naar op zoek waren: een zuivere wereld. Een wereld zonder jood. Zuivering. Zuiveringswoede. De wereld zuiveren van de jood.'

Waarom zou een man die van zichzelf zegt dat hij 'geen echte boekenliefhebber' is, geen 'bibliofiel', maar dat hij al zijn boeken leest 'in dienst van het leven' en 'ter vereenzelviging', waarom zou zo iemand niet ook, in de figuren die hij beschrijft, zijn zelfportret geven?

Alle jakhalzen die Martin Ros beschrijft zijn verwoede lezers.
'O ja?' zegt hij weer.
Ja. De Russische fascist Vonsjatski heeft zich 'tot boekenwurm' ontwikkeld, en de Indische fascist Bose 'ging met dozijnen lege koffers naar Europa om die daar in boekwinkels en bibliotheken te vullen'. De Engelse fascist Lord Haw Haw heeft 'een abonnement op alle bibliotheken in Londen', waaruit hij zich, volgens zijn ouders, 'suf' leest, en...
'Tsss,' zegt Martin Ros. 'En de Hongaarse fascist Szalassi,' vult hij zelf aan, 'en Laval natuurlijk en...'
Alle jakhalzen die Martin Ros beschrijft – niet alleen de schrijvers onder hen – hadden een verwoestende leeshonger.

In de boeken van Martin Ros komt ontzettend veel afzichte-
lijk geweld voor. Geen schrijver die zo lustvol kindertjes laat
klieven of zwangere vrouwenbuiken openrijt. En die zo om-
vattend de stank verwoordt die oprijst uit een bloederige
hoop gewonden, een rokend crematorium of een vers gedol-
ven massagraf.

Weer komt Martin Ros, met een omweg, uit bij de roomse
bron. Eerst zegt hij nog dat het nu eenmaal de feiten zijn en
dat hij dat 'slap gedoe' heeft willen doorbreken. En dat hij, als
het om het fascisme gaat, de uiterste consequenties heeft
willen schilderen: het walmende depot, waarin de Franse
arts Petiot de lijken van zelfgevangen joden in stukken hakte
en aan de kook bracht.

Maar zo overdadig, zo vol lust? En in dezelfde stijl waarin
de roomse jongetjes vroeger over de laatste uren van de martelaren lazen?

'Verdomd!' zegt Martin Ros. 'Natuurlijk. De Vier Uitersten!
Zo werden de Uiterste Verschrikkingen beschreven!' En dan
noemt hij het boekje dat *De Vier Uitersten* heet en dat hij
vlak voor haar dood van zijn moeder heeft gekregen en dat
zij weer had van háár moeder. Het bevat, zegt hij, de beschrij-
ving van het einde van de wereld, door een zeer opgewonden roomse halvegare pater uit de vorige eeuw. Alle verschrikkingen komen erin voor, van het geleidelijk onderwor-
pen raken van de wereld aan de Antichrist, tot de nog veel
ergere verschrikkingen, verbonden aan de uiteindelijke nederlaag van diens aanhangers. 'De stank!' zegt Martin Ros.
'Een heel hoofdstuk was gewijd aan de vreselijke stank.
Overal rook ik het. Dagenlang hing die stank in huis. Ja dat
klopt! Dat zijn De Vier Uitersten.' Hij zegt dat zijn moeder er
bij ieder onheil uit voorlas. Waar de andere kinderen het
boekje ook verborgen, altijd wist moeder het terug te vinden. 'Nee moeder,' riepen ze als het weer zover was. 'Niet
wéér De Vier Uitersten.' Maar hij – hij kon er niet genoeg van
krijgen. 'Natuurlijk!' zegt hij nogmaals. 'Net zoals die pater
wil ik de Verschrikkingen, de Angst bij mijn lezers voor eens
en voor altijd goed in de liezen blazen.'

In wezen, zegt hij, is wat hij voor de radio doet, elke zaterdagmorgen om kwart over tien, zijn verzoening met dat kale
cultuurloze roomse verleden van hem dat hij in het Hilver-

sumse papendorp 'Klein Rome' heeft doorgebracht. Jazeker! Die *populistische* kant van hem, zijn ordinaire belangstelling voor sport en voor het motorische, die binden hem evengoed aan het volkse van vroeger als zijn overenthousiaste, in struikelende zinnen uitgesproken boekaanprijzingen. Dat wil hij zo, daar kiest hij voor: juist bij de TROS!

'Heerlijk,' zegt hij, 'heer-lijk! Om kwart over tien zaterdagmorgen komen al die mannen met hun hemden nog open en met al dat haar eruit naar beneden in de woonkamer. Hé Mien, roepen ze, en dan krijgen ze een kop koffie en een stuk gebak. En dan zetten ze de radio aan, Hilversum één, en dan horen ze mij! Al bijna tien jaar. Dan kom ik bij ze binnen als een soort krankjoreme wauwelaar die plotseling dingen bij ze ráákt. Want ik heb het wel over boeken, maar dat merken ze nauwelijks, want ik heb het over het verhaal, over het spektakel. En dan duw ik die boeken naar hun bord toe: dit gaat over jou! Dit gaat over dingen die jij óók meemaakt. Het is leuk, het is geil, het zijn boeken! Die kan je kopen!

Pas geleden kwam ik een meisje tegen dat ik vijfentwintig jaar niet gezien had. "Dag Martin! Ken je me nog? Klein Rome, Fazantenstraat! Echt Martin, ik luister élke zaterdag naar je!" Dat vind ik zó, dat is toch fantastisch! Die opgewonden toon van mij, ja, die is daarmee verbonden. Dat is, elke keer weer, de blijheid dat ik het lezen heb ontdekt als die geweldigste compensatie aller compensaties.'

Als spreker én als schrijver is hij een man zonder pauzes, zonder stilte. Hij beaamt het onmiddellijk. 'In mijn sociale leven ook. Ik heb altijd het gevoel dat ik élke stilte op moet vullen. Dat ik altijd degene moet zijn die de moed erin houdt, de stimulator.'

Juist nu laat hij een stilte vallen.

'Ik ben,' zegt hij dan, 'altijd volkomen in de war als men het gaat hebben over terreinen waar ik niets van af weet. Ja verdomd! Dan ben ik plotseling weer het jongetje uit Klein Rome met de kale cultuur en de westerns. Verdomd!'

Hij vertelt het verhaal van de taxi. Samen met Ronald Dietz, zijn directeur bij De Arbeiderspers, reed hij ergens heen. Dietz zat naast de chauffeur. De radio stond aan. Dietz zei iets over de popsong die gespeeld werd. De chauffeur zei er iets deskundigs over terug. Dat nummer kon niet ouder zijn dan twee jaar, want daarvoor hadden ze die andere drummer, die... Dietz zei ook iets terzakes. En Martin Ros, achter in de taxi, trok, zegt hij, letterlijk lijkbleek weg. 'Ik zat daar,' zegt hij, 'als een Jan Lul achterin. Die twee maar kwekken: ik wist van niets! Dietz heeft me moeten helpen om uit die taxi te komen!'

Het kan haast niet anders of de man die zijn leven in boeken leeft voelt dat hij in het alledaagse leven te kort schiet zodra zijn boekenkennis hem in de steek laat. Heel argeloos vraagt hij zich af waar al die studenten over praten die geen boeken lezen en die hem binnen vijf minuten herkennen als de halve gare die gebukt gaat onder louter overbodige kennis? 'Ik snap er niks van! Ik loop langs hun cafés in Amsterdam, iedereen zit maar te kwekken, terwijl – hoe kun je nou toch over iets praten als je geen boeken hebt om aan te refereren?'

En dus kan hij, vice versa, over zijn dagelijkse leven, zijn omgang met auteurs, met zichzelf, met zijn vrouwen, niet anders dan in geschrifte, of tenminste in verliteratuurde bewerking, berichten. Op samenzweerderige toon zegt hij dat hij het misschien beter niet moet zeggen want dat hij andere schrijvers maar op een idee brengt. Maar dat hij van plan is om een boek te schrijven dat louter gaat over 'plekken'. Het moet een atlas worden van Nederland, compleet met routes erheen en plattegronden en het moet alle plekken bevatten waar *het hele erge* gebeurd is, allemaal, ook de mislukkingen en de zeperds natuurlijk: 'Een man alleen moet tegen een stootje kunnen. Zou dat niet schitterend zijn? Prachtig! Al die plekken zijn diep in mijn ziel gegroefd. In die tijd, het hád in die tijd toch heel wat te betekenen! De aarde beefde onder je voeten! Alles herinner ik me, wat er op zo'n moment in de wereldpolitiek gebeurde, hoe dat huis eruitzag: ja zeg, het ging toen zo maar niet, je bracht soms een hele tijd in dat huis door voordat je eindelijk op *de* plek belandde.'

De vrouwen? 'Ja natuurlijk, die ook. Maar die herinner ik mij juist door die plekken. Weelderige types vaak, en een stuk ouder. Ach, die ontzettende geladenheid, die enorme spanning, dagenlang soms! Later heb ik wel eens gedacht, Here God, wat heb ík een tijd verspild, beschamend. Maar toen – die zelfopgebouwde heerlijke verwachting, die volledige inzet! En dan, áls het er dan van gekomen was, dan herinner ik me de ongelofelijk vertwijfelde pogingen om er ook weer weg te komen. Ik prakkizeerde me suf. Hoe kom ik hier zo gauw mogelijk vandaan? Ik wil weer naar mijn boeken. Ik wil naar mijn stoeltje. Ik wil lezen. Ik heb me, vrees ik, soms lafhartig gedragen.'

Hij ziet het als een opdracht hem door Chateaubriand persoonlijk gegeven. 'Zo zult gij allen doen, allen zult gij terugzien op uw leven, de stukken aan elkaar passen en merken dat ook uw schijnbaar onbeduidende leven een stukje is van de wereldgeschiedenis.' Een hele troost, zegt Martin Ros, zeker uit de mond van de minister, diplomaat, tegenspeler van Napoleon en groot minnaar die Chateaubriand was.

In *Liefde en Ouderdom*, zijn eigen begin van een autobiografie, suggereert Martin Ros dat de bewonderde minnaar Chateaubriand impotent was.

'Hij heeft het nooit over kapotjes of zo en hoe hij de gevolgen voorkomt. Terwijl Casanova, die heeft het daar voortdurend over. Die heeft er hele apparaten voor. Ik denk dat Chateaubriand in het liefdesspel voorrang gaf aan de genietingen van de vrouw boven die van hemzelf. Heel uitzonderlijk in die dagen. Alle vrouwen beschrijven hem als iemand die hen bespeelde, die de laatste snaar wist te raken. Hoffelijkheid denk ik, geen machisme.'

In *Liefde en Ouderdom* beschrijft hij zijn eigen eerste ervaringen: alle met veel oudere vrouwen en allemaal tamelijk benepen.

'Meisjes van mijn leeftijd, dat duurde veel te lang. Dat werd verloving en zo, daar had ik het geduld niet voor. En ja, er ging een grote veiligheid van uit. Je hoefde niet op een rechtstreekse manier jong en viriel te zijn. En bovendien: bij die vrouwen kwamen mijn onderhoudende kanten veel beter tot hun recht.'

Hij zegt dat hij na iedere radio-uitzending ten minste vier en soms wel acht telefoontjes krijgt: altijd van vrouwen tussen de veertig en de zestig. Precies dezelfde vrouwen, zegt hij, die lezingen van Maarten 't Hart bijwonen. Die vrouwen lezen. Ze hebben alles achter de rug, slechte mannen, de kinderen zijn de deur uit. Die vrouwen gaan zich bezighouden met cultuur, met boeken. En die voelen zich door hem aangesproken. 'Het zijn precies de vrouwen bij wie ik als jongmens al aan de voeten lag. Die heb ik onderhoudend vermaakt, wat veel machistere mannen natuurlijk vrij zorgeloos kunnen verwaarlozen. Ik moest wel. Ik *moest* wel.' Voor dat soort vrouwen hebben Maarten 't Hart en hij een verzamelwoord: *roeivrouwen*. Ze vragen je nooit mee uit zeilen. Nooit mee op een motorjacht. Nee altijd: goh, ik zou met u wel eens willen *roeien*.

'Nooit, echt nooit,' zegt Martin Ros, 'nooit belt mij een negentienjarige Somalische of een eenentwintigjarige Surinaamse, hongerig naar het boek dat ik zojuist heb besproken. Nooit. Dat komt nooit voor. Wat dat betreft blijft het altijd hetzelfde. De wereld verandert nooit.'

Hij heeft het plan om een boek te schrijven over de vrouwen die de stigmata, de wonden van Christus met zich mee dragen. 'Bij die vrouwen vind je ook weer heel sterk die vereenzelviging van mij met uiterst eenzame, zonderlinge types, vrouwen in dit geval, die één grote compensatie creëren tegen de wereld die ze verder volledig missen. Dat vind ik zo fantastisch! Vooral ook omdat al die vrouwen, die komen altijd voor op plekken waar het leven verschrompeld is tot zijn meest armzalige, meest ellendige proporties. Dat je zegt: laat alle hoop maar varen, eigenlijk kan je beter in de wolken wonen. Juist dáár overkomt het die vrouwen! Meestal zijn het wat ongelukkige meisjes uit een groot gezin en dan vallen ze nog van een trap ook of van een ladder bij het blussen van een brand, en dan moeten ze liggen. Ze moeten alsmaar heel lang liggen. Dan krijgen ze visioenen, ze worden hysterisch en ze krijgen die stigmata. Waarbij ik uitdrukkelijk wil zeggen dat het vaak een verbijsterend, zich aan de natuurlijke wetten onttrekkend verschijnsel is. Er zijn gevallen geweest van vrouwen die twintig jaar buiten voedsel konden. Dat is mooi, dat is prachtig, dat is toch wel een uiterste prestatie tegen de wereld, vind je niet? Het is alsof Onze Lieve Heer in zo'n geval heeft willen zeggen: hier druk Ik een punt. Hier, waar niets is, waar alles is verschrompeld, daar ben Ik aanwezig!'

De laatste tijd bezoekt hij geregeld de bijeenkomsten en de

toogdagen en ook wel de kerkdiensten van de *bevinde-lijken*, en dan vooral van die rond het tijdschrift *Het Ge-krookte Riet*, de ultrazwarte tak onder de Nederlands Hervormden. Daar, zegt hij, in die kring, dáár vindt hij het meeste terug van zijn eigen Roomse Land van Herkomst. Brave mensen, in alle opzichten, in hun alledaagse leven, in de politiek: mensen die hun Pand wel Hoog hebben gehouden. En bovendien, het lijkt duizelingwekkend, maar werkelijk, als hij het hun voormannen op de man af vraagt dan zeggen ze: 'Ja! Natuurlijk! Dat willen wij! Terug naar Rome! De mystieke moeder! Wij zijn daar weggegaan vanwege een aantal verkeerde verworvenheden, maar uiteindelijk? Ja! Natuurlijk! Dat is onze moeder! Rome! De geur van hoger honing zit dáár! Eens moeten we daarheen terug!

Dat zeggen de zwaarsten! Ze zijn de meest katholieke mensen die er bestaan. O, dat vind ik zo prachtig. Die leven katholiek, echt katholiek nog. Ik bezoek ze vaak, ik heb er een speciaal domineespak voor. Soms ga ik naar de middagdienst van vijf uur en dan vind ik het heerlijk om me verdekt op te stellen, honderd, tweehonderd meter van de kerk af die op de Dijk staat. Dan zie je ze over de velden aankomen, een golvend patroon van gekleurde hoedjes en alle dochters hebben van die heerlijk ouderwetse pijpekrullen. Hele vrolijke mensen zijn het, ze gaan er helemaal niet onder gebukt. Ze spelen het zwaarste, het uiterste spel, waarin je, door het oog van de naald, door God kan worden geraakt. Voor mij is het de ontbering van mijn oude rooms-katholieke kerk. Een invulling van het laatste stukje, ja... Al die boeken, dat is ook allemaal maar ratio. De invulling van een laatste stukje hart.'

'Ik zou zoveel levens willen leiden,' zegt hij, 'zoveel dingen willen beleven. Zoveel reizen zou ik willen maken, zoveel avonturen met vrouwen beleven. Zo ontzaglijk veel dingen zou ik willen meemaken waarover ik gedroomd heb als jongen en waarover ik gelezen heb. Maar ik kan het niet. Het is beperkt. Ik loop met mijn kop onder een zolder. Op een gegeven moment, vrij snel al, heb jij jouw kamer bereikt. Daar kom je niet meer uit. Verder kan je niet.

Ik word nu ouder. Wie dan geen dak heeft... Mijn dak is: mijn boeken en wat ik daaruit zuig. Die zijn samen het geheel dat ik niet geleefd heb.

Mijn Magie

'Als ik tot mijn laatste adem kom en ze vragen mij: hoe was je leven, dan zal ik zeggen: ik ben op die en die tijd geboren in Istanbul en ik heb mijn jeugd gehad in Izmir. Ik ben vierentwintig, ik ga naar Nederland. En nu ben ik overleden. En dan zal een andere Sadik, de Sadik die onder mijn voet zit, opstaan en die zal vertellen: ja, dat is waar, die en die tijd, precies, toen ben ik geboren. Maar op die en die dag ben ik niet rechtsaf gegaan zoals hij zegt, maar linksaf en toen ben ik, Sadik Yemni...'

Het is om bang van te worden, zegt hij: al die gedaantes, al die kanten, al die personen die samen Sadik Yemni zijn, vierenveertig jaar en schrijver.

De gedaante tegenover mij op de driehoog bovenetage in de Amsterdamse Afrikaanderbuurt is een gespierd man met dunne rosse krulletjes op zijn hoofd. 'Vertel maar,' zegt hij. 'Wat wil je? Eén verhaal? Twee verhalen? Tien verhalen?' Hij kan honderd verhalen vertellen, duizend. Allemaal echt gebeurd. Allemaal waar. Wil ik het verhaal van de bal horen? Prachtig! Komt goed uit! Daar heeft hij getuigen voor. Vijf stuks! Ik kan gaan vragen. Was het zo? Was het niet zo? Wie erbij was zal moeten zeggen: ja, het was zo.

'Ik ben twaalf jaar, ik woon in Izmir. Wij spelen met de bal, een heel zware bal. Als je geraakt wordt doet het echt pijn. Drie meisjes, drie jongens, ik en nog vijf anderen. We staan in cirkelvorm. Ik heb de bal. Ik ben een goede mikker. Iedereen is bang van mij. Ik mis bijna nooit. Ik mik op een jongen, hij is groot en een beetje dik. Ik kan hem niet missen. Ik wil gooien. Net op dat moment stapt een kleine, heel oude vrouw de cirkel in. Ik wacht met gooien. Ze loopt de cirkel uit. Dan gooi ik, recht op mijn vriend, kan niet missen. Maar die bal maakt voor hij bij mijn vriend is een kromming en hij raakt de oude vrouw. Zij keert haar hoofd om, meer niet. Ze zegt niets. Aaai! Ik schaam mij dood. De bal is van haar been

187

teruggeketst, precies naar mij. Ik neem hem op, ik mik extra
goed, ik gooi: weer met een boog tegen die oude vrouw op!
Tweede keer! Zelfde! De schok kun je van de gezichten lezen. Ik schaam mij gek. Weer rolt de bal naar mij. Weer mik ik
en gooi ik: weer raak ik de vrouw, die alleen omkijkt en niets
zegt. Daarna rolt de bal niet terug. Ineens is de vrouw verdwenen. Wij hebben de vrouw gezocht. Niemand weet in
welk huis zij is verdwenen. Wij hebben de bal gezocht. We
hebben hem niet gevonden.'

Wil ik nog een verhaal? Van de pijn in zijn linkerarm? Kan hij
beter niet vertellen: geen getuigen die ik kan gaan vragen. Ga
ik hem geloven? Wil ik het echt horen? Goed dan.

'Op een dag, ik zit in de vierde klas van de lagere school, opeens, zomaar, krijg ik pijn in mijn linkerarm, een ondraaglijke
pijn. Ik moet huilen. De meester vraagt: wat is er? Wat is er
gebeurd? Er is niets gebeurd. Behalve dat ik, plotseling, die
ondraaglijke pijn voel. Het duurt tien minuten. Daarna wordt
het minder.
      Een paar uur later ga ik naar huis. Sadik! Heb je het al ge-
hoord? Oma is van de trap gevallen! Ze heeft haar linkerarm
gebroken!'

Zijn boeken, zegt hij, zitten vol met de wonderlijke en magische verhalen die hij in zijn jeugd in Izmir beleefd heeft. In
De Amulet, neem dat boek maar, speelt het twaalfjarige jongetje Sarp de hoofdrol als go between tussen witte heksen.
Dat jongetje, zegt hij, dat is hij zelf, semi-autobiografisch. Allemaal meegemaakt. Allemaal echt gebeurd.

Hier in Nederland geloven ze hem niet. Dat bestaat toch
niet! Heksen! Onzin! Maar in het Izmir van zijn jeugd leefden de mensen als sprak het vanzelf met de magische krachten van boven- en onderwerelden. Hijzelf was een jongen die
naar school ging, boeken las, kennis opdeed, een goede leerling. En tegelijk kon hij niet wachten tot het nacht werd.
'Ach, wat was ik ongeduldig. Mijn hele jeugd ben ik ongeduldig geweest dat het maar weer nacht werd.' Dan ontmoette
hij zijn 'droomvrienden': astrale wezens, vaak zonder gezicht,
die hem bij de hand namen en meevoerden naar plaatsen

vol geheimen. Eindeloze tochten maakte hij met hen door de bergen die de stad omringden op zoek naar grotten en spelonken. Overdag liep hij met een stuk touw van precies twintig meter door Izmir want dan probeerde hij de routes die hij 's nachts had bewandeld terug te vinden, op te meten en in kaart te brengen. 'Ik was een zoeker,' zegt Sadik Yemni. 'Een magische werkelijkheidzoeker.'

Het Izmir van die dagen herinnert hij zich als een kosmopolitische stad waar joden woonden en christenen en moslims, allemaal door elkaar heen. Een heel andere stad dan Istanbul dat veel te lang hoofdstad geweest is. Veel te veel ambtenaren. Veel te veel kerken. Conservatief. Izmir was de stad van de theaters en van de opera en van de verhalen. Iedereen had kisten vol verhalen. Hoe kon het anders? Zijn eigen grootmoeder kwam van Kreta, de familie van zijn vader uit Tunesië – 'Ik heb zeker vier rassen in mij'. Al die immigranten brachten hun verhalen mee – de een die in Adzerbeidjan geweest was niet minder dan de ander die uit Bosnië kwam. 'Ik zoog die verhalen op,' zegt hij. 'Ik was een spons.'

En hij vertelde ze door: altijd had hij een kring luisteraars om zich heen. Sommigen geloofden hem, anderen niet. Die dachten dat het allemaal verzonnen was. Dat was het niet. In zijn verhalen verwerkte hij de magische avonturen die hij in het duister van de nacht met zijn droomvrienden beleefde. Op het laatst vertelde hij hele films – compleet met de geluiden en de filmmuziek erbij.

Dat verteltalent heeft hij van zijn moeder. Maar zijn hang naar het magische die komt van zijn oma: van de vrouw wier pijn hij voelde toen zij haar arm brak. Zijn moeder was voor het magische veel te praktisch, te daadkrachtig. Zij was de leider in huis.

Het jongetje dat hij was leek veel meer op zijn grootmoeder: 'Sterke vleugels maar zwakke benen. Meer geschikt om te vliegen dan om te landen.'

Zijn oma herinnert hij zich als 'een persoon die niet in deze wereld leeft. Ze at, ze dronk en ze sliep en voor de rest leefde ze in een heel andere wereld. Alsof ze een persoon was uit een museum, alsof ze niet helemaal bij ons hoorde.

Iedere nacht had ze bezoekers, mensen die dood waren en die ergens naar zochten, ze wisten niet precies waarnaar. Het was verboden om daarover te vertellen. Hem vertelde ze toch – hij was immers ook medium. Oma had leeftijdgenoten en ze had soortgenoten. Met de laatsten zat ze apart. Een vrouw uit Bosnië, een vrouw uit Bulgarije, allemaal hadden ze hun eigen specialiteit, hun eigen recepten, hun eigen kennis van medicijnen.' Sadik Yemni herinnert zich het geval van de man die van de ene dag op de andere impotent werd. Zijn oma en haar soortgenoten vonden de oorzaak: de kwade vloek die een jaloerse minnares op hem had laten neerdalen via een 'zwarte verschijning'. Met geestkracht en kennis van zaken stelden oma en de andere witte heksen hun heilzame magie daartegenover. De man genas.

'Ik was allang in Nederland,' zegt Sadik Yemni, 'toen oma me op een nacht kwam bezoeken. Ze zei niets, ze deed alleen haar ring af. Die gaf ze aan mij. De volgende dag word ik gebeld. 'Sadik! Oma is gestorven! Jij hebt zoveel van haar gehouden en zij zoveel van jou: jij krijgt haar ring!'

Ik moet niet vergeten, zegt Sadik Yemni: voordat de islam naar Anatolië kwam leefde daar een krachtige sjamanistische traditie – zo krachtig dat ze nooit helemaal is uitgestorven. Daarom zal je in Anatolië ook geen monolitische islam aantreffen. Ook gestudeerde mensen – zijn eigen familie, zijn eigen buren – leefden er met één voet in deze tijd en met de andere in vroeger dagen. Niemand zag bezwaar om heksen te raadplegen en van hun kracht gebruik te maken.

Bij hem is het, denkt hij, wat verder gegaan dan bij de meeste van zijn vriendjes: zo sterk als hij leefden er maar weinig in de nacht. Overdag bleef hij 'erg lang groen'. De laatste die wist 'hoe het ging', dat was hij. En toen hij het wist, toen kon hij nog steeds niet geloven dat alle vrouwen zulke dingen deden. De vieze misschien. Maar de andere?

'Ik denk dat ik tien was toen ik in de gaten kreeg dat ik anders was dan de anderen. Daarvoor? Ik was eerder verbaasd als mijn vriendjes mijn vragen vreemd vonden. Heb jij droomvrienden? Heb jij ergens in een grot een museum van jezelf? Mijn droomvrienden hebben me gewaarschuwd. "Sadik! Je praat te veel! Je vertelt te veel. Wat jij meemaakt, Sadik, dat maakt niet iedereen mee!"

Ik denk eigenlijk', zegt hij, 'dat ik in het dagelijks leven een heel angstig en bang jochie was, net als Sarp. In mijn boek omgordt Sarp zich met platgeslagen olijfblikken en bouwt hij zijn eigen fort van waaruit hij de wereld met stenen bekogelt. Dat ben ik: a one person army.'

Toen hij van school af kwam is hij scheikunde gaan studeren. Wat een teleurstelling! Tot dan toe bedreef hij de scheikunde alsof er geen verschil bestond tussen wetenschap en magie. 'Als jongen van vijftien was ik gek van scheikunde. Ik had liefde voor scheikunde, echt liefde. Ik had mijn eigen laboratorium. Een lab ging failliet. Met tweehonderd gulden kocht ik materiaal dat jij anders niet voor duizend gulden kan kopen. Ik deed de hele dag proeven. Ik stelde vast: welke stof is dit, welke stof is dat, zo precies mogelijk. En ik verbond al mijn uitkomsten met mijn fantasiewereld. Welke eigenschappen heeft die stof? En bij welk soort persoon horen die? Ik legde dossiers aan van mijn kennissen. Ik verzamelde foto's. Ik tekende aan: hoe lang is die, hoe oud? Masturbeert hij vaak, masturbeert hij niet vaak? Alles verzamelde ik. Daarna kon ik zeggen: die persoon, die is kwik. Maar hij, hij is ijzer. Die is metaal. Sommigen zijn staal. Helden zijn staal. Anderen zijn giftige personen: radioactieve stof. Anderen zijn zink: tweeslachtig. Ikzelf ben zilver. Geen goud. Geen platina. Zilver.'

Om kort te gaan: op de universiteit merkte hij dat hij geen scheikundige was maar alchemist.

Hij was vierentwintig jaar toen hij naar Nederland kwam. Voor drie maanden. Ze hadden zijn appartement in brand gestoken. In die dagen heerste er in Turkije een halve burgeroorlog. 'Op de universiteit kunnen mensen naar jou toekomen. Wat ben jij? Links? Rechts? Neutraal? Als jij zegt links, kan je met de stok krijgen. Als je zegt rechts kan je ook met de stok krijgen. Als je zegt neutraal moet je kiezen.'

Hij zegt dat hij dolgelukkig is dat hij op tijd uit die wereld is vertrokken. Hij had in de gevangenis kunnen komen. Hij had dood kunnen zijn. 'Het is,' zegt het voormalige one person army, 'voor een competitief iemand als ik heel makkelijk om mij te mengen in een zinloze strijd.'

Hij had een oom die in Nederland woonde. Na drie maanden zou hij teruggaan naar Turkije. Na die drie maanden belde hij. 'Sadik! Er ligt een oproep voor het leger op je te wachten.' Hij besloot te blijven. Hij woont nog steeds in Nederland.

'Mijn oom had een confectie-atelier. Daar ben ik gaan werken. Illegaal, semi-illegaal. Ik verdiende honderd vijfenzeventig gulden per week, zeven dagen per week, tien uur werken. Wat kon ik anders? Ik was niet hierheen gekomen voor een beter leven. Ik heb de arbeiderswereld niet gekend voor ik naar Nederland kwam. Ik liet mooie huizen achter, mooie meiden. Ik was een dromer, onhandig. Het heeft nogal lang geduurd voordat ik wist hoe ik aan een verblijfsvergunning moest komen. Je moet goed koppie koppie gebruiken. Dan kan je in Nederland heel lang zonder problemen zonder verblijfsvergunning.

Ik ging films kijken, ongelofelijk wat ik aan films gezien heb. Toen heeft mijn oom een restaurant geopend van deegspecialiteiten. Ik ben er gaan werken, elke dag twaalf uur. Ik kon niet meer lezen. Je braincellen gaan achteruit. Ik vond het leven in Nederland een hel. Een straf voor mij van God.'

Achteraf, zegt hij, is hij tevreden dat hij die dagen óók heeft meegemaakt. Hij heeft er een andere, een heel andere wereld door leren kennen. 'Bij de deegspecialiteiten kwam ik onvermijdelijk in contact met de onderwereld, de kleine maffia. Heel mooie mannen vaak, gokkers, huurmoordenaars. De eerste generatie gokkers hier kleedde zich van top tot teen als gentlemen. Ze deden de Italiaanse en Amerikaanse gokkers na. Prachtig. Schatten van mensen. In dat restaurant hadden we een huurmoordenaar als vaste klant. Hij is zelf vermoord, door een andere klant.'

In zijn Hollandse beginjaren, zegt hij, hebben zijn Izmirse droomvrienden 'een beetje kracht van fantasie verloren'. Er waren nauwelijks nachten meer: hij heeft maanden gekend dat hij tot acht uur 's avonds werkte, daarna tot diep in de nacht in de disco rondhing en dat hij om zeven uur 's ochtends weer aan de slag moest. Zijn astrale vrienden, zegt hij, zijn toen 'verdund'.

Zijn omgeving werd: het Turkse immigrantenleven in Nederland. In die omgeving spelen zich de twee detectives af die hij, voordat *De Amulet* verscheen, publiceerde. *De Roos van Amsterdam* en *De Ridders van Amsterdam*. Er komt geen magisch woord in voor. Het zijn rechttoe rechtaan verhalen waarin *private eye* Orhan Demir zich wat onhandig beweegt door een wereld die niet alleen heel Turks is maar ook vol zit met geld, seks en geweld.

Sadik Yemni zegt dat 'mijn remblokjes toen een beetje zijn versleten'. Hij leek in die dagen in weinig meer op de gevoelige alchemist die uit Izmir hierheen was gekomen. Hij was, zegt hij, net als Orhan Demir koel en afstandelijk geworden. Orhan Demir, zegt hij nu, is net zo goed een alter ego als het jongetje Sarp.

Als hij erop terugziet, ja, dan heeft hij met Orhan Demir zijn cynische kant laten zien – een kant die de dromer in hem in die beginjaren bijna fataal is geworden. 'Ik heb langs de afgrond van het cynisme gewandeld,' zegt hij. 'Maar ik ben er niet in gevallen.'

Hij zegt dat hij zich in die jaren gruwelijk is gaan ergeren aan het ultra-conservatisme van zoveel Turken in Nederland – de mensen die stokstijf stil zijn blijven staan. Niet in hun milieu spelen de twee 'Orhan Demirs' zich af, maar in dat van 'de andere Turken'. Het heeft hem verbaasd, zegt de schrijver, dat *de boodschap* van die twee boeken in Nederland niet is opgepikt. 'Pas op,' zeggen ze. 'Nederlanders, pas op! Als u niet anders aan gaat kijken tegen de "andere Turken", als u doorgaat hen over één kam te scheren met de onontwikkelde kaftandragers en hoofddoekpropagandisten, dan zult u ze nog tegenkomen! Denk aan de Molukkers! De andere Turk zal zijn achterstelling niet blijvend in lijdzaamheid dragen!'

Hij heeft, zegt hij, 'de zaden van verzet gezien' bij de tweede generatie. Bij de jongens en meisjes die hier geboren werden, goed zijn opgeleid en foutloos, accentloos Nederlands spreken. Voor hen zou de Hollandse 'toverformule' moeten gelden: als je je maar gemiddeld aanpast, als je redelijk studeert en als je de taal goed beheerst, dan heb je helemaal geen problemen. Die hebben ze nu juist wel! In *De Roos van Amsterdam* hebben ze een vereniging De Schimmen opgericht die elk blijk van Nederlandse discriminatie, zo nodig met geweld, de kop indrukt.

Hoeveel verledens heeft een mens? En hoeveel kent hij er? Sadik Yemni zegt dat hij, de dromer uit Izmir, de cynicus uit Amsterdam, vast en zeker verbonden is met nog weer andere verledens. Maar met welke? Zal hij, als Halit Duman in *De Amulet*, ze voor zijn dood als in een spiegel terugvinden? Wat bepaalt wat er herinnerd wordt? 'Wissel 903,' zegt hij, tamelijk cryptisch.

Het blijkt de plaats waar hij de magische wereld van zijn jeugd heeft teruggevonden. Bij wissel 903 in de spoorrails bij Nieuwersluis. Aan de wand van zijn woonkamer hangt een grote zwart-wit foto waarop hij, van achteren, bij die wissel te zien is. Een eindeloos stuk rails, recht naar voren, met halverwege een wissel naar een minder gebruikt spoor.
 Acht jaar lang heeft hij, vlak bij die wissel, als brugwachter op het juiste ogenblik de lage spoorbrug opengedraaid ten behoeve van de pleziervaart. Met de trein naar Abcoude, vijf kilometer fietsen, weer een eenzame dag in het wachtershuisje, vijf kilometer met de fiets terug, trein naar huis. Elke dag liep hij zestien minuten heen en zestien minuten terug over dat spoor naar wissel 903. 'Medidatief wandelen.'
 'Wij denken dat het spoor de richting van ons leven bepaalt. Dat is niet zo. Dat doen de wissels. Ontelbare lagen. Ontelbare wissels.'
 In die lege en 'ontzettend magische' wereld vond Sadik Yemni als 'parttime kluizenaar' zijn vroegere droomvrienden terug.

Sadik Yemni: 'Onze omgang is anders geworden, mooier nog. Subtieler. Beheersbaarder. Vroeger lag het aan hen of ze wel of niet kwamen. Ze konden onverwacht komen, als een storm. Nu bepaal ik het. Ik ben degene die aan de knoppen draait. Heel gerieflijk. Lekker. Ik knap ervan op. De volgende ochtend sta ik op: ik heb een goed gevoel.'
 Het zijn dezelfde droomvrienden als die uit zijn jeugd. Alleen praten ze nu Nederlands. En ze dragen Nederlandse kleren.

194

'Ik kan ze nu,' zegt hij, 'laten ophouden. Als het te lang duurt. Of als ze vervelend gaan doen. Als ze te ver gaan met hun grappen. Dan zeg ik: "Ga maar weg. Daar heb ik geen zin aan." En dan gaan ze. In mijn brugwachtershuisje konden ze stout zijn hoor! Dan drukken ze op je, je schouders worden zwaar. Dat wil ik niet meer. Ik vind het heel naïef van ze. Heel kinderachtig. Ik wil wel spelen. Maar dat spel wil ik niet.'

Hoe vaak heeft hij, in de eenzaamheid van zijn brugwachtershuisje, niet geluisterd naar fluisteringen van de ene kant en naar fluisteringen van de andere kant! 's Zomers was het leuk, dan had hij wat te doen. Anderhalve maand, twee maanden hooguit. Daarna was het weer tien maanden leeg en stil. Tijd genoeg om naar influisteringen te luisteren. Ze kwamen in golven, van oost en van west. De ene zei: 'Sadik, Sadik! Je bent nog jong! Ga weg van dat brugwachteren! Ga de wereld in. Ga naar Japan. Ga naar Sydney. Er zijn daar mensen die op je wachten! Maak avontuur! Geniet van het leven, jongen!' En de ander zei: 'Nee, Sadik, niet doen. Het leven is beperkt. Als je nu nadenkt, als je nu probeert, misschien. Misschien kan jij dan schrijver worden! En als jij schrijver wordt, misschien maak jij dan kans om een goeie schrijver te worden. Het is niet zeker. Het kan mislukken. Maar straks kan jij niet huilen, omdat je het niet geprobeerd hebt.'

De duivel, zegt hij, heeft bij Nieuwersluis erg zijn best gedaan. Het was moeilijk soms. Heel moeilijk. 'Het was niet altijd het verhaal van de held hoor.'

Misschien is de volgende wissel al omgedraaid. Misschien zal hij een verbinding tot stand brengen tussen de cynicus uit Amsterdam en de magische dromer uit Izmir, tussen de schrijver van *De Amulet* en de schrijver van de detectives. Hij is, zegt hij, nu al 'student van Stephen King'. Ja, dat zou hij willen. De schrijver worden van occult-thrillers. De Nederlandse Stephen King.

Helemaal aan het einde vraagt hij of ik me uit *De Amulet* de figuur van Maffe Sadiye herinner – de dwaze vrouw die op astrale ingeving een schat heeft gevonden en die iedereen aardappelen naar de kop gooit en voor wie alle kinderen bang zijn.

Ze was twee jaar. Op een ochtend liep ze naar de slaapkamer van haar moeder. Ze deed de deur open en ze zette het op een krijsen. In bed lag een wildvreemde man. Hij zei dat hij haar vader was. Het heeft vrij lang geduurd voordat ze met hem vertrouwd raakte.

Kapitein Loesberg was vlak na haar geboorte naar Korea vertrokken. Hij was beroepsmilitair, een man met een geweldige rode knevel. Hij koos voor het risico, voor het avontuur. Zijn gezin nam hij mee naar waar dat was te vinden.

'Ik heb nooit ergens gewoond. Ik heb in Oosterbeek gewoond, in Arnhem, in Ermelo, bij Seedorf, in Enschede, in Warmond, in Noordwijk, in Assen en op Nieuw-Guinea.'

Van Nieuw-Guinea herinnert ze zich: heimwee. Naar Holland. Naar sneeuw en naar kou. Naar een Sinterklaas die geen man was met vieze natte slierten baard langs bezwete wangen.
Ze was zeven jaar toen. Er was daar een school voor de blanke kinderen en een school voor de Papoea-kinderen. Je werd er met een legertruck naartoe gebracht. De eerste ochtend stapte ze in de truck met de Papoea-kinderen. Daar zat ze tussen die zwarte hoofdjes die allemaal naar haar keken. 'Nu kom ik in een kampong,' dacht ze. 'Daar kom ik nooit meer uit. Heel mijn leven moet ik tussen zwarte kinderen blijven.'

Toen ik haar sprak was Els Loesberg veertig jaar en hoofdredacteur van het onwaarschijnlijk succesvolle *Libelle*.
Per week vinden zevenhonderd zeventigduizend exemplaren hun weg naar het Nederlandse huisgezin. In de hele wereld is er geen vrouwenblad te vinden met een vergelijkbaar bereik en succes.

Haar moeder herinnert ze zich als een 'leuke, jonge, vrolijke vrouw'. Ze was er altijd voor haar kinderen. Vader was er altijd heel erg niet. Als hij thuis was schilderde hij.

'Ik ben zo vaak verhuisd dat ik een onthecht persoon ben geworden. Nu nog. Het is altijd of ik alles in één keer kan pakken. Koffertje klaar, bij wijze van spreken. Op het moment dat je je senang begon te voelen moest je weg. Dan wapen je je. Ik kan makkelijk afscheid nemen. Ik draai me om en ik ben weg.'

Op Nieuw-Guinea is ze ermee begonnen. Haar hele jeugd door is ze er doende mee gebleven. Niemand had weet van die eigen wereld. Een ander liet ze daar niet in toe. Zelfs haar zusje niet. Voor haar was die bedachte wereld even reëel als de tastbare wereld om haar heen. Ze heeft er, zegt ze, een woord voor. Denkdroom. Heel haar jeugd heeft ze gedenkdroomd.

Een denkdroom, zegt ze, moet je niet verwarren met een dagdroom. Een dagdroom gaat over iets echts. Over een jongen die bestaat. In een denkdroom komen geen echte jongens voor. Een dagdroom is een wens. Een denkdroom is een verhaal dat alleen voor jou zelf reëel is. Een denkdroom is zeker geen sprookje. O god, nee. Stel je voor. Konijnen die spreken? Dat kan helemaal niet in een denkdroom.

In een denkdroom heb je zelf de hoofdrol. Je heet bijvoorbeeld Marijke. Je wordt naar school gebracht in een auto met chauffeur. Daar word je vreselijk om gepest. Maar ze willen wel allemaal jouw vriendin zijn. Of je denkdroomt dat je een prinses bent. Zelf was ze het jongste zusje van de Oranjes. In die denkdroom stond dat vast. Het wachten was op het moment dat het uitkwam.

'Ik denk dat veel lezeressen in *Libelle* hun eigen denkdroom lezen.'

In haar denkdroom, zegt ze, kwamen geen jongens voor. Daar kwamen mannen in voor. Iedereen in haar denkdroom was veel ouder dan zij toen was. Echte mannen zoals ze die kende van Leni Saris. Een heerlijke prachtige roze wereld was het die ze denkdroomde. Als er een ongeluk in een denkdroom voorkwam dan was het alleen maar om het geluk dat daarop volgde nog vollediger te maken. Als ze ziek was in haar denkdroom, dan kreeg ze alle aandacht. Dan was er een man die zich teder over haar heen boog terwijl ze onder de appelboom lag te rusten. In haar denkdroom beleefde ze dat écht. Ze riep een voorstelling op en in het gevoel dat die teweegbracht kon ze zelf heel ver meegaan.

Komen er slechte mensen in een denkdroom voor?
    Els Loesberg: 'Nee.'
    En verwaarloosde mensen?
    'Nee.'
    Mensen die de eindjes aan elkaar moeten knopen?
    'Natuurlijk niet. Ze zijn rijk. Hartstikke rijk.'
    Kan het slecht met ze aflopen?
    'Het komt altijd goed.'

'Armoe in *Libelle*? Absoluut ondenkbaar! We zouden er onmiddellijk een puzzel voor een goed doel aan koppelen. Een redacteur naar Somalië sturen? Zeker niet. Soms staat er een hartverscheurend verhaal in *Libelle*. Over een moeder met een dochtertje van twaalf dat op weg naar school met de fiets is verongelukt. Aan dat verhaal ben ik twee keer begonnen. Ik kan het niet. Ik kan het niet uitlezen.'

In hun huis op Nieuw-Guinea hadden ze een oude grote zwarte typemachine en daar zat ze als kind op te tikken. Gedichten schreef ze en verhalen – toen ze twaalf jaar was had ze haar eerste boek klaar. *Op weg naar de toekomst* heette het. Het ging over de liefde en aan het einde kregen ze elkaar. Het meisje had geen ouders meer, of nee, ze had alleen een vader. Ze ging naar Amerika. Na veel moeilijkheden trouwde ze daar met een beroemde concertpianist. Ze was heel mooi, ze had lang ravezwart haar, ze was leuk en spontaan, ze was alles wat Els Loesberg zelf had willen zijn. Als ze gekust werd dan werd ze precies zo gekust als de meisjes bij Leni Saris gekust werden.
    Het boek was het resultaat van haar denkdroom.

De eerste echte zoen – 'twee jaar ben ik wezenloos geweest

op die jongen, nee, hij niet op mij' – heeft het einde ingeluid van de denkdroom. Dan krijg je wel iets anders aan je hoofd. Maar als je zo lang geleefd hebt in de werkelijke wereld en in die andere, zoveel warmere, bedachte tegelijk, dan draag je dat vermogen met je mee voor de rest van je leven. Dan heb je er – 'daar ben ik goed in' – weinig moeite mee om een façade op te houden.

In het begin van de jaren zeventig ging ze naar de School voor de Journalistiek in Utrecht. 'Ik!' zegt ze, 'de keurige dochter van een officier, groot geworden met *De Telegraaf* en *Libelle*, een meisje dat verhaaltjes schreef!' Ze wilde bij *Libelle* komen.

Op de School voor de Journalistiek zeiden mensen dat ze een ander als 'een negatieve persoonlijkheid' ervoeren. Dat was nieuw voor haar. Dat vond ze geweldig. Van de ene dag op de andere werd ze 'helemaal anarchistisch'. Een vrije, blije bende, mijn hemel! Ze is erin gedoken, ze kwam tijd te kort. Bij die wereld wilde ze horen! Tussen de stickies rokende mafkezen. Ze werd macrobiotisch, thuis nam ze gauw wat gele vla. *Libelle* werd door iedereen vies gevonden – niet dat zij dat ook vond, maar ze ging er ver in mee.

In die tijd schreef ze haar tweede boek. *De Poppenidioot.* De hoofdpersoon was een man die van poppen hield. Hij deed het met poppen. Toen hij klein was had zijn moeder zijn poppen verbrand. Daar was die man nooit overheen gekomen. 'Het was de andere kant in mij.'

'Ik heb het nooit begrepen van mijzelf. Toen ik naar Utrecht ging was ik echt ontzettend verschrikkelijk verliefd op een jongen. Hij was keurig en beschaafd, een leuke, vrolijke jongeman die vreselijk goed met mijn moeder overweg kon.

Ik werd anarchistisch en opeens wilde ik geen jongen meer op wie mijn moeder ook dol was. Ik moest er niet meer aan denken om naar Groningen te gaan, alleen maar omdat hij daar toevallig studeerde.

Ik werd een beetje verliefd op een wilde hippie met lang haar en gebloemde bloesjes, en toen was het gauw gebeurd. Dat wilde ik! Stiekem samenwonen. Hasj roken. Een jurk aan en naar India gaan. In een wijd wit hemd langs de weg gaan staan, liften naar Marrakech. Thuiskomen met een jongen in een lange bontjas.

Met die man heb ik tien jaar samengewoond.

Ik heb nooit begrepen dat ik, al die tien jaar, verschrikkelijk verliefd ben *gebleven* op die Groningse jongen. Ik kon geen hoek van een straat omslaan of ik dacht, misschien komt hij daar wel aan. Ik kon geen station binnenlopen of ik hoopte hem te zien.'

Ze zegt dat ze op de School voor de Journalistiek ontzettend veel geleerd heeft van de wereld. En later ook nog, toen ze op de redactie van *De Gooi en Eemlander* ging werken. Toen had ze haar Indiajurk al uitgetrokken en at ze haar aardappelen weer met mes en vork.

Op een dag zette ze, zegt ze, de logische stap terug in haar eigen cirkel.

Ze solliciteerde bij *Libelle*.

Ze werd aangenomen. Ze had het gevoel dat ze thuiskwam. Terug bij een gevoel dat heel diep in haarzelf zit. Bij een gevoel dat ze sinds haar vijftiende ver weggestopt had.

'Op mijn redactie is het een gevleugelde kreet: het *Libelle*-gevoel. Ik weet binnen een seconde of een verhaal *Libelle* is of *niet-Libelle*. Het is een gevoel dat ik in mijzelf heb en dat ik graag in mijzelf wil hebben. Het wordt vaak verward met truttigheid of met de onbillijkheid van vrouwen achter het aanrecht houden. Daarom is het zo moeilijk uit te leggen. Het gaat om de dingen die je voor jezelf en voor elkaar belangrijk vindt in het leven. Het is de warmte die je wilt geven en krijgen. Het feit dat je niet alleen wil zijn. Het allerbelangrijkste vind ik dat *Libelle* staat voor iets dat iedereen van kinds af meegekregen heeft aan wensen voor het leven. Veiligheid, geborgenheid, liefde. Het moet aansluiten bij de kleine thuisemoties. Bij je moeder, je man, je kind, je portemonnaie. In de kern zijn alle mensen, diep in hun hart, vervuld van hetzelfde verlangen. We willen een fijn, niet te gecompliceerd leven leiden waarin iemand van je houdt voor wie jij zorgt en omgekeerd.

Dat gevoel brengt *Libelle* thuis. Een rustpunt in het leven. Even een moment, nee, niet voor jezelf, een moment van jezelf. Heel even in jouw cirkel stappen, de cirkel van jij en jouw blad. Op zaterdagmorgen ploft *Libelle* op de deurmat. Dan kruipen we heerlijk met dat blad op de bank, dan willen we even niet gestoord worden. Even lekker baden, je onderdompelen in de wereld zoals je je die wenst. Even droomdenken. Als je het rot hebt en slecht en vervelend, dan is het wel de bedoeling dat je je met *Libelle* even lekker voelt. Dat je de adrenaline van het geluk toch even door je aderen voelt stromen.'

'Ik zag een man en ik herkende hem. Op het eerste gezicht wist ik dat ik hem van jaren daarvoor kende. Dat ik hem altijd gekend had. Dat hij in mij gezeten heeft. Hij is de man die altijd op mij gepast heeft. De eerste ontmoeting was een bliksemslag. Zo verliefd, niet te geloven. Pats. Ik reed met dertig kilometer over de snelweg naar huis, zo gruwelijk verliefd, ik bestierf het. Ik kon geen druk meer uitoefenen op het gaspedaal. Ik heb mijn kind en boeltje gepakt, ik ben bij de hippie weggegaan en ik ben bij hem gaan wonen.'

'We wonen in een heerlijk huis. We hebben nog een dochter gekregen. Stel je voor dat mijn kinderen altijd moeten verhuizen! We blijven hier altijd wonen, dat is een cadeautje dat ik ze geef. We genieten van dit huis. Ik ga hier nooit meer weg.'

'*Libelle* dat ben ik zelf. Wat *Libelle* vertegenwoordigt, daar wil ik voor staan. Ik wil het ook verschrikkelijk graag goed hebben thuis. De dingen die ik in mijn huis wil, zijn gekoppeld aan de waarden die het blad uitdraagt. Het moet een blad zijn dat met open armen bij je binnen stapt, het moet warm zijn zoals mensen warm kunnen wezen. Het moet naast je willen zitten, je helpen als er wat is. Een goede vriendin, ik ga over mijn nek als mensen dat zeggen, maar wat ik beschrijf lijkt er veel op.'

'We verzinnen niet,' zegt ze. 'Daar heb ik een einde aan gemaakt.' Voor haar tijd wilde een aangrijpend interview nog wel eens uit de dikke duim komen. 'We vervormen wel.'

Ze neemt het voorbeeld van het Klein Portret – de 'maatschappelijke pagina' die elk nummer afsluit. Ze kreeg een acht kantjes lange brief van een lezeres die haar hart lucht.

Libelle krijgt veel brieven van lezeressen die hun hart luchten. Deze ging over haar man, die homo was geworden en het huis uit gegaan was. Die brief ging naar redacteur Tineke Beishuizen. Die belde de schrijfster op en vroeg toelichting. Brief en toelichting vormden haar materiaal. Op grond daarvan schreef ze haar pagina in de *Libelle*-toon. Het drama van de brief zit erin. En het is gevat in warme bewoordingen die de *Libelle*-toon uitmaken. 'Hij huilde, ik huilde en de kinderen hingen huilend aan zijn benen, terwijl hij wat spullen in zijn rugzak propte,' staat er dan op het moment dat vader het huis verlaat. Gelukkig, blijkt uit het slot, op weg naar een *man*. 'Als Bert van een andere vrouw was gaan houden, had ik mij misschien afgedankt gevoeld.'

'Iedereen die bij *Libelle* werkt, bouwt de *Libelle*-toon voor zichzelf in. Dat gaat veel verder dan: er wordt niet gevloekt en bepaalde woorden mogen niet. Dat is, ja, het *warm* maken. Dat stoppen wij erin. De mensen met *warmte* aanspreken. Geen ouwe jongens krentenbrood-toon. Niet, nu gaan we eens gezellig bij elkaar zitten. Niet betuttelend of klef. Vriendelijk en beschaafd, zodat je denkt, hé, met die wil ik nog wel eens praten! In de adjectieven moet het altijd iets positiefs uitstralen. Gruwelijk of afschuwelijk, dat zijn woorden die wij niet gebruiken. Ikzelf heb het patent op beeldschoon en fantastisch. Ontroerend haat ik. Dat maak ik zelf wel uit. Schitterend is gevaarlijk. Dat kan zoveel gebruikt worden, op een gegeven moment schittert het je scheel voor de ogen. Dan wordt het schreeuwen. Dan gaan we over op mooi of mooiste.'

'We laten dingen zien die mooi zijn. Dingen die het leven veraangenamen. Het is niet mijn bedoeling om de mensen de winkel in te jagen. Ze moeten het gevoel krijgen: als ik ernaar kijk, is het al een beetje van mij. Geen mens die erover denkt om alle recepten te maken, natuurlijk niet. Maar als het er mooi en warm uitziet, dan staat het bij wijze van spreken ook een beetje op jouw tafel. Ik kan zelf niet koken, daar heb ik vijftien jaar over gedaan om dat toe te geven. Ik kan niet breien, ik kan niet naaien. In *Libelle* kijk er graag naar hoe ik het zou kunnen doen.

Mijn Smaak

'Ik heb het lelijkste huis gevonden van heel Nederland en België. Vlak tegen de grens met Luxemburg. Een heel eenvoudig bakstenen boerenhuis, geschilderd in een soort ministek. Dat is zó erg, zó ongelofelijk: petje af, denk ik dan. Goed zo! Goed gedaan! Wat leuk dat iemand zóiets neerzet. Dit zegt zó duidelijk "mij interesseert het geen barst." Schitterend. "Dit hier, dat heb *ik* neergezet! Voor *mijn* lol!"'

Hij is tweeënveertig jaar nu en hij woont in een van sigarelucht doortrokken eenmansflat te Utrecht. Overdag is hij hoeder van kerkelijke kunstschatten. 's Avonds en in het weekend schrijft hij aan zijn uitputtende verzamelwerk over wat hij zelf *bouwkundige dwaasheden* noemt, *follies.*

Hij is een jongetje van drie en hij is met zijn ouders op vakantie in Zwitserland. Dik ingepakt, een bos witte krullen warm op zijn kop. Hij ziet zich op zijn hurken langs een gletsjerspleet zitten.
Zijn vroegste jeugdherinnering.
Meteen daarop zegt hij, tot zijn verbazing: 'Ik kan niet buiten Europa komen. Ik word al zenuwachtig als ik in Portugal ben.'

Telkens komt hij erop terug. Waarom? Waarom herinnert hij zich nou juist die gletsjerspleet? En waarom verbindt hij dat beeld meteen met: niet te ver van huis? Het laat hem niet los. Ineens, terwijl het over iets anders gaat, zegt hij: 'Burgerlijk en exotisch! Dat is het! Die twee tegelijk.'

De boeken die hij gepubliceerd heeft staan vol met wat er in Nederland en België in de loop der eeuwen aan vermakelijke of ernstig bedoelde onzin gebouwd werd. Huizen in de vorm van een scheepsboeg. Namaakgrotten. Nieuwgebouwde ruïnes. Chinese pagodes in de Ardennen, Turkse theehuizen in Noord-Holland, zogenaamd Romeinse tempels. Schijn-

kapellen van alleen een voorgevel. Onbewoonde kluizenaars-
verblijven. En niet te vergeten: de kabouterparadijzen en dui-
venrusthuizen die van noord tot zuid en van oost tot west,
doorgaans in de achtertuin, door deze of gene zonderling
werden bijgebouwd.

'Dat moet het zijn! Heel veel van de bouwsels die ik bezocht
en bestudeerd heb zijn heel burgerlijk en tamelijk exotisch
tegelijk!'

Wat beweegt een geleerd man als Wim Meulenkamp om zich
niet, zoals het hoort, met het kleurgebruik in Siena anno
1514 of met de introductie van de neogotiek in Nederland
bezig te houden maar wel met de geschiedenis van zulke
meer of minder gedrochtelijke bouwsels? Of om het anders
te zeggen: met meer of minder geslaagde bewijzen van *slechte* smaak?

Met aandoenlijke ernst zegt hij dat het onderwerp *follies*,
toen hij eraan begon, een door kunsthistorici onbetreden
pad was, een maagdelijk terrein. Als het moet kan hij zijn belangstelling gemakkelijk verdedigen tegen collega's die van
louter kitsch spreken. Onderweg heeft hij vele kunsthistori-
sche primeurs ontdekt. Zestig jaar voordat – om dat voorbeeld aan te houden – in Nederland de neogotiek werd
geïntroduceerd liet een landheer achter zijn landhuis al een
namaaktoren in neogotische stijl bouwen.

Maar als hij zijn verdediging laat zakken vindt hij wat er
overblijft ook veel leuker. 'Ach ja, natuurlijk. Het is wel *aangenaam*, wel *bevredigend* om je te interesseren voor iets
waar bijna alle vakgenoten hun neus voor ophalen. Er zit
ook iets provocerends, iets langeneusmakerigs bij. Iets anarchistisch. Als jongen droomde ik ervan om bij de Baader
Meinhoffgroep terecht te komen.'

Nu, als man van middelbare leeftijd die elke week drie dagen
keurig in het pak aan kerkkunst zijn brood verdient: nu is dat
voorbij natuurlijk, nu is dat van lang geleden. Maar toch, nog
steeds. Stemmen voor het parlement? Niks daarvan. Ergens
lid van zijn? Alsjeblieft. Als hij één stroming aan zou moeten

wijzen waar hij nette mensen vermoedt, dan is het in de kring van de 'Vrije Gedachte'. Hij krijgt hun blad, hij leest het niet en het blijft een schande dat juist deze mensen van het tv-scherm geweerd werden.

Als hij zo'n gedrochtje ziet als dat bij Luxemburg dan verkneukelt hij zich bij de gedachte dat de Goede Smaak Klasse er een vies gezicht bij trekt: 'Dat is erg! Dat moet weg!' Het denkbeeld alleen al dat het voor hen een belediging is: 'Heerlijk!'

'De Goed Wonen Stichting, dát is Nederland. De mensen die de jaren vijftig verpest hebben door hun voorbeeldjes en dat je blank Scandinavisch eikehout moet gaan gebruiken. Waar halen ze het lef vandaan! Om voor te gaan schrijven wat je smaak is. De Goed Wonen mensen zijn allemaal modern, ze hebben allemaal een reuze goede smaak. Allemaal dezelfde reuze goede smaak. Heel erg foute mensen eigenlijk. Je kan het hele traject uittekenen van wat ze wel en niet goed vinden, allemaal aangepast, allemaal uit de bladen. Hun bestaan is de reden dat ik follies zo leuk vind. Ik moet er niet aan denken dat er een ogenblik komt dat follies algemeen geaccepteerd raken – kom, laten wij eens een folly'tje neerzetten. De Goede Smaak mensen zijn het ergste volk van Nederland, de kunstconsumenten. Geen idee, maar allemaal oh en ah roepen bij die nieuwe opera of bij dat nieuwe project. Nooit een keer woedend. Altijd is alles heel interessant. Nooit iemand die iets niet begrijpt.'

Zijn boek is een geschrift tegen 'De geest des Tijds'.
Hij schiet er zelf van in de lach.
'Flauwekul, natuurlijk.'

'Ik ben in mijn jeugd niet bij de Baader Meinhoffgroep maar in de Socialistische Partij terechtgekomen. Dansen in zelfgeweven kleren, zoiets vermoedde ik. In plaats daarvan bevond ik mij al gauw in Duitsland 1930. De nazi's. Precies hetzelfde. Ongelofelijk burgerlijk. Eng. In Nijmegen kregen we, op een bijeenkomst, een echte arbeider te zien: geen halve heilige, een hele heilige!'

Een jaar later, na een bralcongres in Den Haag, verliet hij de rode gelederen.

'Dat jaar is heel goed voor me geweest. Heel even heb ik mezelf willen laten geloven dat het juist goed was - iets strak georganiseerds, iets met discipline. Daarna was ik er voorgoed immuun voor.'

Nee, helemaal niet: hij was helemaal geen kind voor clubs en verenigingen. Hij was een kind voor met een boekje in een hoekje. Voor zijn verjaardag heeft hij ooit gevraagd of hij van de welpen *af* mocht.

Door over follies te schrijven heeft hij zijn eigen kleine wereld gemaakt waarin alles klopt - precies wat de follybouwers doen. Hun bouwsels staan langs de weg of op een landgoed of in de tuin. Iedereen komt erlangs, iedereen ziet ze. Niemand weet wat hij ziet. 'Misschien zijn er al wel vierhonderd of vierduizend mensen langsgekomen die allemaal niet geweten hebben in welk kader ze zo'n bouwsel moesten plaatsen. Niemand wist eigenlijk van hun bestaan af op een paar mensen en mijzelf na die er met elkaar in een soort geheimtaal over spraken.'

Hij kwam, noem het reactie, na zijn SP-tijd terecht in een groepje Heerlense underground, jongens en meisjes die zich afzetten tegen alles wat maar naar burgerlijkheid zweemde. Alles wat in het algemeen mooi werd gevonden, films, boeken, noem maar op, dat verklaarden zij juist voor heel verschrikkelijk en lelijk. In cafés rookten ze sigaren en dronken ze cognac - erger kon niet. Ze hadden een filmclubje, ze vertoonden films waar niemand iets in zag en ze joegen het publiek de zaal uit door af te geven op alles wat in het algemeen de moeite waard werd gevonden. Ze maakten ook zelf films: Wastelands verfilmden ze met een budget van vijfduizend gulden. Geen probleem. Heel Heerlen sprak schande van de dingen die de meisjes in hun films deden - 'er gebeurde niets hoor'. Hij laat een foto zien waarop hijzelf staat met drie van die meisjes: diep melancholieke ogen die vol verachting de wereld in kijken.
Ook daar is hij van genezen, maar uit die tijd heeft hij wel iets overgehouden: een kennelijk plezier om mooi te noemen wat voor anderen kitsch is, een voorliefde voor andermans *slechte* smaak. Die heeft boven goede smaak het voor-

212

deel dat het bijna altijd *eigen* smaak is. Zijn levenswerk is *een affront* tegen de goede smaak.

In zijn follyboek komen prachtige negentiende-eeuwse voorbeelden voor van romantische grotten en met Turkse huisjes bedekte ijskelders, bijna altijd onderdeel van een adellijk landgoed. En er komen eigentijdse tuinbouwsels in voor die veel eerder van een zonderlinge levenswandel getuigen. Hij kan niet zeggen dat zijn hart meer uitgaat naar de eigengereide timmerman van nu dan naar de adellijke eigenaar van vroeger.

'Het heeft me verrast dat de moderne zelfbouwer, de man die zijn schuur bouwt in de vorm van een ei of een imitatie-Kremlin, als het erop aankomt de stap naar de echte vrijheid zelden of nooit neemt. Het zijn vaak een beetje zielige mensen. Ze doen het niet vóór hun huis, maar in de achtertuin. Heel vaak wonen ze in een absoluut burgerlijk huis en heeft hun vrouw er, begrijpelijkerwijze, allang genoeg van. Hij mag in zijn heiligdommetje achter tekeergaan, maar wil hij binnenkomen, dan moet hij eerst andere kleren aan. Buiten had hij de grootste verhalen, maar binnen... Ze breken er bijna nooit écht doorheen. Ze nemen nooit die ene extra stap, de stap naar de totale vrijheid. Ze hebben een klein plekje en dáár mogen ze vrij zijn. Tamelijk eendimensionale types zijn het vaak. Ze hebben theorieën, bij voorkeur kosmische. Als je een kwartier naar ze geluisterd hebt, beginnen ze opnieuw en vertellen ze precies hetzelfde. Blijf je vijf kwartier, dan hoor je hetzelfde verhaal vijf keer.'

'Ik doe niet denigrerend over ze. Ik prefereer ze verre boven iemand die nooit wat doet.'

'In het begin vonden ze het bij kunstgeschiedenis wel leuk: inderdaad slechte smaak maar eigen smaak. Na twee jaar namen ze me niet meer ernstig. Wat! Ben jij nou nog steeds met die rare bouwsels bezig? Terwijl zijzelf – het is me ontzettend tegengevallen. Heel veel mensen van wie ik gedacht heb: die gaan hun eigen weg, die zijn blijven hangen in wat alle anderen ook al doen en wat dan wél geaccepteerd is. Maar heel weinig mensen die een vrije keuze hebben maken

die ook. Tegen mij zeggen ze: Goh, Wim, ja, jij schrijft erg
leuk. Dat is niet aardig bedoeld. Dat is dodelijk. Dat betekent:
je bent een charlatan.'

Natuurlijk heeft het ook een charlatanstrekje, die interesse in
rare tuinbouwsels. 'Gelukkig wel.' In het begin schreef hij erover met heel veel voetnoten. Om maar te bewijzen dat hij
er heus echt ook wel bij hoorde. 'De lol in de follies verdween erachter.' Daar is hij mee opgehouden. Nu heeft hij
weer plezier in het vak.

'De historische bouwsels, de vorige-eeuwse van het landgoed, die dringen zich niet op. Die zijn wat ze zijn. Ze laten
het aan hun beschouwer over om er inhoud aan te geven.
Over de meeste moderne follies kan ik schrijven tot ik een
ons weeg: nooit zal ik exact genoeg aangeven wat hun bou-
wer ermee bedoeld heeft. Van de vroegere adellijke eigena-
ren heb ik ook zo'n hoge pet niet op. Ze volgden meestal de
mode die er in hun kring heerste. Ik heb aan mijn rondgang
weinig respect voor de landadel overgehouden. In Nederland is de adel altijd uiterst burgerlijk geweest en dat is ze
nog. Ze hebben altijd de vrijheid gehad en de tijd en het geld
en wat hebben ze ermee gedaan? Je zou denken: zoveel vrijheid, die moet achttien genieën opgeleverd hebben en vierhonderd briljante mensen, nog los van de vrijdenkers. Niets
van dat al. Juist zij hebben zich altijd angstvallig gehouden
aan de regeltjes van hoe het hoort. De adel was en is, op een
enkele uitzondering na, even dor als de rest.'

Hij vertelt het verhaal van een edelman in het oosten des
lands die niet alleen zijn landhuis en het park daaromheen,
maar ook zijn akkers met een gekanteelde muur schietklaar
liet omringen. Ter plaatse ging het verhaal dat hij dat gedaan
had vanwege de Fransen die in 1795 met anti-adellijke
ideeën hierheen waren gekomen. Maar dat kan niet waar zijn
– je ziet meteen dat de gebruikte stenen van veel later zijn.
In feite heeft de edelman deelgenomen aan de ultralinkse Pa-
rijse Commune van 1870.
    Zulke mensen waren uitzonderingen. Baron van Spaen in
Velp, die op zijn landgoed een Zwitserse kaasboerderij, twee
kluizenarijen, een Chinese tempel, een rustieke salon en een

214

schijngraf liet aanbrengen. Die man reisde, onderhield internationale correspondenties en wist van zijn dagen. Die heeft
iets gedaan met zijn vrijheid. Die was wél origineel.

Hijzelf heeft LAT-relaties gehad en hij heeft samengewoond.
Dat is allemaal overgegaan.
    'Ik denk dat het met mijn belangstelling zo is en met men-
sen ook: ik houd het nooit lang uit. Als het niet voor honderd
procent klopt in mijn eigen kleine wereldje, dan hoeft het
niet meer. Ik kan hevig verliefd worden, tot grote hoogtes gedreven. Als het er dan op aankomt, denk ik: nee. Ik heb het
eigenlijk al gehad.'
    Zijn langste relatie heeft zes jaar geduurd. 'Op een bepaald
ogenblik komt altijd de vraag naar kinderen of naar trouwen.
Dan ren ik, zoals je dat aan het einde van een tekenfilm ziet,
en dan zie je me aan de horizon verdwijnen.'
    Eigenlijk kent hij de afloop na een maand, hooguit na
twee maanden al. 'Dan ben ik niet degene die zegt: zullen we
er een einde aan maken? Dan laat ik het mij verder aanleu-
nen, dan laat ik het heel lang doorgaan. Schandelijk natuurlijk. Je weet gewoon dat je dan een lul bent, eerlijk gezegd. Ik
laat me meevoeren op de stroom en ik geef er niets meer
aan. Ik vind het allemaal prachtig en ik waardeer die persoon
ook heel erg, iemand die zó aardig voor míj is. Als het fout
gegaan is waardeer ik haar des te meer. Omdat ik weet wat
voor boer ik geweest ben. Ik weet dat het ogenblik ooit
komt. Dan vraagt zij: als je nou moest kiezen tussen mij en je
werk, wat kies je dan? Toen die vraag een keer kwam dacht
ik: ik geef naar waarheid antwoord. Nou, zeg ik, natuurlijk
het werk. Einde relatie.
    In mijn werk, in het schrijven, heb ik mijn eigen wereld,
noem het schoonheid. Ik overleef mezelf daarin. Daarmee
doe ik iets dat hemels is. Met een vriendin heb ik dat niet.'

'Ik ben een romanticus, derderangs dus, ik weet het. Negen-
tiende-eeuwers die op het graf wenen. Dat zal ik niet doen,
maar ik begrijp het wel, ik begrijp wel hoe en waarom ze dat
doen. Als ik in zo'n paradijselijk landschap sta en ik zie daar
een folly, dan weet ik: nu moet ik melancholisch worden. Ik
ben niet melancholisch. Maar omdat je dat idee in een split
second gehad hebt word je melancholisch. Dit hoekje met

die ruïne – dan heb ik het al gehad. Het zijn emoties die je
zelf opjaagt en waarvan je weet dat ze vals zijn – maar dat
wisten ze in die tijd ook wel. Het is vermoed ik alsof je een
flinke slok drank hebt genomen.'

De adellijke negentiende-eeuwse follies staan in een landschap. Dat is hun absolute toegevoegde waarde. Ze staan in
'de ideale natuur', en dat is altijd een *gemaakt* landschap.
'De hele goede landschappen zijn verrijkt met maar een paar
merktekens. Een stroompje hier verlegd, een boomgroepje
daar geplant. Maar ze zijn, hoe dan ook, mensenwerk. Ze laten altijd weten: wij zijn de natuur zoals die eigenlijk had
willen zijn, maar zoals het nooit gelukt is. Want ja, Gods pen-
seel gaat maar wat rond, een slordig ding, helemaal lukt het
nooit. Maar als we nou daar dat uitzicht en daar die struiken
een beetje bijwerken... ja, dan voel ik het zelf ook: dan sta je
daar op dat moment in Het Paradijs.'

'Woedend word ik ervan. Echt heel erg verschrikkelijk woedend. Van dat vernaturen wat ze in Nederland aan het doen
zijn. Alles willen ze vernaturen. Onzin. Juist de mensen met
de goede bedoelingen, de mensen die op jouw hand zouden
moeten zijn, Natuurmonumenten, juist die mensen laten de
produktiebossen wegrotten omdat het dan weer wat zij noemen natuur gaat worden. Ruige natuur zodat de wisenten
weer als vanzelf uit het hout te voorschijn springen. Totale
flauwekul. Je moet de natuur juist niet zijn gang laten gaan,
je moet de rotzooi opruimen. Het laatste oerbos in Nederland is al in 1850 of in 1860 opgeruimd. Dat betekent dat je
het nooit meer terugkrijgt. Juist in de landschapsparken richt
de natuur zich op. Daar is het cultuurlandschap gelukkig nog
gezond, en daar gaan zíj het dan weer verknallen. Dat is precies hetzelfde als een Rembrandt in een vochtige omgeving
leggen en zorgen dat er schimmel op komt.'

Het ideale landschap *is* als een vrouw. In Engeland heb je tal
van landschappen die zoiets als Venusdal of Venusvallei heten, zogenaamd omdat er een Venusbeeld in staat. Bij sommige van die landschappen zeg je, als je naar de plattegrond
kijkt: hallo! Die kan je heel precies anatomisch duiden als
een vrouwenlichaam. De s-lijn als schoonheidslijn, de

schaamheuvel, de borsten – 'voor mij schuilt er in zulke landschappen een erotische ervaring'.

'Natuurlijk zit er iets dubbels in mij. Natuurlijk laat je door slechte smaak te etaleren zien dat je de regels van de goede smaak kent. En natuurlijk heb je de burger nodig om te laten zien dat het ook anders kan. Ja, je verafschuwt de burger, Jan Doedel, geboren, gestorven, that's it. Nooit iets fout gedaan, nooit iets goed gedaan. Maar ondertussen. Misschien heb *ik* wel de makkelijke weg gekozen. Misschien is verantwoordelijkheid nemen wel de moeilijkste weg. Als ik zo iemand tegenkom, iemand die maar blijft ploeteren en die wel of niet het besef heeft dat het allemaal niks is, dan kan ik daar ook weer vreselijk ontroerd door raken. Wat ben *ik* voor een lul inderdaad om me tegen zo iemand af te zetten.'

'In mijn omgang met de adel ook, daar zit iets heel jongensachtigs in. Er gelden allemaal regels. Je moet geen gebakje zeggen maar taartje en geen toilet maar wc. Je moet juist de gewone woorden gebruiken. Poep, dat vinden ze leuk. Dan zeg ik toch gebakje. En dan vragen zij, hoe was de naam ook al weer? Meulenkamp. O nee, zie je ze dan denken, dat kan niks zijn. Die staat niet in het boekje.'

'Het is een stilstaande wereld, ja. Ik ben een jongen, nog steeds. Ik ben nog altijd dat jongetje bij de gletsjerspleet. Ik wil maar niet ouder worden.'

Mijn Prijs

Ooit, toen P.F. Thomése nog verslaggever was, moest hij voor zijn krant naar de Ogem, een enorm kantorencomplex in Rotterdam. Hij was te laat. Hij propte zich in een lift waarin, naar bleek, de hele Ogemtop stond. Boven gingen de deuren open. Een haag van fotografen stond daar, een spervuur van flitslichten barstte los, tv-lampen werden op de deuropening gericht. Verblind sloeg hij de handen voor de ogen. Op dat moment duwden en trokken en trapten die fotografen naar hem. 'Donder op, Frans! Weg! Uit beeld jij.'

'Dat flitste door mij heen toen ik dat café binnengeduwd werd en hoorde dat ik voor de AKO-prijs genomineerd was. Iedereen stond op. Iedereen juichte. Armen werden om mijn schouder gelegd. Ik dacht: ze hebben zeker de verkeerde voor zich.'

Als journalist was hij niet helemaal geslaagd. Bij het *Eindhovens Dagblad* had hij misschien wel chef kunst kunnen worden.
   Zo'n toekomst wilde hij niet. Hij wilde ooit een Grote of desnoods een kleine roman schrijven. In zijn droom zag hij zich, als een Romein die zijn oorlogstrofeeën aan het Volk laat zien, op een zegekar door de stad rijden. Juicht, volk, om uw Geliefde Schrijver!

Hij schreef een verhaal, 'Zuidland', en dat leverde hij in bij een literair tijdschrift.
   Het werd geplaatst.
   Hij liep door de Van Woustraat en dacht: nu ben ik een schrijver! Zouden ze het aan mij *zien*? 'Ik had het gevoel dat er een stralenkrans om mijn hoofd schitterde.'
   Samen met twee latere verhalen, 'Leviathan' en 'Boven aarde' werd het eerste verhaal gebundeld in *Zuidland*. De kritieken waren lovend. De schrijver P.F. Thomése werd met Willem Frederik Hermans vergeleken, wat hem een vreemd gevoel gaf.

'Vlak voordat ik dat café ingeduwd werd was ik bij de Atheneum-boekhandel op het Spui langsgelopen. Die hadden een stapeltje gemaakt van de zes boeken die volgens hen voor de prijs genomineerd moesten worden en een stapeltje van zes boeken die volgens hen door de jury zouden worden gekozen. Ik lag bij dat eerste stapeltje en dat vond ik mooi. Die jongen van Atheneum zei: vanmiddag wordt het bekendgemaakt. Ga jij maar rustig naar huis. Ga jij maar lekker dat boek van Thomas Mann lezen.

Ik loop naar mijn fiets op de Dam en ik kom langs dat café naast de Nieuwe Kerk.

Daar staan Bolkestein die dat jaar voorzitter was van de AKO-jury en Ary Langbroek, mijn uitgever bij Querido, op de stoep.

"Frans! Je bent genomineerd!"

De adrenaline schoot mij mijn neus uit.'

'In een wereld waarin ik schouderophalend aanwezig geweest was, was ik plotseling het middelpunt! Als journalist hulde ik mij in blankheid. Ik zag beroemdheden. Niemand zag mij. Ik wist niet beter of mijn naam werd verkeerd gespeld en verkeerd uitgesproken.

En nu! Kranten wilden mij interviewen. Men nam mij mee naar Arti. Ze noemden mijn naam en spraken hem correct uit. NOS-laat stond met camera's voor mijn huis op de stoep. Een schilder die daar aan het werk was heeft ze te woord gestaan. Een prijs? Is mijnheer kandidaat voor een prijs? Hij is niet thuis, nee. Ik zal het doorgeven. Bedankt. Later vertelde die schilder dat hij heel wat reacties gekregen heeft uit zijn omgeving. Hij vroeg of ik een videoband kon regelen.'

Van iemand die leefde in een 'onbenullige, schlemielige dagelijkse omgeving' veranderde hij op slag in een man met wie rekening werd gehouden. De dag- en weekbladen vochten om zijn medewerking. Radioprogramma's raadpleegden hem als getuige-deskundige. Tot dan toe knipte hij uit kranten zodra hij zijn naam tegenkwam. 'Zojuist verschenen, P.F. Thomése, *Zuidland*.' Zelfs dat knipte hij. Daar hield hij mee op. Er viel niet meer tegen op te knippen.

'Zes weken later wordt de uiteindelijke winnaar bekendgemaakt. Ik dacht: het zal toch niet waar zijn? Dat ik bij de laatste zes ben is al een prijs. Mijn boek komt in ieder geval boven de grote berg uit. Het hoort bij de tien boeken waar ze het over hebben.

Je bent de hele dag onrustig – alsof je naar het stadhuis moet om te trouwen, zoiets. Met je vriendin nog even een jasje kopen. Zijn mijn schoenen gepoetst? Zit mijn haar goed? Je moeder belt: Frans, je trekt toch niet dat vreselijke colbertje aan?

We moesten naar de Wintertuin van Krasnapolsky. Daar staan grote ronde tafels. Je krijgt een diner. De tv is erbij. Tegen de tijd dat je aan de laatste roomsoes toe bent, als alle asbakken vol zijn en iedereen licht beschonken is, wordt de winnaar bekendgemaakt.

Ik maakte me ontzettende zorgen omdat ik aan tafel moest zitten met een notabele. Stel je voor dat je nergens over kan praten? Dat was gelukkig niet zo. Ik kwam aan tafel bij Van Mierlo en die hield zich de hele avond met de wijnkaart bezig. Als ik eraan terugdenk zie ik Van Mierlo schuin achterover hangen en al pratend met één arm de ober in zijn richting leiden.

Over mij kwam een grote gelatenheid, een gevoel dat er geen ontsnappen aan was. Op het moment dat het aangekondigd werd zat ik met toegeschroefde keel te luisteren. Michel van der Plas bezweek bijna onder de spanning. Mijn naam viel. Ik voelde een rare verdoving. Niemand heeft je verteld wat je daarna moet doen. Ik wist niks te zeggen. Ik was bijgelovig die ochtend. Ik dacht: ik bereid niks voor, want anders verzoek ik de goden. Het ging door mij heen: wat doe ik hier? Er was een podium met een rand. Ik dacht: hoe klauter ik waardig die rand op?

Het drong tot mij door dat het een sporttafereel was. De verliezers bestaan van het ene moment op het andere niet meer. Die worden door de achterdeur geloosd. De winnaar is er voor de pers. Mijn moeder was er, mijn zuster, mijn vriendin – die doen er niet toe. Die krijgen geen kans om je te feliciteren. Je wordt ontvoerd door de radio, fotografen vechten om je. Ik herinner me dat Van Dis mij hoffelijk gelukwenste. Fotografen erbovenop. Leuk! Onbekende winnaar naast gepasseerde literaire grootheid! Mijn moeder stond er ook bij. De fotografen duwden haar weg. Dat ouwe mens moest eraf.

221

Men nam mij mee naar de Schillerbar. Allerlei rare types hangen rond je. We gingen door naar Geerten Meijsing die ook kandidaat was. Die had nog champagne. Alles ging in-eens met taxi's, terwijl ik iemand ben die 's nachts met te-genwind op zijn fiets door de stad rijdt.

Die hele avond had ik het gevoel: mijn ziel zweeft door de lucht. Met mijn lichaam zijn ze aan het sollen.'

'De volgende morgen, sta ik in mijn onderbroek, met een doorrookt strottehoofd en met koppijn in de wc. Op dat mo-ment dringt het tot mij door. Verrek. Ik heb de AKO-prijs ge-wonnen! In een gevulde asbak vond ik de cheque van vijftig-duizend gulden.'

Die morgen, juist toen de droom van de gelauwerde schrij-ver leek uitgekomen, opende hij zijn ogen en zag hij: dit is *vals*. Dit is mijn droom niet. Dit is een naargeestige karika-tuur van die droom. Bedremmeld en weemoedig vind je je-zelf terug in een schijnwereld.

'Je geeft het jezelf niet met zoveel woorden toe, maar de hele avond die je aan tafel in de Wintertuin doorbrengt denk je ook: dit is verraad. Aan je eigen stilte, aan de literatuur, aan de intimiteit van je schrijverschap. Het dringt tot je door dat je wel kandidaat bent maar daarmee nog geen hoofdper-soon. Dat zijn de notabelen om je heen, de Bolkesteins en de Van Mierlo's en de Van der Zwans. Die maken zoiets drie keer per week mee. Als kandidaat ben je het bloemstuk op tafel, de versiering voor hún glorie. Die mensen zijn gewend aan een glimmeromgeving, hun leven is show. Het leven van een schrijver is nooit show. Dat bestaat uit voorlezen in Em-men of in Alphen aan de Rijn, voor een klein intiem zaaltje met mensen die van je boek houden. Met een plastic tasje in je hand in een grauwe regenjas op het tochtige perron 2 staan. Het Letterkundig Museum is een verzameling grauwe regenjassen.'

'Ik dacht aan Herman Visch, de hoofdpersoon uit de roman waar ik toen mee bezig was. Hij staat aan het begin van zijn leven, een gevoelige jongen op het moment waarop een ver-langen moet worden ingeruild tegen een ervaring. Zijn illu-sies zijn nog onschuldig.

Ik vind dat literatuur waarheid moet bevatten, echtheid.
Om hem te beschrijven moest ik terugkomen bij de tijd dat
ik zelf onschuldig was, vol verwachtingen en verlangens. Dat
lukte mij niet. Dat kon ik niet verbinden met een donker-
blauw pak en met een cheque van vijftigduizend gulden.'

'Ineens maak je deel uit van een omgeving waarin iedereen
een duidelijk beeld van je heeft. Je bent een jong talent, een
winnaar. Een beeld met vast omlijnde contouren – en dat
heb ik nu juist niet van mijzelf. Je wilt je te weer stellen. Dat
maakt onmiddellijk een geposeerde indruk. Je wordt een
pose. Wat je ook doet, er sluipt kunstmatigheid in je gedrag.
Je moet een houding aannemen waar je geen zeggenschap
over hebt. Je wilt niet dat mensen je verkeerd zien en ondertussen word je verkeerd.'

'Jazeker! Dat is het thema van *Zuidland*.'

In dat verhaal spelen de 'vele levensplannen' de hoofdrol, die
Jan Roggeveen zou ontwerpen, 'niet voor zichzelf maar om
te voldoen aan de verwachtingen van anderen'.
    'Ik had het kunnen weten. Die prijs heeft mij op wrede
wijze tot deelnemer gemaakt in mijn eigen verhaal.'

'Zo'n prijs is een glanselement in de literatuur en dat hoort
niet. Kijk maar naar de tekeningen van Peter van Straaten.
Die geven een goede afspiegeling van het schrijversleven.
Schrijvers zijn sukkels. Zelfs Couperus was een tamelijke
sukkel.'

'Achteraf is het makkelijk te zeggen. Mijn verhalen en mijn
roman zijn erg introvert. Als ik schrijf leef ik innerlijk. Door
die prijs kwam ik in het uiterlijke leven. Voor mij is schrijven: alleen in je kamer zijn. Wat je opschrijft blijft intiem.
Zuidland heb ik in het geheim geschreven. Een paar mensen wisten ervan. Ik vind zelfs de aanschaf van een boek een
intieme handeling. Ik koop geen boeken, ik koop een geliefd
boek van een geliefde schrijver in een geliefde winkel. Ik wil
er alleen over praten met goede verstaanders.
    En nu – nu kwamen mijn diepste roerselen open en bloot
te liggen. Ik voelde me bespied. Je wilt trouw blijven aan je

223

eigen leven. Ik heb rust nodig en concentratie. Die kon ik
niet meer vinden. Op de meest onverhoedse momenten
kwam ik mijn naam in een krant tegen. Ik kende mezelf alleen van binnen uit. Ineens waren er zoveel knipsels over
mij, dat is voodoo. Daar word je een ander persoon door.'

Krampachtig probeerde de schrijver zich in zijn schrijfkamer
terug te trekken. Nauwelijks zat hij of de onrust dreef hem
van zijn stoel af en naar buiten. Dan scharrelde hij langs anti-
quariaten, en dan kwam hij langs bepaalde cafés: en ja, dan is
de verleiding groot. Het wordt toch niks meer, denk je dan.
Deze dag is toch verloren. Laat ik mij maar in vergetelheid
dompelen. En dan beland je in drankgelagen en zwaarmoedige gesprekken en uiteindelijk in een depressief gevoel van
verweesdheid.
   Is dit nu wat ik gedroomd heb? denk je dan. Is dit de Romein met zijn trofeeën?

'Ik voelde me als op de ochtend na het feest – alleen het
feest moest nog komen. Om dat gevoel kwijt te raken vluchtte ik opnieuw in de drank en in het rumoerige gezelschap.'

Hij zocht juist niet het gezelschap van de schrijvers en van
de mensen die het over zijn nieuwe boek wilden hebben. Hij
zocht oude bekenden op, mensen met wie hij kon praten
over de opstelling van het Nederlands elftal. Aan hen wilde
hij zich spiegelen. 'Ben ik echt een verwaande kwast aan het
worden?'

'Onder de druk van zo'n prijs worden je eigen verwachtingen nog vele malen hoger dan ze toch al zijn. Je droom kent
hoogtepunten die je niet durft uit te spreken. Zo hoog worden je verwachtingen, dat er weinig meer overblijft dan een
innerlijke druk die je verlamt. Je volgende boek wordt een
heel ander boek. Kan dat wel? Of zal je alleen gewaardeerd
worden op het gebied waarop je blijkbaar gewaardeerd
werd? Bij zangers werkt dat ook zo. Ze kunnen nog zo'n
mooi repertoire hebben – het publiek zit toch te wachten
op dat ene deuntje.'

In de twee jaar die er sindsdien zijn verstreken heeft de

224

schrijver regelmatig verlangd om in 'het niets' te mogen terugkeren. Achteraf kan hij zeggen: 'De prijs heeft mij vijftigduizend gulden opgeleverd en twee jaren gekost.'

Toen hij de prijs kreeg was hij aardig op streek met zijn
tweede boek, een roman dit keer. Twee jaar lang heeft hij er
niet aan kunnen verder schrijven.

Er zijn schrijvers, zegt hij, die bij wijze van spreken 's ochtends aanwezig zijn bij de geboorte van hun kind en 's middags weer aan de schrijftafel zitten. Zo is hij niet. Bij het minste of geringste is hij uit balans. Hij moet zich binnenstebui-
ten keren voor hij kan schrijven. Hij moet leegte om zich
heen hebben. De zorgeloosheid van lege dagen, van een lege
agenda, de oude vertrouwde lamlendigheid. Zijn schrijverschap moest hij op die prijs terugwinnen.

Bernlef, die de prijs ook gewonnen heeft, zei ooit: die AKO-
prijs kleeft aan me. 'Ze moeten me na mijn pensioen maar
het beheer geven over een van hun kiosken.'

'Die prijsuitdelers realiseren zich niet van hoe diep je komt.
Je krijgt vijftigduizend gulden en ze denken: een extraatje.
De eerste brief die ik kreeg kwam van de Inspecteur der Di-
recte Belastingen. Dat ik een voorheffing moest betalen van
zeventienduizend gulden. Dat was het jaar daarvoor mijn
hele inkomen geweest! Als je nooit gewend geweest bent
om geld te hebben, dan weet je niet beter dan dat je geld *uit-
geeft*. Ik heb er een zolderetage van gekocht. Tot dan woonde
ik in een oude wijk vol geluidsoverlast. Het geld heeft mij de
gelegenheid geboden om uit dat schimmenrijk omhoog te
klimmen. Toen ik het geld kwijt was, zat ik met een hypo-
theek. Door dat geld ben ik in de verplichting gekomen om
geld te gaan verdienen. Ik ben redelijk veel voor de NRC gaan
doen, wat me redelijk veel tijd kost. Ik zei ja op verzoeken
voor lezingen en bloemlezingen. Op een raadselachtige manier kwam mijn roman altijd op de laatste plaats.'

En dan, op een ochtend, je wordt wakker en dan is het over.
Roem, zegt Frans Thomése Rilke na, is de som der misverstan-
den die zich aan een nieuwe naam hecht. Ineens is er een
nieuwe naam die de plaats van de jouwe heeft ingenomen.

225

Vanaf dat moment sta je weer met je plastic tasje in de hand op perron 2, want je moet signeren in Assen. Je wordt weer ergens tegen het kantoortje of tegen de wc aan gezet, en je moet oppassen dat je niet gaat rondlopen, want dan denkt iedereen dat je bij het winkelpersoneel hoort. Een enkele liefhebber meldt zich. Je reist naar huis terug – een sukkel, een schrijver!

'In Frankfurt op de Buchmesse moest ik ook signeren. Ik zat naast Connie Palmen. We liepen een op dertig. Een Thomése tegen dertig Connie Palmen.

Ik moet eerlijk zeggen: toen ik daar een tijdje gezeten had begon ik toch wel erg uit te kijken of ik een vertrouwde regenjas zag. Bij voorkeur die van Frank Martinus Arion.'

'Ik geloof dat ik die prijs overleefd heb. Dat heeft iets heroïsch.'

Hij staat met zijn schoenen aan op het strand, hij leunt tegen een bar die de vorm heeft van een schip, hij zwaait van verre ter begroeting en hij grijnst van oor tot oor – de Frank Martinus Arion die ik op zijn eiland Curaçao hoopte te ontmoeten.

'Een best wijf,' zegt hij tamelijk verrassend als we elkaar beklopt hebben. Pas als hij erbij verteld heeft dat hij onlangs de regels *Ik houd van die Antilliaansen die zeggen / Ik ben geen negerin, althans niet meer / Omdat hun huid zo blank is zeggen zij dit / Maar hun achterwerk verraadt ze'* aan Haar heeft voorgedragen, begrijp ik dat hij de Koningin der Nederlanden bedoelt die Curaçao kort daarvoor bezocht heeft. Hij is er nog vol van. Ze is hém op komen zoeken – hem, de man die in 1975 al per roman *Afscheid van de Koningin* nam!

En nog voor we een drankje besteld hebben springt hij, als gold het een beslissende cupgoal, van het ene been op het andere, juichend over collega Derek Walcott, schrijver te Trinidad, die zojuist de Nobelprijs voor Literatuur *wel* en over collega V.S. Naipaul, schrijver van Trinidad, gevestigd te Londen, die zojuist de Nobelprijs *niet* gekregen heeft. Het verdiende loon, meent hij, voor de Shakespeareaanse grootheid die de een is, en het verdiende loon voor de ander die vindt dat er uit het Caraïbisch gebied *niets* kan voortkomen dat de moeite waard is. 'Dit is zó mooi, dit is zó fantastisch! Het is alsof ik die prijs zelf een beetje gekregen heb! Het zou kunnen! Echt waar! Nu kan die prijs ook op Curaçao terechtkomen!'

Even later slaat Arion zich van pret op de knieën als hij zich het gezicht van collega-schrijver Boelie van Leeuwen (70) voorstelt bij het bericht dat die snotaap van Arion (56) binnenkort naar Stockholm mag reizen.

Die eerste avond drinken we voornamelijk rumcola's. Je kan toch moeilijk uit het vliegtuig stappen, de koffer uitpakken, je reisdoel bekloppen en zonder overgang die ene vraag stellen waarom je naar Curaçao bent gekomen: Frank Martinus Arion, waarom schrijf je al zo lang geen *boek* meer?

Je praat eerst over vroeger – in gedachten zitten we al gauw op een ander terras, drie uur vliegen verderop. Frank Martinus woonde toen in Suriname. Nee, in godsnaam, vond hij. Niet op Curaçao wonen! Niet in een land dat geen prijs stelt op zijn eigen onafhankelijkheid!

Te Paramaribo was er juist een staatsgrep gepleegd, februari 1980. Arion vond het prachtig allemaal, een revolutie misschien wel. Hij keek ernaar met de opwinding die de hoop op zwarte, authentieke, Caraïbische *idealen* altijd bij hem teweegbrengt.

De dagen na mijn aankomst zouden we onder de bomen voor zijn huis of in de buurt van de zee verder praten. Hij vroeg niet waarover en ik vertelde het niet. Hoe kan je de schrijver van één klassiek meesterwerk, van één hallucinerend mooie roman, zonder dat het op een verwijt lijkt, vragen waarom hij sedert *Dubbelspel* geen vergelijkbaar prachtige en sedert 1979 in het geheel geen roman meer heeft geschreven?

In de schaduw van zijn bomen doet hij zijn best om het me niet té makkelijk te maken. Hij is niet van plan om zich zomaar prijs te geven. Bovendien geeft hij weinig om het rechtstreekse antwoord. Vraag Frank Martinus Arion naar de Hemelse Vader en de kans is groot dat het antwoord je binnen drie minuten in Campo Allegro doet belanden. Maar vraag je hem naar dit beroemdste aller hoerenkampen – even gemakkelijk ontmoet je daar de maagd Maria, zwart van huidskleur en zedig gezeten op een regenwolk.

En waar je hem ook naar vraagt, in het antwoord komt zelden minder dan vier keer het woord *leuk* voor. Arion gebruikt dat woord zoals een ander *eh* zegt of *hoor es*. En als het niet *leuk* is dan is het *ontzettend leuk*. Uren met Frank Martinus doorgebracht zijn van de aanstekelijke vrolijkheid die een vriend goed doet maar een man met een vraag aan het dwalen brengt.

Voor het laatste gesprek tref ik daarom harde maatregelen.

Op een bordes aan zee stel ik twee rieten stoelen stijf recht tegenover elkaar op, waartussen een klein tafeltje met sinaas-appelsap. 'Waar zijn de camera's?' vraagt Frank Martinus Arion nog voor hij heeft plaatsgenomen. Dit is precies de be-doeling. Uiteindelijk moet ik antwoord krijgen op de vraag waarmee ik naar Curaçao gereisd ben.

In de dagen daarvoor kwam het er soms *bijna* van. Maar dan bedacht hij zich telkens en dan ging hij uitleggen dat het juist heel goed van hem is dat *Dubbelspel* geen vervolg heeft gekregen. Want dat de *romankunst* toch méér is dan de her-haling van lang geleden uitgevonden vormprincipes als een-heid van plaats, tijd en handeling. Maar dat de roman anno nu toch een kwestie is van experimenteren, van proefnemin-gen, van onderzoek. En dat je niet moet willen na *Madame Bovary* nog eens een *Madame Bovary* te schrijven. En dan schakelde hij, enthousiast en leuk, ontzettend leuk, over op de avontuurlijke loop van zijn leven.

Frank Martinus – dat Arion hoort er wel bij, maar gebruikt hij als schrijversnaam – vertelt vol vuur waarom hij, vader van de elfjarige Margina, de eerste Curaçaose Papiamentstalige la-gere school opgericht heeft, en waarom die bovendien nog, vernoemd naar Erasmus, onderwijs geeft op humanistische grondslag. Zijn vrouw Trudi Guda, Surinaams dichteres, komt erbij zitten. Frank haalt de ondergewaardeerde plaats van de volkstaal erbij, de politieke verdorvenheid van diverse Antili-aanse machthebbers, het kolonialisme, het neokolonialisme en het postneokolonialisme. 'Ja Frank,' zegt zijn vrouw 'maar het begon ermee dat onze Margina op school *geslagen* werd.'
    Op zo'n moment lacht de schrijver de mango's uit de bo-men. Hij geeft graag grote verklaringen. Maar hij houdt van de kleine.

In het genre Groot verneem ik dat hij, die zijn leven verdeeld heeft over periodes in Nederland, op Curaçao en in Surina-me, telkens met Hoge Verwachtingen en op Idealistische Gronden verhuisd is – alsof de woorden die de zaak verkla-ren het chaotische toeval alsnog terecht moeten wijzen. Als jongeman, vertelt hij, kwam *Frenkie* naar Nederland, bezield van de gedachte om later iets indrukwekkends terug te doen voor het eiland op welks kosten hij in Nederland mocht studeren.

Scheikundig ingenieur zou hij worden, dat had hij afgesproken met zijn vrienden op de HBS. Ze zouden teruggaan en ze zouden fabrieken bouwen op het eiland. De almachtige Shell zou er als eerste van opkijken. Ja, voegden zijn vrienden daar, amper in Nederland, aan toe. Want dan gaan *wij* veel geld verdienen. Anderen zeiden, mooi gedacht Frank. Maar achteraf, ons vaderland, dat is Curaçao niet, dat is toch meer de Shell. 'Dan doe ik niet meer mee,' dacht Arion. 'Ik ben Nederlands gaan studeren. En ik heb een hele tijd alles gedaan om *niet* veel geld te verdienen.'

Zo kwam hij ook, nog voor de onafhankelijkheid, vol van goede bedoelingen in Suriname. 'Echt waar! Ik wilde Surinamer worden!' Uit zijn Nederlandse tijd kende hij Ronald Venetiaan, toen minister van Onderwijs in Suriname. Hij schreef een brief waarin hij zijn ex-studiegenoot eraan herinnerde dat ze in Leiden een *heilige eed* gezworen hadden. Zij, de zwarte jongens van overzee, zouden elkaar later altijd bijstaan. Welnu, schreef Arion, hier ben ik, kan ik een handje helpen?

Tot 1981 bleven Trudi Guda en hij in Paramaribo wonen – totdat de sergeanten van de coup-Bouterse zichzelf promoveerden tot kapitein of tot kolonel. Op dat moment vermoedden Trudi en hij dat het met de idealen wel meeviel en dat het toch weer een kwestie van eigenbelang was, van veel geld verdienen zeg maar. En toen wilden ze weg, naar Nederland.

Net op tijd vroeg een Antilliaanse minister die op Curaçao het Papiamento als officiële taal wilde invoeren of Frank Martinus hem daarbij alsjeblieft zou willen helpen – een nieuw ideaal, groot genoeg om Amsterdam voor Willemstad te verruilen en een letterkundige carrière in Nederland voor een taalkundige op de Antillen. Daar werkt Frank Martinus nu nog, als directeur van het Instituto Lingwistiko Antiano.

Ondertussen vermeldt zijn literatuurlijst sindsdien mooie en geleerde titels als 'De korte e bij Cola Debrot', 'Papiamento the road to emancipation' en 'Standardisashon ta nesesario', maar geen romans meer en maar één gedicht dat bovendien 'O God' heet.

232

Frank Martinus Arion vertelt ook van tussenperiodes die wel tamelijk chaotisch waren. Dan spreekt hij niet van grote ideeën, maar van kleine mensen en van lege landschappen, dan spreekt de schrijver, eerder dan de idealist. De jaren bijvoorbeeld die hij tussen studeren en afstuderen in armoe op Curaçao doorbracht en waarin Willem Frederik Hermans hem als een *mislukkeling* beschreef. 'Ik woonde met de mensen hier, gewoon, in een dagverblijf, in het armste deel van Otrabanda. Geen kamers maar schotten. Als kind kwam ik niet bij die mensen in hun huizen. Toen wel. Dat was ontzettend leuk. Ik leerde het alleronderste kennen. Midden tussen de rokers leefde ik en tussen de mannen die elkaar met een machete achterna zaten en tussen de vrouwen die voor tien gulden met me naar bed wilden. Ik had tien gulden om van te leven! Ik leerde met hun ogen naar boven te kijken. Wat ik toen zag! Ik dacht, zijn dit de mensen die het voor het zeggen hebben? Een barbaarse beestenbende was het, echt wel. Ze zaten alleen maar te wachten tot er een verse lading hoeren binnenkwam.'

Of over de jaren waarin hij in een piepklein huisje in het wilde Noorden van het eiland woonde. 'Ik stond daar in mijn deur en ik keek over die woeste vlakte en voor ik het wist begon ik te lopen, te lopen, te lopen. Het kon acht uur zijn. Ik liep maar en liep maar. Om vijf uur was ik thuis.'

In een van die periodes heeft hij, zegt hij, *Dubbelspel* geschreven: in amper veertien dagen, in een armoedig huurkamertje van een luizenpension.

Dubbelspel beschrijft een zondagmiddag op het eiland. Vier mannen spelen domino. Aan het eind van de middag kennen we de uitslag van hun spel. En van hun gedachten over elkaar, over elkaars vrouwen, over de politiek en over de wereld. Twee spelers leven dan niet meer.

Dat is het. En ondertussen ruik je vanaf de eerste pagina het woeste Curaçaose landschap waar je jezelf in verliezen kan. Onderweg op het eiland kom je, als het ware in levende lijve, Boeboe Fiel tegen en Janchi Pau en Manchi en de Sabaan Chamon Nicolas – de vier mannen die in het boek een zondagmiddag dominospelend doorbrengen.

Heeft de idealist Martinus de schrijver Arion in de weg ge-

233

staan? *Afscheid van de Koningin* en *Nobele Wilden* die op *Dubbelspel* volgden verhouden zich tot de eersteling als een gestructureerde ideeën-verzameling tot het werkelijke leven. Kees Fens beschreef de korte inhoud van *Afscheid* ooit als 'Tante Nel gaat in ontwikkelingshulp'. Frank Martinus Arion komt daar in onze gesprekken zo vaak op terug dat het schot wel ongeveer als raak beschouwd mag worden.

Maar het *Dubbelspel* van het luizenpension?

Op de rieten stoelen aan zee komen we ter zake. *Dubbelspel*, zeg ik, is 287 pagina's lang gaaf, rond, prachtig, een wondertje. En dan, helemaal aan het einde, als alles al gebeurd is en het boek af, dan volgt onder het opschrift 'Naspelen' nog een postscriptum van vijf pagina's, waarin je uitlegt dat je eigenlijk hele goede bedoelingen had bij het schrijven en dat je je echt wel het meest verwant voelt aan de politieke opvattingen van een van de dominospelers en dat het bovendien heel mooi zou zijn mocht er ooit een vrouw premier worden van de Antillen. Alsof de Arion van de Hogere Ideeën op het laatst de Arion van het Echte Leven kapittelt over zijn gebrek aan keuzes.

Frank Martinus Arion lacht met hetzelfde plezier waarmee hij indertijd gelachen moet hebben om zijn literaire vrienden die 'Naspelen' ook bedorven mosterd na de maaltijd vonden. Hij heeft het, zegt hij, juist geschreven om zijn boek *niet* een *totaal* literair boek te laten zijn. Zijn vier Curaçaose mannen, zegt hij – en hun vrouwen en hun kinderen – moesten *uit* de fictie gehaald worden: 'Ik vond het sneu om ze *alleen maar* als literair onderwerp te zien. De mensen moesten, of ze dat nu wilden of niet, geconfronteerd worden met de *waarheid* van dit literaire document.' Lang voor hij *Dubbelspel* schreef, zegt Frank Martinus, had hij schetsjes klaar die hij in Nederland voorlas. Dan werd er altijd hard gelachen. En dan wist hij dat het niet goed, niet eerlijk, niet waar genoeg was – dat hij zijn personen nog niet écht kende. In zijn arme jaren, terug op Curaçao, leerde hij ze wel kennen. Toen pas kon *Dubbelspel* geschreven worden. Echt. En zonder de vervormingen die leugens zijn en die de louter literaire schrijver koestert omdat diens boek Tragisch moet zijn met een hoofdletter T en niet Waar met de hoofdletter W. En die prachtige vorm van het boek, die eenheid van plaats, tijd

en handeling? Ach, zegt Arion, dat zijn dingen, die zijn drieduizend jaar oud, die werken altijd. Die zijn in *dit* boek alleen van belang omdat het over *alledaagse* mensen gaat. 'De
literatuur heeft een vooroordeel tegen niet-belangrijke mensen. Waren mijn dominospelers niet geborgen in sterke literaire middelen, dan was het een streekroman geworden.
Maar nu, door die vorm, zie je niet meer dat het zwarte mensen zijn van een lage komaf.'

Frank Martinus zegt dat hij zich, van het eerste moment af,
ontzettend bewust geweest is van het *literaire* succes en dat
hij dat, van het eerste moment af, een ontzettend *verraad*
heeft gevonden. 'Ik vind en ik blijf vinden dat het literaire
niet alles is. De roman moet doordringen in de aspecten
waar de sociologie niet kan komen, ze moet onderzoeken en
de uitslag van het onderzoek moet *waar* zijn en *waarheids-
lievend* worden opgetekend.'
    Ik zeg dat ik dat een erg streng denkbeeld vind – alsof de
schoonheid niet genoeg mag hebben aan zichzelf. Als jongen
is Frank Martinus opgeleid door de fraters van Tilburg die hij
in *Afscheid van de Koningin* hardhandig de oren wast. Hebben ze jou, vraag ik, ondertussen niet gepokt en gemazeld
met hetzelfde soort Idealisme dat hen naar Curaçao bracht?
    Frank Martinus Arion: 'Jazeker! De fijne dan. De fijne fra-
ters hebben mij het idealisme geleerd. Ze hebben mij gepikt,
gewoon gepikt, van de armenschool. Als enige van die
school. Het was hun bedoeling om een goede katholieke
burgerij te maken. Katholieke burgers zouden dan in de politiek de rol spelen die een aparte katholieke partij overbodig
zou maken. Dat is allemaal uitgedacht, een duivels brein. Bij
de meesten hebben ze uiteindelijk materialisme en egoïsme
gekweekt, maar bij mij – ik ben geworden wat de besten van
de fraters hoopten dat ik worden zou. Niet de slechtsten, de
besten. Ik heb er de neiging aan overgehouden om de wereld te verbeteren – als ik me ergens aan erger, dan aan het
feit dat het bij anderen niet zo gewerkt heeft. Ik heb het ook
van huis uit meegekregen. Mijn vader was politicus, hij had
het altijd over de slaven. Als jongetje al liep ik in slaventenue
gekleed bij de verkiezingen vooraan in de optocht. De leiders kwamen bij ons over huis: ik zat in die kringen van we-
reldverbeteraars. Daarom kon ik ook niet zomaar een school

stichten, maar moest het iets dieper zijn, iets fundamente-
lers, een humanistische school...'

Een hele goede vriend van hem, vertelt Frank Martinus, wil
hem het liefst in een kamertje opsluiten waar hij pas uit mag
als hij een flinke tijd geschreven, geschreven en niets dan geschreven heeft.
     Frank Martinus Arion zegt dat hij die vriend wel kan be-
grijpen.
In plaats daarvan is hij op Curaçao zelf in de politiek gegaan.
Waarom? Waarom geeft een Godgekuste schrijver zijn goeie
tijd aan een – achteraf mislukte – eigen politieke partij?
     Frank Martinus: 'Het is een stommiteit die maakt dat je je
gaat bemoeien met de dingen waar je je niet mee bemoeien
moet. Typisch zo'n verband waar de Tragische Schrijvers
over schrijven.'
     Het begon, vertelt hij, met een Curaçaose gedeputeerde
die zijn school op humanistische grondslag dwarsboomde.
'Hij was erg arrogant en onzakelijk tegen die school, en dat
nam ik hem kwalijk. Zo'n man die minder goede voorwaar-
den had dan ik om in de politiek te gaan, en die mij in de
weg staat! Ik dacht, dan ga ik zelf wel even de politiek in en
dan zet ik dat recht. Nou, zo werkt het niet. Ik had een partij,
de KARA, ik had een hart en ik had genoeg pamfletten, dus ik
dacht, dat kan er niet om liegen! Nog even, en dan ben ik
zelf gedeputeerde en dan zorg ik dat *alle* scholen worden
zoals mijn school. Dat liep natuurlijk niet zo. Ik werd geconfronteerd met het politieke systeem hier en met het feit dat
het er toch niet helemaal zo objectief aan toe gaat en dat je
dus flink moet omkopen. En daar was ik juist tegen!'
     Ik schiet onbedoeld hard in de lach. De schrijver van het
allermooiste boek over Curaçaose mannen is verbaasd als
hun politiek écht werkt zoals hij beschreven heeft.
     Frank Martinus: 'Je moet het kennelijk aan den lijve onder-
vinden. Ja! Serieus! Ik begreep niet dat je alleen al om gehoord te worden bijvoorbeeld 100.000 gulden nodig hebt. Ik
had 5.000 gulden. En mijn auto. Dus het was totale onzin. Je
mensen willen T-shirts hebben, tien gulden per stuk, misschien moet je er wel 10.000 laten drukken. Op de ochtend
dat de mensen moesten tekenen voor mijn lijst, zodat die
mee kon doen aan de verkiezingen, zeiden ze, mooi, maar

eerst betalen! Mijn tweede man, een algemeen geacht persoon verbonden aan de rechtbank, kwam niet eens opdagen!'

'Ik heb ervan geleerd,' zegt Frank Martinus, alsof je van zo'n ervaring ook niet geleerd zou kunnen hebben. 'Nu weet ik zeker dat het heel triest is om naïef te sterven. Ik ben iemand, eerlijk, voordat ik zelf naar het Campo Allegro ging was ik een soort ridder tegen het bestaan ervan! Het was immoreel dat je met hoeren omging en al die flauwekul. En bovendien gingen die hoeren met het geld het land uit. Als ik daarover van leer trok, dan luisterde de brave burgerij, allemaal katholieken, en dan knikten ze allemaal. Maar ze gingen er allemaal volop naartoe! Ik was de grootste naïeveling die gewoon niet werkelijk wist wat er gebeurde. Later, toen ik naar hartelust door het Campo gedwaald had, toen wist ik alles wat iedereen wist!'

En dan, ineens, laat hij veel van zijn dekking zakken en zegt hij dat hij inderdaad veel te veel van zijn kostbare tijd aan de Idealen en aan de Politiek heeft verspild. 'De politiek,' zegt hij, dat was de fraterigheid in mij, zal ik maar zeggen. Iets dat ik blijkbaar doen moest.'

Even is het stil. De zee klotst.

'Nog voel ik mij,' zegt Frank Martinus, 'vastgebonden in de maatschappelijke banden die ikzelf gecreëerd heb. Financieel moet ik nog een jaar of twee wachten. Maar dan wil ik ook echt alleen maar schrijven. Ik vind dat ik nu wel genoeg geëxperimenteerd heb met mezelf. Ik wil niet doodgaan zonder nog een paar boeken geschreven te hebben. Het hoeven er geen tien te zijn, maar vier of zes, ja, dat nog wel. Dat zou ik toch wel leuk vinden. Anders zou ik moeten denken dat ik geen talent heb.'

Het slot van zijn politieke carrière, zegt hij, dat was geen kwestie meer van een Hoog Ideaal, daar kreeg het literaire de overhand. Hij heeft er ontzettend veel mensen mee van zich vervreemd. Goede mensen die het heel erg vonden wat hij gedaan heeft.

Zoals hij ooit door Campo Allegro dwalen moest om van zijn hoogstande katholieke naïveteit af te komen – zo is hij in zijn politieke nadagen een verbintenis aangegaan met een man van tachtig jaar die ontzettend veel ervaring had in de politiek hier en die van zichzelf zei dat hij een gangster was. 'Ik vond het een ontzettend leuke man en hij heeft mij al zijn streken verteld. Dat vond ik leuk, ik luisterde graag naar hem. Maar het was fout, natuurlijk. Wat die man vertelde over zijn leven en over de politiek hier: de haren rijzen je te berge! Hij vertelde bijvoorbeeld dat hij de dames leerde hoe ze aan een huis moeten komen. Je kleedt je fijn aan, zei hij dan, je begrijpt wel wat ik bedoel. Dan moet je naar die en die toe gaan en dan krijg jij dat huis! Dat vertelde hij aan mij! En sommige van die heren gaan zo ver, die pakken die dames nog in hun kamer beet, contant dus. Het leuke was: hij heeft daar totaal geen scrupule over. Hij zou het ook best vinden als ik het allemaal opschreef. Zo gaan die dingen, heel normaal.

Wat ik ondertussen niet leerde, dat was dat hij waarschijnlijk gestuurd is om mijn partij kapot te maken. Waarschijnlijk door de grote partij waarvoor hij gedeputeerde geweest is en waar hij nu zogenaamd mee gebroken heeft. In elk geval: op de dag dat het er echt van moest komen ging hij onverwacht op reis naar Rio de Janeiro. Daar ben ik dus ingetuind. Ik heb met hem gebroken, en dat vond hij heel erg, zei hij. Sindsdien vertelt hij overal dat Martinus gek is. Totaal gek! Die man, zegt hij, is doctorandus. En hij heeft niks! Niks! Helemaal niks! Terwijl hij geleerd heeft!

Sindsdien ben ik weg natuurlijk, politiek. Als je doctorandus bent en je hebt niks, dan ben je weg. Zoiets past niet in het systeem, dat is de kwestie denk ik in een hoop Derde Wereld-landen. Om een man te zijn moet je vrouwen hebben, uit drinken gaan en dat laten zien ook. Gedeputeerden komen hier nu met hun buitenvrouwen naar voren, die kant gaat het op. En de gestudeerden zijn niet in staat om een andere moraal te delen, zelfs als ze zouden willen. Als ze veel lezen zijn ze half verwijfd. Dus zelfs als je niet pikt – nou ja, het niet-corrupt zijn, dat wordt toch maar miniem gewaardeerd!'

En nu, vraag ik, nu dit mislukt is? Ga je nu naar je vriend luisteren en in een kamer zitten schrijven?

'Ja,' zegt Arion. 'Het heeft me dichter bij de literatuur teruggebracht.'

En kijk je nu ook anders aan tegen het *verraad* dat je in het succes van *Dubbelspel* zag?

Frank Martinus:'Ik zie nu dat ik er op een wonderlijke manier *rust* in gebracht heb. In andere boeken heb ik niet zo scherp op de juiste momenten gesneden. Ik heb lang gedacht dat het iets makkelijks was, gewoon, de ene scène na de andere. Ik was me niet bewust van de moeilijkheid. Ik dacht dat het gewoon door de sfeer van het spel kwam. Domino is geen schaken. Schaken is denken en dan gebeurt er weinig. Domino is een spel waarin spel afgewisseld wordt door spel, maar ook door emoties. Je kan denken, dit is een rotvent, die sla ik straks in elkaar, maar nu eerst even spelen, van hem winnen. Dus het spel is zelf een lijn, en de emoties zijn een lijn, en de sociale achtergrond is een lijn en het verhaal moet ook doorgaan, en al die lijnen die moet je door elkaar heen snijden, en eigenlijk is dat wel een vondst. Maar dat zag ik toen niet zo, omdat ik al schrijvende gewoon meespeelde. Pas veel later ben ik het gaan zien als een *middel* dat ik in mijn andere boeken niet zo goed gebruikt heb.'

'Ik zie nu ook beter,' zegt Frank Martinus, 'dat het boek wat de Engelsen noemen *round characters* heeft. Dat is leuk, want die gaan op echte mensen lijken.'

Het lijkt alsof de schrijver, twintig jaar na dato, *vrede* krijgt met het feit dat hij een meesterwerk heeft geschreven.

'Laat ik het zo zeggen,' zegt Frank Martinus, 'nu stel ik *Dubbelspel* gewoon boven mijn andere boeken.'

Als we even naar de zee lopen ter verpozing begint Frank Martinus te stralen.'Een prachtig idee!' roept hijzelf.'In 1993 bestaat *Dubbelspel* twintig jaar. Dan maak ik een herdruk. Maar dan zonder Naspelen! Schitterend! Een feestuitgave voor de louter literair geïnteresseerden!'

Terug op het bordes krijgt de tobber die het literaire succes wantrouwt weer de overhand. 'Een mooi verhaal schrijven, dat interesseert mij niet. Verhalen die mensen mij vertellen, prachtig, het kunnen heel kunstige verhalen zijn, maar als schrijver interesseren ze me niet. Ik schrijf ze ook nooit op. De dingen die ik doe moeten extravagant zijn, dan vind ik ze leuk. Ik moet heel veel bagage hebben voor ik ergens iets mee kan. Een roman over regeren – die zou ik willen schrij-

ven! Het grappige is – de meeste mensen weten niet dat regeren een *waste* is, puur *verspilling*. De hoeveelheid tijd die
men heeft voor zaken die voor anderen heel dringend zijn!
Vandaag is de ministerraad bezig geweest de parkeervakken
te verdelen bij het regeringsgebouw! Dat staat in een circu-
laire. En ik lig op de grond te gieren! Als ik dat papier aan
een ander laat zien, dan maakt het geen indruk. Terwijl, als ik
het ensceneer, als *ik* laat zien hoe duurbetaalde mensen uren
daarmee doorbrengen, van mijn geld, van ieders geld, dan
lees je het en dan zeg je, donder op, ga naar huis. Als de be-
klemming erbij komt, de sfeer van *Nooit meer slapen* – ja,
dat is mijn uitdaging!'

Onmiddellijk daarop neemt hij de helft ervan terug. Het
moet niet westers zijn, niet Tragisch, niet Naipaul-achtig. 'De
grote meerderheid van het Caraïbisch gebied,' zegt hij, 'is
anti-Naipaul. Die verkoopt ons aan Europa, beziet ons met
een Europese bril en begrijpt er niets van. Volgens hem heeft
de zwarte man niets meer uit te vinden. De Caraïben, zegt
hij, zijn mislukt. Naipaul is een veel te comfortabele ingang
voor Europeanen tot dit deel van de wereld. Ze kunnen niet
zonder die snerpende tragische toon, en die geeft Naipaul
ze.'

'Ik kan alleen maar in het Nederlands schrijven.'
      Terwijl je het Instituto Lingwistiko Antiano beheert?
      'Ja. Maar Nederlands is mijn oriëntatie, mijn literatuur is in
het Nederlands – ik ben zover dat ik dat ga accepteren. In
het Papiamento voel ik me onzeker. Ik ben twee romans in
het Papiamento begonnen. Ik kom voor te grote problemen.
We weten nu heel veel van het Papiamento, maar nog niet
voldoende voor het niveau dat ik wil halen. Ik wil geen verplichtingen. Er zijn mensen die voelen zich verplicht om in
het Papiaments te schrijven. Dat werk kun je na een week
weggooien. Ik heb genoeg gedaan voor het Papiamento. In
mijn tijd, in de tijd dat *ik* bezig was met taalvorming, moest
je goed zijn in het Nederlands. Daar ben ik goed in. Klaar. Dat
is mijn werktuig. Dat laat ik mij nu niet hals over kop afpakken. Ik blijf trouw aan mijn werktuig. Ik kan het Nederlands
laten dansen gewoon en dat kan ik het Papiamento niet. Dat
is veel rationeler, veel nuchterder, veel analytischer, daar is

niet op te dansen. Mijn Papiamentse gedichten zijn veel stok-
keriger dan mijn gedichten in het Nederlands. Ik heb in mijn
Nederlands een ritme moeten veroveren, een prachtig on-
Nederlands ritme waar het Nederlands zich zo heerlijk voor
leent. Het is zo lekker te breken, le-kkur-te-bre-ken, met en-
jam-be-men-ten, in het Papiaments staan de woorden op
zichzelf. De Nederlander heeft een taal die hij niet gebruikt!
Hij heeft zich gewoon laten vertellen dat het geen zangtaal is
als het Frans, terwijl het Frans en het Papiamento, die sluiten
op elkaar aan, dat zijn juist erg nuchtere talen. Ik wil wel zelf
Dubbelspel in het Papiaments vertalen. Dat kan ik. Maar
nieuw werk? Ze mogen koeklikken wat ze willen, ze mogen
me veroordelen, maar ik ben nu zover dat ik mijn geschiedenis niet meer de loef wil afsteken.'

De laatste avond drinken we weer rumcola's en eten we tot
diep in de nacht onder de heldere tropische sterrenhemel.
Leuk. Ontzettend leuk. Er gaan nieuwe boeken van hem komen, reken maar. Hij gaat weer schrijven! Als het moet in een
luizenpension.

Twee jaar later verschijnt het boek dat hij toen al in zijn
hoofd gehad moet hebben. *De laatste vrijheid.* In de Nederlandse pers wordt het neergesabeld. Ik draag er een steekje
aan bij. 'De vraag is niet,' schrijf ik in *Vrij Nederland,* 'of *De
Laatste Vrijheid* een slechte roman is. De vraag is waarom
de schrijver van *Dubbelspel* ons een mierzoet Caraïbisch
Heiligenleven in de maag heeft willen splitsen.'
    Het voelt als broedermoord.
    Maar Heer in de Hemel: wat moeten we in godsnaam met
een hoofdpersoon, Daryll Guenepou, die, schrijft Arion zelf,
'een neger is als Mandela'! Nee! Een *beter* mens. 'Mandela
heeft toch iets plechtigs, iets van een dominee. Daryll niet!'

Een paar weken later ontmoet ik hem toevallig. Hij is in Nederland voor een lezing.
    Van verre roept hij dat hij boos is.
    Ik neem onmiddellijk aan: om die recensie. Ik beloof dat ik
binnenkort, samen met enkele mede-bewonderaars van *Dubbelspel* die *De laatste vrijheid* ook hebben afgekraakt, de
verre reis naar Curaçao zal maken, waar we hem nederig zul-

Mijn Wraak

Er is geen twijfel over mogelijk wie, in de kluwen afhalers op het vliegveld van *Fortaleza* in het noorden van Brazilië, de kolonel b.d. der commando's Bas van Tussenbroek is. Boven alle anderen uit steekt de kaarsrechte gestalte van een opvallend gespierde man die de punten van zijn grijze snor in knevels gedraaid heeft. Mijn koffer werpt hij, als gold het een plunjezak, achteloos over zijn schouder. 'Voorstel,' zegt hij op een toon die duidelijk maakt dat het besloten is. 'We zeggen jij en je. Ik heet Bas. Welkom!'

Niet veel later zitten we in een zachtverende lijnbus die ons naar *Aracati* moet brengen – het stadje aan de kust waar Bas van Tussenbroek woont.

In de bus heeft hij mij nogmaals verzekerd dat hij van plan is om *alles* te vertellen. Dat had hij door de telefoon al eerder gedaan. 'Nu kan het,' zei hij. 'Kom maar.'

Eerder kon het nooit. Als ik al contact met hem kreeg dan zei hij dat 'het geen zin' had, want dat hij 'niets anders deed dan hengelen en van zijn pensioen genieten'. Een andere keer zei iemand door de telefoon dat hij de rivier op was, met een korjaal. Een paar maanden wel.

En nu, een week geleden, zei hij: 'Kom maar.'

Ik pakte mijn koffer en ging.

Wat weet ik eigenlijk van de man die naast mij in de bus zit? Niet veel meer dan wat er sporadisch over hem in kranten is geschreven. Dat hij Commandant was van het Nederlandse Korps Commandotroepen. Dat hij als Neerlands beste militair te velde bekend staat. Dat hij in het jaar van de Surinaamse moorden (1982) namens Nederland militair attaché was in Paramaribo. Dat hij kort na de moorden dat land is uitgewezen. Dat hij niet veel later teruggegaan is naar de West. Dat hij in Frans-Guyana en later in Brazilië is gaan wonen. En dat zijn leven sindsdien een groot geheim is.

Ik vermoedde dat hij, op de achtergrond of op de voor-

grond of op welke grond dan ook, een rol speelde in de oorlog die er in Suriname tussen Bouterse en Brunswijk werd
uitgevochten. Maar welke rol? En waarom? En in opdracht
van wie?

In de bus naar Aracati praten we over de droogte en over de
armoe en over de schoonheid van de Zuidamerikaanse rivieren. We hebben de tijd. In Aracati draagt *hij* mijn koffer door
de straten van het provinciestadje. Hij blijkt er, samen met
Zilda, die sinds kort zijn vrouw is, een eenvoudig huis langs
een schots en scheef beklinkerde straat te bewonen. Vooraan
wonen Zilda's vader, haar broer, een menigte kippen, een
paar konijnen en een schele hond die één helblauw en één
vuurrood oog heeft. Achteraan wonen de Van Tussenbroe-
ken: Bas, begin zestig, en Zilda, midden veertig.

Ze staat ons voor de deur op te wachten. In haar rollende
Braziliaans-Portugees zegt ze dat ze 'errrg blij is voor Basss'
omdat die eindelijk Nederlands mag praten. Haar eigen rol
zal de komende dagen bestaan uit het bereiden van kreeften,
vlezen en vele, vele liters sap van wonderlijke vruchten.

Vanwege de vermoeiende reis gunt de kolonel mij onbeperk-
te nachtrust. Zelf, zegt hij, staat hij de volgende ochtend, als
iedere ochtend, om kwart over vijf op. Dan stapt hij op zijn
fiets met dikke banden en dan rijdt hij over de dijk met rode
steenslag die Aracati omringt naar de rivier. Daar houdt hij
reveille. Precies op het juiste ogenblik commandeert hij de
zon uit het water. De pracht waarmee hij wordt gehoor-
zaamd hoort bij de voornaamste redenen waarom hij in de
tropen wil leven en sterven.
    'Geen punt,' zegt hij. 'Akkoord. Halfnegen?' Op dat uur zul-
len we, de volgende dag en de dagen die daar weer op volgen, over zijn geheime leven praten.

Mijn vermoeden is juist: al die jaren, zegt Bas van Tussenbroek, is hij gedreven door de gedachte aan wraak. Hij zou
en hij moest Bouterse...
    Tijdens het derde gesprek op de derde dag komt hij, de le-
gergroene helm bij wijze van spreken op het hoofd, het
dichtste in de buurt van Paramaribo.

246

We zitten dan aan de oever van de brede, door struiken en bomen omzoomde rivier die de Jaguaribe heet en die een kilometer of tien verderop in de Atlantische Oceaan uitmondt.

'Heel dichtbij,' zegt hij.

'Als het aan mij had gelegen? Graag!'

'Ik wilde Bouterse ten val hebben. Dat betekende nog niet dat ik elk ogenblik met een rode kop en met handgranaten om mijn buik naar Paramaribo wilde hollen. Maar als we het *toen* eens waren geworden? Ja! Dan had ik in de finale slag zeker een actief aandeel gehad!'

Het dateert allemaal van 1987 en 1988. Ruim een jaar zijn *ze* ermee bezig geweest. Hij woonde toen nog niet in Brazilië, maar bij Cayenne in Frans-Guyana. De oorlog tussen Bouterse en Brunswijk was in volle gang.

'Op een dag word ik gebeld uit Amerika. Een zeker heer Calor, Nel Calor. Hij was een zakenman, zei hij, een Surinamer. Hij had vroeger met Bouterse samengewerkt. Maar nu waren er dingen gebeurd, de moorden en zo, om kort te gaan, hij wilde iets doen voor zijn land. En of ik niet eens bij hem langs wilde komen.

Hij hoort dat ik aarzel en hij zegt: "Ik zal u een naam noemen, daar kunt u alles verifiëren." Hij noemt die naam en ik begrijp dat hij het gevoel kan hebben dat hij politiek door Nederland gedekt wordt. Ik heb dat gevoel ook. Ik zeg, ik kom.

"Hoe wilt u uw ticket?" vraagt hij. "Eerste klas? En wat voor honorarium wilt u?" Ik zeg: "Ik wil niks. U betaalt mijn onkosten. En verder geen halve dollar."

Ik kom te weten dat deze Calor zijn geld in Suriname verdiend heeft, maar dat het in Amerika op de bank staat. En dat hij met zijn hele gezin is vertrokken.

Ik vlieg naar Gainesville, Amerika. Ik maak kennis met Calor. Hij vraagt: "Kolonel, wilt u via Venezuela naar Columbia gaan en naar Honduras om daar wapens te kopen?" Ik zeg: "Nee, nee, nee, nee, nee. Ik wil helpen. Maar ik ga niet meteen... bovendien, u heeft niets aan wapens als u niet eerst orde op zaken stelt in dat guerrilla-apparaat van Brunswijk. En, zeg ik, mijnheer Calor, mijn meerdere of mindere medewerking hangt ook af van wat u zelf doet. U moet niet denken, ik huur Van Tussenbroek, dan gaat die in zijn eentje dingen regelen. U bent Surinamer. Als u zelf niet naar Frans-Guyana en naar Brunswijk toe komt, doe ik *niets*."

Hij zegt, ik begrijp het.

"Maar als u wel komt," zeg ik, "dan wil ik met mijn Franse gastheren bekijken hoe de wapens misschien eventueel door hun land heen kunnen. En of ze een oogje dicht willen doen als ze vernemen dat een zekere heer Calor onderweg is. Een voorstel, mijnheer Calor. U denkt erover en u haalt er goede Surinamers bij. Ik bespreek het met Ronnie Brunswijk, en dan beslis ik. Akkoord?"

Ik krijg carte blanche en ik weet niet meer hoeveel geld mee voor Brunswijk. Met tienduizend dollar zit ik aan de hoge kant. Calor vroeg nog: "Waar denkt u aan?" Ik zei: "Niet te gek maken. Die jongens kunnen er niet mee omgaan."

Ik kom terug in Frans-Guyana. Ik bel mijn contactman met Brunswijk en ik zeg, ik moet naar Ronnie. We varen de rivier over naar Langatabbetje. Ik heb altijd gezegd dat ik nooit in Suriname terug geweest ben. Die keer dus wel. Terwijl we over de rivier varen vliegt er een Franse helikopter boven ons. Daar had ik niet om gevraagd. Ik heb er nooit voor bedankt.

Op Langatabbetje wordt het heel gezellig. We eten varkensstaart. Ik praat het met Ronnie door. Die jongen is gelijk helemaal enthousiast.

Ik ga terug naar Cayenne, ik licht de Fransen in en ik vertel het aan Alfons Hamer, die toen consul was voor Nederland in Frans-Guyana. Hij zou een slechte diplomaat geweest zijn als hij Den Haag niet had ingelicht.

Ik bel Calor en ik zeg: "Het kan doorgaan. U moet zelf komen."

Hij zegt: "Er moeten nog anderen bij, vooraanstaande mensen. Ik heb al met Chin A Sen, de Surinaamse ex-president, gesproken. Jammer, geen haring en geen kuit. Wat denk je van Sedney? Die is premier geweest in Suriname."

We nemen de tijd om de volgende bijeenkomst voor te bereiden. Op 10 oktober 1988 vlieg ik weer naar Amerika. Ik denk, spijkers met koppen. Die keer is Sedney er ook en die heeft uit Holland Paul Somohardjo meegenomen, een Javaanse leider. Zij zijn de politieke component.

De militaire component is er ook. Drie Cubanen. Een Castro, een Henriquez en nog een derde man. Die derde man heeft iemand uit Amerika meegenomen, dr. John, een psychiater. Hij zei dat hij genoeg had van wijven op zijn sofa.

Uit Nederland is Werner van den Berg overgevlogen. Hij is officier, ook een commando. Ik heb jaren met hem gewerkt. Werner had mij al eerder opgebeld. Ik zeg: "Joh, begin er niet aan. Maar ik ken hem een beetje, dus ik zeg, misschien moet je wat ervaren. Als Calor jou een ticket op en neer geeft, gaan we samen wat hengelen..."

"Ik kom," roept hij.

Hij komt en hij gaat een kijkje nemen bij Brunswijk. Vier, vijf dagen blijft hij weg. Ik denk, die valt voor Ronnie. Hij komt terug en hij zegt: "Jezus Christus, kolonel, wat een troep idioten! Als ze iets gaan doen halen ze eerst de geesten erbij. Ze laten een goede fles rum over de grond lopen. Maar als er echt iets moet gebeuren, dan mag de een niet mee omdat zijn vrouw aan het menstrueren is en de ander mag niet met volle maan, en als puntje bij paaltje komt staat Ronnie er alleen voor." Ik zeg: "Snap je nu waarom Ronnie zegt, ik begrijp het niet kolonel. Al die huurlingen van mij, die gaan allemaal dood. Ja, als er een schot valt rennen de witten vooruit en hollen de zwarten terug." Werner zegt: "Het zal niet meevallen, kolonel, om er iets van te maken."

Zo zitten we dus allemaal bij Calor thuis. We wachten nog op één man. Roy Bottse, de enige Surinamer voor het militaire deel, een ex-officier. Die komt niet opdagen! Ik zeg: "Godverdomme, je ziet het, we staan er weer alleen voor. Geen Surinamer."

De Cubanen zeggen, we regelen een DC3, we regelen wapens, we regelen nog een DC3 met twintig man. Ik zeg, ik probeer al een jaar lang in de schoenen van Bouterse te gaan staan. Zijn zwakke plek is dat pantserspul van hem. Dat heb ik, God zij niet geloofd, zelf nog aan Suriname geleverd. Als we die pantserwagens uitschakelen, dan kan het. Werner wil ook verder gaan. Ik zeg: "Joh, denk aan je salaris." Maar hij zegt: "Ach, als het goed afloopt..."

Dan komt het op de Surinamers aan. Sedney zegt: "Ik moet er thuis nog even over denken." Dan weet je het wel. Ik zeg: "U *moet* zelf naar het oerwoud komen." Hij neemt mij apart en hij zegt: "Ik heb een probleem. Ik kan niet poepen in het oerwoud. Ik heb een toilet nodig." Ik zeg: "Wordt voor gezorgd!"

Ondertussen blijft die stoel van Bottse maar leeg.
Calor heeft er nog wel oren naar.
"Loop ik gevaar?" vraagt hij.
"Ja," zeg ik.
"Zullen de Fransen mijn veiligheid garanderen?"
"Ze weten alles," zeg ik.
"En denkt u..."
Ik zeg: "Mijnheer Calor. Ik heb overal begrip voor. Maar zo
winnen we de oorlog niet. Komt u? Of komt u niet?"
"Echt kolonel," zegt hij. "Ik kom."
We gaan uit elkaar zonder dat er iets beslist is.

Ik moet zeggen, ik was behoorlijk teleurgesteld. Wij waren er
klaar voor, wij wilden wel. Alleen: geen Surinamers! Dat is de
rode draad door mijn verhaal. Als het erop aankomt haken de
Surinamers af.

Ik ga terug naar Ronnie en ik zeg: "Ronnie, we zijn er zo lang
mee bezig geweest. Ik heb er mijn hand voor in het vuur
durven steken dat Calor zou komen. Maar nu? Ik weet het
niet meer. Ik ga hem bellen. Hij moet een datum noemen. Anders houd ik ermee op."
Ik bel en Calor zegt: "Ik bel zaterdag terug." Hij belt terug.
"Goed nieuws, kolonel," zegt hij. "Ik kom."
"Hoera," zeg ik. "Wanneer?"
"Er is een complicatie," zegt hij.
"Wat?"
"Mijn vrouw is in verwachting."
Ik zeg: "Mijnheer Calor. Ik respecteer dat helemaal. Ik wil
er geen ruzie over maken. U was een hele goede gastheer. U
heeft een fijn gezin. Maar wat mij betreft, schluss. Ik doe niet
meer met u mee." '

Traag stroomt de Jaguaribe naar haar monding. Even lijkt Bas
van Tussenbroek net zo teleurgesteld als hij toen geweest
moet zijn. 'Zet dat er maar groot bij,' zegt hij. 'Ik ben op de
Surinamers afgeknapt. Op die stadselite van ze. Terwijl ik op
bericht van Sedney zat te wachten kreeg ik een brief van
hem. Of we niet samen in Frans-Guyana een handelshuis
konden oprichten!'
Ik vraag het hem rechtstreeks. Hadden jullie ook een plan
om Bouterse te vermoorden?

'Ja,' zegt hij zonder aarzeling. 'Drie mannen waren daarbij betrokken. Ik was een van die drie. Calor zou het financieren. Dr. John wilde het doen. We waren aan het denken over vluchtroutes en over slapers in de stad en zo. Op een gegeven moment neemt Calor dr. John apart in een kamertje. Ze komen terug. Calor schudt met zijn hand. Nee. Hij doet niet meer mee. Surinamers durven uiteindelijk *niet*.'

Dat was het derde gesprek. Het eerste hebben we bij hem thuis in Aracati. Die keer wil de ex-kolonel één ding duidelijk maken: dat hij, wat hij in Frans-Guyana gedaan heeft, *niet* gedaan heeft in opdracht van enige Nederlandse inlichtingendienst. Dat is wel geschreven. Maar het is niet waar. Hij heeft, zegt hij, zelf nooit gezegd dat hij niets met Brunswijk van doen gehad heeft. *Hij heeft helemaal niets gezegd*. Dat zou de zaak maar schaden. Maar een spion zoals Bouterse hem vaak noemde? 'Ze moesten eens weten! Ik zal het rechtuit zeggen. In Frans-Guyana woonde ik aan het strand, de weg lag achtentwintig treden hoger. Elke man van de Nederlandse inlichtingendienst die bij mij een stap door de deur had willen doen, die had ik met één trap al die achtentwintig treden omhoog geschopt. Wat ik van de Nederlandse inlichtingendiensten heb meegemaakt, daar lusten de honden geen brood van! In levensgevaar hebben ze mij gebracht. Ze zijn even competent als mijn schoenzolen. Van Suriname snappen ze niets. Nul, zero, niks.'

Hij zal bij het begin beginnen. '15 mei 1981. Ik neem afscheid van het Korps Commandotroepen. Ik zou attaché worden in Belgrado. Ik loop als voorbereiding een stage bij de Landmacht Inlichtingendienst, want die zendt de attachés uit. Er zit daar een man aan de top, Bram Schulte, kolonel Bram Schulte, die man heeft maar één heldere gedachte: ik wil generaal worden. Het is vrijdagmiddag. Ik zou de week daarop naar een cursus Servokroatisch gaan in Harderwijk. Schulte neemt mij apart. Hij zegt, gotsiemijne, dat is nou ook wat. Nou is Gerrit Maarseveen als militair attaché uit Suriname geschopt. Bram, zeg ik, dat probleem is bij deze opgelost. Hij begreep het niet. Hij begreep het vaak niet zo goed en zeker niet meteen. Ik zeg, je weet toch hoe ik heet bij de Generale Staf? "Bas, staat je plunjezak al klaar." Ik zeg: "Bel even of ik vanavond nog naar Paramaribo kan!" Hij zegt: "En je vrouw dan?" Ik zeg: "Regel ik." Ik kom thuis, ik was toen nog getrouwd met Irene. Ik zeg, Irene, als het nou eens Paramaribo wordt? Ze zegt: "Je hebt toch wel *ja* gezegd?"

Precies op 15 september vaar ik over de Marowijne Suriname binnen. Een auto van de ambassade komt me ophalen. Achterin zit een jongeman die zegt dat hij Meier heet en dat hij commies is. Die Meier heeft dan al een paar maanden in zijn eentje onze militaire missie in Paramaribo draaiende gehouden. Stel je voor! In een land met een militair bewind!

Uren zou ik over deze Meier kunnen praten. Hij zegt: "Zeg maar Peter." Ik zeg: "Mijnheer, als daar aanleiding voor is zal ik u tutoyeren."

Op een avond gaan we wat eten. We rijden naar huis, hij achter het stuur. Hij begint over trottoirbanden te rijden. Wat is dit? denk ik. Er haalt iemand in. Dat zint hem niet. Hij begint op zijn beurt in te halen, levensgevaarlijk. Ondertussen tiert en vloekt hij op die negers. Hij rijdt verdomde hard op de verkeerde weghelft. Het is duidelijk. Hij heeft hem goed zitten.

De volgende ochtend, koffie. Ik zeg: "Mijnheer Meier, wij zijn gast in dit land. U zat gisteren dronken achter het stuur. Dat wil ik niet."

Hij staat op en zegt: "Wat denk je wel! Wie denk je dat je bent!"

Ik herhaal heel kalm wat ik gezegd heb.

Hij zegt: "Weet jij wel dat ik over jou moet rapporteren!"

Ik denk: Barst. Dat kan niet waar zijn. Ik zeg: "Mijnheer Meier, een voorstel. U neemt verlof."

Hij gaat de deur uit, maar hij komt meteen weer terug. "Je denkt zeker," roept hij, "dat jij me weg kan sturen!"

Ik zeg: "Excuseer. Ik heb een fout gemaakt. U neemt geen verlof. U krijgt verlof."

De andere dag komt hij toch weer. Ik kijk op zijn bureau. Ik denk, verrek. Die spullen horen in een kluis. Later zou zijn vrouw op de ambassade komen met vuilniszakken vol geheime stukken die hij gekopieerd had. Dat was de Nederlandse Militaire Inlichtingendienst in Paramaribo!

Ik laat Schulte weten, ik wil die Meier niet terug hebben. Schulte stuurt iemand om het uit te zoeken, een zekere majoor Koenders. Ik neem hem apart en ik zeg: "Koen, nog even iets. Hij zei dat hij over mij moest rapporteren." "Ja," zegt Koenders. "Dat klopt!"

Ik dacht dat ik door de grond ging. Zo intens vies en smerig. Dertig jaar Hare Majesteit gediend. En dan achter je rug om gerapporteerd worden door een commies!'

Sindsdien, zegt Bas van Tussenbroek, heeft hij van de Nederlandse inlichtingendiensten alleen maar ellende ondervonden. Ze wilden dat hij over zijn Amerikaanse collega Albert Buys ging rapporteren! Nu hij het vertelt wordt hij godverdomme weer woedend. Als hij met iemand goed heeft samengewerkt, dan met Albert Buys. Ze wilden ook dat hij stiekem rapporteerde, zodat de ambassadeur er niets van wist. Stel je voor. Joop Hoekman, die toen ambassadeur was. Voor die man kon je alleen maar het grootste respect hebben. En ze stuurden hem een secretaresse op zijn dak – een Surinaamse, moeder van twee kinderen! Wie is chantabeler dan een moeder in haar kinderen! In die tijd begon het in Suriname de kant op te gaan van Cuba en van Volksmilities.

Bas van Tussenbroek: 'Op een dag komt de logistieke man van Bouterse langs. Hij zegt: "We hebben pistolen nodig." Ik zeg: "Hoeveel?" Vierhonderd. Ik zeg: "Ik heb ze niet in de kast liggen. Maar ik zal Den Haag vragen." Ik denk, die gaan naar de Volksmilitie. Dus ik sein naar Den Haag: "Dringend advies! Niet op ingaan!" Waar kom ik op een goed moment achter? Er zijn vierhonderd pistolen afgeleverd! Nog tijdens de moorden is er een schip met Nederlandse springstof aangekomen waar ik niet vanaf wist!'

Voor die schutters zou hij, toen hij gepensioneerd was, gewerkt hebben? Mijn hemel! Hij ziet ze nog bij hem komen, in Frans-Guyana. Twee heren van de Inlichtingen Dienst Buitenland. Van Klaveren en Verburg. Je ruikt dat ze zo niet heten. Ze zijn in Brazilië geweest want ze willen Bouterse een grote som geld geven als hij daarheen verhuist. *Dat vertellen ze! Dat vertellen ze aan mij!* En bovendien: zoiets moet Nederland niet zelf doen. Bij Bouterse! Zoiets moet Nederland Brazilië laten doen of de oas of wie dan ook. Maar *niet* zelf.

Later heeft hij van de Franse inlichtingendienst gehoord dat er bij hen een verzoek was binnengekomen van 'een zusterorganisatie'. Of ze er niet voor konden zorgen dat een zekere Van Tussenbroek uit Frans-Guyana werd uitgewezen.

'Eind oktober 1982 ben ik in Nederland. Schulte roept me bij zich. Hij heeft een lijst van klachten. Ik moet mijn verslagen netjes op A4 inleveren en ik moet toch een secretaresse nemen en ik moet op de d's en de t's letten – dat is inderdaad een zwak punt van me.

Het loopt hoog op. Ik zeg, je zoekt maar een ander. Schulte zegt, ik leg het voor aan generaal Schaberg, die was toen na generaal Roos de tweede man van het leger. Ik denk, nu maak je een fout, Bram. Maar je snapt het niet. Je brengt me bij de baas van mijn baas. Ik krijg de kost met vork en mes opgediend.

De volgende dag zitten we bij Schaberg, een bureau-officier, scherp van geest. Er zit nog een generaal bij, Wilmink, goeie vent. Ik zeg, ik zal op alle punten ingaan. Maar wel in het bijzijn van kolonel Schulte. Ik heb anderhalf uur gesproken. Schaberg en Wilmink hebben niets gezegd. Als ik klaar ben zegt Schaberg: "U moet er rekening mee houden dat de generaal Roos u om halfvier verwacht." Ik kom bij Roos. "Dag Bas. Hoe gaat het?" Koffie en nog eens koffie. Leuk gesprek over alles. Maar niet over die ochtend. Hij zegt, het spijt me, Bas, ik moet weer aan mijn werk. Hij doet de deur voor mij open en in de deur zegt hij: "Luister Bas. Jij gaat door zoals je altijd gedaan hebt."

In de gang kom ik Schaberg tegen. Hij neemt me apart en hij zegt: "Ik heb ook altijd zo'n moeite met de d en de t. Goede reis, Bas." '

De dienst die hem uitgestuurd heeft, zegt Bas van Tussenbroek, heeft hem in levensgevaar gebracht. 'Op de dag na de moorden, nota bene, op 9 december 1982, op die dag belt Bram Schulte mij op *over de open lijn!* De Cubanen zaten er toen met een kei, Cardenas, de Russen hadden er een kei, en Schulte zegt: "Bas, hoe zit dat met de invloed van de Cubanen en de Russen? Daar kom je toch wel achter, hè, Bas?" *Over de open lijn!* Ik heb GVD gezegd en de hoorn op de haak gesmeten.'

Na de moorden moest Van Tussenbroek toch uit Suriname weg. De betrekkingen tussen Nederland en Suriname werden verbroken.

254

De ex-kolonel heeft, zegt hij, ondervonden dat *ze* in Den Haag Suriname zien als een vlieg die je van de rand van je bord moet afslaan. Terwijl hijzelf, hij hield van dat land, echt waar. Als jong officier, nog voor de onafhankelijkheid, is hij er twee keer gedetacheerd geweest. Dat beeld, zegt hij, dat beeld van een korjaal vol soldaten die over de Marowijne glijdt, het roodwitblauw erachteraan wapperend, met dat beeld voor ogen wil hij sterven.

Ik vraag wat hem zo gebeten gemaakt heeft op de voormalige legerleider Desi Bouterse.

'Hawker. De moord op Hawker.'

Van Tussenbroek haalt een foto tevoorschijn waarop hijzelf staat als commandant van de Commando's in de jaren zeventig. Naast hem staan de sergeant Wilfred Hawker en de sergeant Arthy Gorré. Ze hebben de foto opgestuurd in dankbare herinnering aan hun opleiding tot commando, onder Bas van Tussenbroek, te Roosendaal.

Gorré zou later kolonel en legerleider worden.

Hawker nam deel aan een staatsgreep contra Bouterse en werd, na de mislukking, standrechtelijk doodgeschoten. Gorré was daar mede verantwoordelijk voor.

Bas van Tussenbroek: 'Ik mocht Wilfred verschrikkelijk graag. Ik heb samen met dat jong zijn eerste parachutesprong gemaakt. Toen we op de grond waren zei ik: "Heb je gelijk je nachtsprong." "Hoezo, overste?" vraagt hij. "Je hebt al die tijd je ogen dichtgehouden," zeg ik. In Roosendaal was Hawker erg alleen. Iedereen ging het weekend naar huis toe. Hij bleef in de kazerne. Ik ben toen vaak bij hem gaan zitten. Hij was de beste Surinamer die we ooit gehad hebben in Roosendaal. Bouterse mocht ook bij ons in de opleiding. Die wilde niet. Het ging ten koste, zei hij, van zijn gezin. Volgens mijn ondercommandant kon hij nog geen peloton naar het schijthuis afmarcheren.

En *die* man heeft Hawker doodgeschoten. Het heeft sindsdien altijd door mij hoofd geflitst als ik Bouterse ontmoette. Jij hebt Hawker vermoord.

Op een nacht, ik ben in Paramaribo, voorjaar 1982. Er wordt geschoten. Ik trek mijn kleren aan. En ik bel de kazerne. Wie krijg ik? Wilfred Hawker. "Ha, kolonel," roept hij. "Bent u het!" Ik zeg, Wilfred, hoe is het jong? Hij zegt: "Prima. We zijn bezig met een staatsgreep. We hebben de macht in handen." "Hoe is het met Bouterse?" vraag ik. "En met de anderen? Hebben jullie die al gevangen genomen?" Nee, maar dat stond te gebeuren. Ik denk, o jee. Hij vroeg me of ik een verklaring wilde doorgeven, ze beloofden verkiezingen. Die dag hebben we drie keer met elkaar gebeld. Ik heb het mis zien gaan. Ze vergaten door te drukken. Ze gaven Bouterse de tijd zich te herstellen. Achteraf denk ik: als ik die dag naast Hawker gestaan had, dan was ik vergeten dat ik militair attaché was. Achteraf zeg ik: dan had ik hem geholpen.'

De zon staat inmiddels wel erg hoog aan de hemel en bovendien: de ex-kolonel heeft nog een vaste dagregel. Om twee uur 's middags kruipt hij in zijn hangmat. Hij brengt me naar het hotel van Aracati. In een hokje voor de binnenplaats waarlangs de kamers gebouwd werden slaapt de eerste, aan de receptie de tweede en in de ontbijtkamer de derde dienstbode. De evenaar is erg dichtbij. Die avond om tien uur begint een duizendvoudig versterkte zanger met elektronische begeleiding aan een serie weemoedige liederen. Dan is iedereen wakker, tot de volgende ochtend zes uur.

De volgende ochtend, stipt om halfnegen, rijdt Bas van Tussenbroek voor.

'Goed geslapen?'

Hij neemt mij in een buggy met brede achterwielen mee naar het strand. We rijden langs de vloedlijn, we draaien hoge zandduinen op en af en we vinden een palmdak om beschaduwd verder te praten. In gedachten is het begin 1983. Bas van Tussenbroek is weg uit Suriname en terug in Nederland.

'Ik moest nog anderhalf jaar dienen. Ik werd plaatsvervangend commandant van de 43ste Pantserinfanteriebrigade, tevens kazernecommandant van de Johannes Post kazerne in Havelte. Niet slecht voor een man zonder Hogere Krijgs School.

Ze begonnen bij mij te komen, de een na de ander. Surinamers die zeiden dat ze iets voor hun land wilden doen. Of eigenlijk, die aan mij vroegen of ík dat voor ze wilde doen. Ze vroegen nooit: "Wilt u ons helpen, kolonel?" Ze vroegen: "Kolonel, wilt ú het niet doen?"

Ik ben nog maar nauwelijks terug in Nederland of er komen een paar jonge officieren bij me. Ze waren uit Suriname gevlucht na de moorden. Kolonel, wilt u naar Rotterdam komen? Ik ga, er zit een zaaltje vol gevluchte officieren bij elkaar. Kolonel! We willen iets doen tegen Bouterse! U moet de leiding nemen! Ik zeg: "Ik sta aan jullie kant. Maar ik ben in dienst van het Nederlandse leger. Het kan echt niet. Ik kan echt niet de leiding nemen. Maar wie met een idee komt, die wil ik graag helpen." Het was meteen de laatste vergadering.

Ik zit in Havelte en een van die luitenants, Richard Dielingen, rustige vent, komt me opzoeken. Ik zeg, we hebben hier een verschrikkelijk goede gevechtsopleiding enkele man. Die mag je hebben. Het is dienstgeheim, maar dat kan me niks schelen. Ik wil nog verder gaan, zeg ik. Jij en nog hooguit drie man mogen op zaterdagmorgen bij me komen. Dan gaan we de zaterdagnacht buiten doorbrengen. Leer ik jullie het nachtwerk, want ik geloof in nachtelijke expedities. Om de zaterdag komen jullie hierheen. En dan leiden jullie op jullie beurt anderen op. Die techniek zal ik je ook bijbrengen. En als het zover is, dan zeg ik, o.k., sodemieter maar op.

Ik vond dat ik ver ging, heel ver voor een actieve officier. Maar nee, dat was de bedoeling niet. De bedoeling was dat ik het zélf zou doen. Ik heb die jongen nooit meer teruggezien.

Zo ging het altijd. Een Hindoestaan komt me op het spoor, een zekere Ramsudit. Hij zegt, ik kom namens een hele belangrijke intelligente man, dr. Panday uit Rotterdam. Ik zeg, ik wil jullie ideeën geven en zeggen of er in die van jullie iets zit. Ik heb er wel belang bij. Ik heb nog een literfles Parbobier thuis staan. Die drink ik op als Bouterse dood is.

Die Ramsudit brengt me naar Amsterdam, thuis bij de ex-president dokter Chin A Sen. De *fat man* zit er ook, Oemrawsingh, die heeft het geld. Chin A Sen kijkt me aan en vraagt: "Kunt u met een compagnie Suriname voor ons veroveren?" Ik zeg: "Dokter! Ik ga al ver genoeg dat ik hier ben! Ik wil graag suggesties aandragen. Maar ik ga zelf niets op touw zetten. Er zijn genoeg jongelui, dokter, die iets willen doen. Die wil ik helpen. Het moet toch mogelijk zijn, dokter, om aan de Marowijne een paar containers vol vet en daaronder wapens in te graven. We kunnen pilotenlijnen opzetten. Ga naar Grenada, dokter. Daar liggen de wapens op straat." Dat zei ik, maar dat willen ze niet horen. Ze willen niets organiseren. Ze

willen dat het voor ze gedaan wordt. Chin A Sen heeft geluisterd en geknikt en mijn woorden mooi gevonden. Je zag
hem denken: goed, dan zal de CIA het wel oplossen. Het zijn
fantasten hoor, wat een fantasten. Die Ramsudit komt bij me
met een radio. Kolonel! We hebben een radio! Ik zeg, is ie
goed? Hij vraagt of ík dat weet. Ik zeg, ik kan de knop om-
draaien, naar links en naar rechts. Maar ik heb een neef... ik
laat die neef die radio zien. Bas, zegt die, mooi ding. Je kan ermee van Lopik naar Utrecht komen. Later hebben we vanuit
Frans-Guyana wel eens iemand naar Buenos Aires gestuurd
voor anti-tankraketten. Weet je waar die mee terugkwam?
Met een optie voor vijf straaljagers!

Het was allemaal zo Surinaams, ik ben er bitter over. Ze
hadden maar één ding paraat: een blanco chequeboek. Vul
maar in, kolonel. Waarom ik? Kolonel, u kent ons toch. Wij
zijn Surinamers, wij kunnen niet met elkaar overweg. U bent
een blanke. Naar u luisteren we.

Op de verjaardag van Hare Majesteit, 31 januari 1985, hebben we om twaalf uur 's middags op haar gezondheid een
borrel gedronken. Ik heb uit volle borst het commandolied
"Wij zijn jongens, een bonk schorem" meegezongen. En ik
heb gezegd, heren, ik ben klaar. Ik trek mijn uniform uit. Daar
wil ik nu alleen nog in begraven worden. Op 4 februari ben
ik met Irene in Roosendaal op de trein gestapt. Op 5 februari
kwamen we aan in Frans-Guyana.'

Bas van Tussenbroek vraagt mij naar de oude gevangenis van
Aracati te komen, die die avond als streekmuseum heropend
zal worden. Ik hoef maar een in lichtblauw gestoken fanfare
te volgen om op het juiste uur op de juiste plaats te zijn. De
hobbelige straten van het stadje zijn vol van mensen die
voor hun huis op de stoep zitten. Zo nu en dan komt er een
auto langs. Het stadje leeft nog in het ezelskarrentijdperk.

We passeren het busstation.

Een groepje kinderen kijkt niet op of om. Ze horen de ko-
perblazers niet eens. Ze drommen samen rond twee voor publiek gebruik bestemde televisieschermen. Daarop speelt de
jeugd van Aracati computerspelletjes.

In het museum staan, op een aandoenlijke stapel, de vele
wonderlijke vruchten van de streek uitgestald die Zilda overdag voor ons uitperst.

De volgende ochtend zitten we hogerop langs de Jaguaribe. Jongetjes gooien netten uit over het water. Karren klepperen over een wankele dam.

'Ik had mijn pensioen, ik was terug in de tropen, ik vond het best, zo. Twee keer per week zat ik met mijn bootje in het oerwoud. Aan Bouterse dacht ik nauwelijks meer en Brunswijk bestond nog niet. Ik herinner ik me alleen een invasie in Suriname van Bottse en de Bevrijdingsraad. De filmbeelden kwamen op de televisie nog voor ze de Marowijne waren overgestoken. Ik keek wel uit voor ik me met zo'n club inliet.

Zo nu en dan kwam er een Surinamer bij mij aanlopen die voor Bouterse gevlucht was en naar Nederland wilde. Ik kende uit Paramaribo een verpleegster met haar op d'r tanden. Die hielp mensen het land uit. Ze laat mij weten: 'Er komt iemand. Hij zit in de gevangenis. Hij verkeert in levensgevaar. Morgen mag hij er even uit, naar een begrafenis. Dan zorg ik dat hij weg kan.' Een dag later staat Paul Somohardjo voor mijn deur. Ik heb hem een visum voor Nederland in zijn handen gedrukt.

Een andere keer, weer die verpleegster: 'Luister Bas, er komt een Hindoestaan.' Die is ook ontsnapt en hij is hem als de sodemieter gesmeerd. Hindoestanen kunnen ontzettend bang zijn. Deze stond te trillen als een blad. Hij zegt dat hij Gobardhan heet en dat hij met zijn broer en een vriend twee jaar eerder opgepakt is omdat ze brand gesticht hebben bij de Surinaamse radio. Ik regel zijn vertrek naar Nederland. Plotseling zegt hij: "Nee, ik ga niet. Ik ga terug. Ik ga mijn broer en mijn vriend ophalen." Ineens is hij niet bang meer! Hij gaat. En hij brengt ze nog terug ook! Ze waren twee jaar lang geschopt en geslagen en getrapt door de militairen. Nu sprongen ze in het rond als gekken. Kraaiend doken ze van de boot in het water. Ze waren vrij!

Misschien heeft dat beeld me wel over de drempel geholpen. Misschien was ik daardoor wel bereid toen Rob Kasi bij mij kwam.'

Vlak daarvoor hoorde hij, zegt hij, voor het eerst van Brunswijk. Die had een militaire post van Bouterse met succes overvallen.

'Kasi kwam uit Nederland met twee Surinaamse ex-officieren. Ze wilden Brunswijk helpen. Die twee officieren zijn veertien dagen gebleven. Ze wilden geen dienst doen onder de soldaat eerste klasse Brunswijk. Er zijn er zoveel gekomen voor een week. Het eerste wat ze deden was de terugvlucht confirmeren.

Kasi bleef. Hij is de allerbeste vent die er voor mij bestaan heeft. Hij had meegedaan aan de coup van Hawker, was opgepakt en in de gevangenis gegooid. Elke dag kreeg hij een bak water. Ze gaven eten voor twaalf gevangenen. Als die bijna klaar waren werd Kasi erop losgelaten. Toen hij ontsnapte woog hij vijfendertig kilo. Hij vertelde dat Bouterse op een dag in zijn cel kwam. Hij pakt die bak water en neemt hem mee. Vanaf toen mocht Kasi alleen nog drinken bij het poepen.

Kasi begon vanuit Cayenne op en neer te rijden naar Saint-Laurent met spul voor de junglecommando's. Op een avond komt hij naar me toe. "Kolonel," zegt hij. "Ik wil u aan iemand voorstellen. Ronnie Brunswijk." Een stevige man, sportief. Hij kijkt me recht aan. Ik denk, ja, dit is een jungleleider. "Kolonel," zegt hij, "kom bij ons." Ik zeg: "Nee, dat wil ik niet. Maar ik wil je wel helpen." Vanaf toen begon hij te bellen en langs te komen. Van de Fransen mocht hij niet meer naar Cayenne. Kwam hij met een pruik op. Ik mocht hem graag. Ik heb hem niet in de steek gelaten.

In die tijd begonnen de bosnegers uit Suriname naar Frans-Guyana te vluchten. Ik zeg tegen Kasi: "Rob, die vluchtelingen, dat kan toch niet? We moeten iets doen. Een inzameling of zoiets." We bellen Eddy Jozefzoon in Nederland, dat is een gestudeerde bosneger. "Eddy, jij hebt contacten. Maak het aanhangig." De volgende dag, Zeist aan de telefoon. De zending. Ik zeg: "Er is nood hier, ik doe een beroep op u." "Wat dacht u van vijftigduizend gulden? Zullen we die vast overmaken?" In hetzelfde gesprek werd het honderdduizend gulden. Ik ga met dat geld naar de franciscanessen in Saint-Laurent waar die vluchtelingen rondhangen. De zusters hebben het weesgegroet gebeden. God zelf had een man gestuurd.

Ik kom thuis. Weer de zending aan de telefoon. "We willen u niet haasten," zeggen ze. "Maar eerste hulp is de beste hulp."

Ik zeg: "Het geld is al besteed!"

"Prachtig! Dan doen we er nog honderdduizend bij."

Om kort te gaan: ik kreeg de procuratie over het geld dat de zending opstuurde voor de vluchtelingen. De zending kreeg dat geld weer van Pronk. En ik maakte Rob Kasi hoofd van het magazijn waar de spullen in kwamen die er van dat geld gekocht werden. Die reed hij dan naar de Marowijne, tweehonderd kilometer heen en tweehonderd kilometer terug, soms twee keer op een dag. Dat er spullen voor de jungles meegingen hoefde ik niet te weten. Ik zei, Rob, het is verdomd vervelend als je wapens voor Brunswijk onder de balen rijst en de potten en de pannen meeneemt. Maar ik ga dat niet controleren. De zending is echt wel iets kwijtgeraakt.

Begin 1986 komen Jozefzoon en Michel van Rey langs. Michel is officier geweest. Hij is wél lang bij Brunswijk gebleven. Ze vragen of ik de leiding op me wil nemen. Ik zeg: "Als jullie een operatie opzetten vind ik het best dat je bij mij langs komt. Dat kan altijd. Misschien wil ik wel meedoen. Maar de leiding, dat moet je me niet vragen."

"Bas," zeggen ook zij. "Jij bent een blanke. Naar jou luisteren ze."

Ik zeg: "Dat maakt me bedroefd."

Ik hield contact met Ronnie. Hij belde. Of we zochten elkaar op aan de Marowijne. We spraken over wat hij van plan was en over hoe dat nou verder moest, politiek, want daar had hij geen verstand van. En later over dat plan met Calor.

Soms belde er iemand uit Nederland op die geld voor hem wilde overmaken. Ik herinner me een econoom uit Amsterdam, Chin, integere vent. Hij had nog wat geld liggen, zei hij. Tienduizend gulden. Of hij dat voor Ronnie op mijn rekening mocht storten. Het ging nooit om enorme bedragen. Een paar duizend francs. Ronnie kocht er wapens van of rijst of rum en sigaretten. In die tijd was ik iemand tegen wie hij aan kon praten. Wat had die jongen helemaal om zich heen? Een paar goedwillende mensen en een hoop schurken en gangsters.

Op een gegeven moment wilde Ronnie een regering maken. Ik vraag: "Waarvan? Van Stoelmanseiland?"

Ik zeg: "Dan zal je toch eerst Albina moeten innemen." Dat kon niet. Daar lag een boot van Bouterse voor de kust. Ik zeg: "Die boot moet weg. Zolang die daar ligt ben je je vingers kwijt zodra je ze in de lucht steekt." Zijn ze raketten gaan kopen. Een om te oefenen en een om te schieten. Die laatste was moe voor hij bij die boot was.'

Ik onderbreek de ex-kolonel.

'Klopt het,' vraag ik, 'dat je in die tijd oefentochten maakte met Nederlandse commando's door het oerwoud van Frans-Guyana?'

'Ja,' zegt Bas van Tussenbroek. 'Maar dat deden we voor ons plezier. Jongens van de gestampte pot. Werner van den Berg was erbij en een paar anderen.'

'Je had niet het idee om....'

'Nee,' zegt de kolonel. 'Het waren allemaal jongens die nog in het Nederlandse leger zaten.'

'... ondertussen te kijken, wie, als het zover mocht komen...'

'Ik denk,' zegt Bas van Tussenbroek, 'dat ik er dan wel een paar gevraagd zou hebben om ontslag uit het leger te nemen.'

'Ik moet er iets bij vertellen,' zegt Bas van Tussenbroek. 'Van alles wat ik deed stelde ik de Fransen op de hoogte. Ze hadden daar een man van de Direction Sureté Territoir, Francis, goede vent. Zo kwamen zij niet voor verrassingen. En ik kon ze zo nu en dan vragen de andere kant op te kijken. Bouterse had ook zijn mensen in Frans-Guyana rondlopen. Van Francis kreeg ik hun autonummers. De consul van Suriname, Middellijn, een smeerlap, zat achter vluchtelingen aan, en achter Ronnie zelf. Het hotel in Saint-Laurent noemde ik Casablanca. Daar zaten ze van alle kanten. Ik sliep er nooit. Ik sliep bij de zending. Ik at bij de nonnen.'

Uiteindelijk, zegt hij, is het misgelopen omdat de goede mensen Brunswijk in de steek lieten. Chin A Sen kwam, zei niets, en ging weer. Zelfs Van Rey is vertrokken. Op een avond kwam Van Tussenbroek hem in Saint-Laurent tegen. Van Rey had het over een nieuwe Constitutie. Het moest een presidentiële republiek worden met een sterke presidentiële

wacht. Dat zag je in Afrika, aan het hoofd daarvan stond altijd
een *Franse* kolonel. Het was wel duidelijk wie Van Rey als
president in gedachten had en wie als kolonel. Mooi, had Van
Tussenbroek gezegd. Ik hoor het wel op radio Nederland.
Want eerst een stemming, en dan een meerderheid voor Van
Rey, dat zat er nog niet bij.

Kolonel Van Tussenbroek: 'Elk vacuüm wordt opgevuld. Op
de plaatsen waar de goede mensen hadden moeten komen,
kwamen de schurken. Ik word uit Nederland gebeld door Somohardjo. "Kolonel," zegt hij. "Raymond Westerling staat op
het punt naar u toe te komen. Wat vindt u ervan?" Ik zeg: "Die
heeft niet zo'n heel goede naam in Indonesië, Paul. Bouterse
maakt je met de grond gelijk als hij hoort dat jij er de hand
in hebt!"
    "Dank u, kolonel. Het gaat niet door." '

Op het laatst, zegt Van Tussenbroek, kregen de harde jongens
rond Ronnie Brunswijk de overhand. Ze maakten een plan
om Bouterse te vermoorden en om tegelijk de positie van
Brunswijk onmogelijk te maken. 'Het is niet doorgegaan,' zegt
de kolonel. 'Ronnie heeft het tegen kunnen houden.' Het gebeurde in de tijd dat Brunswijk en Bouterse vrede begonnen
te sluiten. Bouterse zou daarvoor naar Drietabbetje komen.
Daar zouden de jungles hem neerschieten. Van Tussenbroek:
'Ik heb tegen Ronnie gezegd: "Houd er rekening mee dat die
lui van Bouterse zich op de bosnegers zullen wreken."
    Later heb ik gehoord dat Ronnie samen met Desi is gaan
baden in de rivier. Desi neemt al zijn lijfwachten mee het water in. "Ben je bang?" vraagt Ronnie. "Nee," zegt Bouterse. "En
jij dan?" "Nee," zegt Ronnie. Hij fluit tussen zijn tanden en
overal langs de oever komen gewapende jungles uit de struiken te voorschijn.'
    Eigenlijk was het toen al voorbij. Er zou echt vrede ko-
men. Van Tussenbroek heeft moeite om het te zeggen. Hij
vindt, zegt hij, dat Brunswijk uiteindelijk óók is overgelopen.

Hij rijdt ons in zijn buggy met de brede achterwielen over
zand- en gruiswegen door verstilde dorpen en langs armelij-
ke hutjes. Hier wil hij zijn dagen slijten, ver van alles, henge-
lend en met de bus door Zuid-Amerika trekkend. 't Is goed,
zo.

Thuis heeft Zilda de kreeften gekookt.

Het laatste gesprek.

'Er kwam versplintering tussen de jungles toen Ronnie ging praten met Bouterse. Op een dag komen twee van zijn ondercommandanten naar mij toe. Max Belfor, die was altijd met goud behangen. En een jongen die ook Castro heette. Toen ik naar Langatabbetje ging zat ik in de boot naast hem. Weet je wat hij las? Een tijdschrift van het Polemologisch Instituut in Groningen. Die twee wilden een ander soort junglecommando opzetten. Ze zouden naar Ronnie gaan en het uitleggen, maar Ronnie moest het wel accepteren. We hebben er in een achteraf restaurantje in Saint-Laurent een aantal uren over gesproken. Die jongens wilden geen toenadering tot Bouterse. Daar kon ik inkomen. Ik ben naar Ronnie toe gegaan en ik heb gezegd, op die manier, jongen, hang de witte vlag maar vast buiten. Ronnie ging door met Bouterse.

Er kwamen vredesbesprekingen in een hotel in Kourou. Ik krijg een telefoontje. Kun je ook komen? We vangen je wel op bij de receptie. Wie zit er achter de receptie? Ronnie Brunswijk. Ik zeg, ze hoeven boven niet te weten dat ik hier ben. Ik blijf beneden. Ze geven me het papier met het akkoord. Ik zeg: vraag er waarnemers bij, anders wordt het niets. Haal de OAS erbij. Niet Nederland. Dan geef je Bouterse alle kans. De OAS!

Het werd niets. Ik heb niet triomfantelijk gedaan. Ook later niet, toen ze naar Paramaribo gingen en de militairen op ze gingen schieten. Jozefzoon kwam terug en hij zei: "Bas, jij hebt gezegd: ga niet. Ik heb steeds aan je moeten denken toen ik onder mijn raam in dekking lag." Ik zeg: "Dat is goed, Eddy, als je ondertussen maar niet over mij gepraat hebt."

Ik heb toen nog één ding gedaan. Ik heb mijn blauwe baret gepakt die ik nog had van de tijd dat ik voor de VN in het Midden-Oosten zat. Ik heb hem opgestuurd naar Ronnie Brunswijk. Briefje erbij. "Beste Ronnie. Ik heb een beetje ervaring met vrede stichten. Dat is nog moeilijker dan oorlog stichten. Succes." '

Met de middagbus brengen Bas en Zilda mij terug naar Fortaleza vanwaar ik naar Nederland zal terugvliegen. We brengen

de avond samen door aan de zeeboulevard waar in het sei-
zoen de Argentijnen flaneren. De volgende ochtend maken
we een wandeling door de stad. Het Brazilië van de zwerf-
kinderen, de uitgestrekte krottenwijken en het fysiek geweld. Zilda raakt in het gedrang haar horloge kwijt. Bas
troost haar. Het was wel een Rolex, maar Paraguyaanse na-
maak.

In de rook van een enorme roosterplaats, waar dagelijks
vele koeien als bruingebrande lapjes op vele borden hun
kringloop eindigen, kucht Bas van Tussenbroek en zucht hij:
'Echt begrijpen zal ik ze nooit, die Surinamers. Je zou verbaasd zijn als ik je vertelde wie er allemaal bij me langs geweest zijn in Frans-Guyana omdat ze naar Nederland wilden
vluchten. Kapitein Olffers, hoofd van de Volksmilitie, ik noem
maar. Een paar weken later is Olffers terug in Paramaribo en
doet hij weer vrolijk met Bouterse mee. Steven Dendoe, een
van de coupplegers wilde ook weg. Wat denk je? Consul namens Bouterse in Amerika. Misschien zijn wij te rechtlijnig
om het te snappen. Bottse die het bloed van Bouterse wel
kon drinken is nu dikke maatjes met hem. Sedney heeft een
mooie functie in Paramaribo gekregen. Ik hoor dat Van Rey
ook bij Bouterse in en uit loopt.'

Hij neemt een flinke slok koel bier.

'Surinamers,' zegt hij. 'Ze lopen weg of over.'

'Mijn leven,' zegt hij, 'is een lot geweest dat ik niet heb kunnen ontlopen. Van Hogerhand is er een draad in gespannen. Ook als ik die niet wilde volgen, dan nog kon ik mij aan de voorbestemde loop niet onttrekken.'

Hoe is het anders te begrijpen dat hij, de zoon van een eenvoudige boekhouder, het achterkleinkind van een slavin en de kleinzoon van een contractantenmeisje dat met het allereerste transportschip uit India naar Suriname verscheept werd, dat juist hij gouverneur werd en na de onafhankelijkheid in 1975 de eerste president van de Vrije Republiek?

Op de dag dat hij geboren werd, vertelt hij, heeft zijn overgrootmoeder, Ma Tante, het voorzegd. In die tijd, in 1910, deed een zekere Killinger te Suriname een mislukte poging tot staatsgreep. 'Killinger heeft het geprobeerd,' zei Ma Tante, 'maar Johan hier, deze kleine, die gaat het lukken!' Zijn moeder zei: 'Nee, dan is er niet aan te ontkomen. Er is er Eén, Johan, die ons lot bepaalt. Dit heeft Hij jou tot lot gegeven. Je mag er niet tegen vechten.'

'Stel u voor,' zegt hij, 'hoe Johan Ferrier zich voelde toen hij tot gouverneur benoemd was! Probeer het u voor te stellen! De kleine jongen die voetbalde in de Tamarindelaan, die op het Plein stond en die naar het Paleis keek als de gouverneur daar 's middags op een balkon met zijn vrouw thee zat te drinken. Die jongen die naar de parades op Koninginnedag kwam kijken en die daar later zelf in meeliep. Stel u voor hoe die Johan Ferrier zich voelde toen hij zelf op dat balkon in die stoel mocht gaan zitten!'

Hij is zesentachtig jaar nu en hij woont, samen met zijn vrouw, in een rijtjeshuis bij Leiden. Daar heeft hij een paar wintermiddagen lang over zijn leven verteld: zo geconcentreerd soms dat hij vergat het licht erbij op te steken zodat we tegen etenstijd in het stikkedonker als schimmen tegenover elkaar zaten, twee halfgevulde koppen met koudgeworden thee tussen ons in.

Hoe meer hij vertelde, des te beter begreep ik *waarom* hij in de laatste 'vijftien lange, zware jaren' die hij samen met zijn vrouw in ballingschap in Nederland heeft doorgebracht, nooit iets in het openbaar gezegd heeft. Door al zijn vertellingen en antwoorden heen klinkt een toon die ik niet anders dan als 'koninklijk' kan beschrijven. 'Alles wat ik als gouverneur gedaan heb,' zegt hij, 'heb ik altijd geprobeerd te doen zoals ik verwachtte dat een Oranje het gedaan zou hebben': een aangeboren of tenminste aangeleerde houding om boven de partijen te staan, om verder te kijken dan de persoon van deze of de persoon van gene, dan de gebeurtenissen van de dag, hoe gruwelijk die ook zijn mogen.

Als ik bijvoorbeeld naar de figuur van Bouterse informeer vraagt de oud-president na drie minuten of we alsjeblieft niet té lang bij die persoon hoeven stilstaan. 'Diep in mijn hart,' zegt hij, 'ben ik ervan overtuigd dat de doorsnee Surinamer bepaalde personen, figuren, niet zal accepteren als leider van het land. Mag ik het zo formuleren?' En als ik aandring: 'Ik hoop niet hem te moeten ontmoeten onder omstandigheden die het mij moeilijk zouden maken en hem misschien ook.'

Het koninklijke lijkt hem een tweede natuur geworden, of misschien wel de eerste: zou hij daarom zo graag geloven dat hij bij zijn geboorte al door onzichtbaar Hogerhand tot zijn latere ambt werd geroepen?

Verwacht van een koninklijk man geen scherpe uitspraken over personen, hoezeer hij die ook minacht: uiteindelijk zijn ze onderdaan. En verwacht geen oordelen over het alledaags politieke, hoezeer hij daarin meeleeft: een koning spreekt in algemeenheden. Tegen zijn landgenoten die vol verdriet, woede en verbittering naar hun aan lager wal geraakte vaderland kijken, zegt hij: 'Vergis je niet! De amandelboom staat nog bij de stenen trap, alleen de bladeren zijn niet meer dezelfde. Die boom is geworteld in de Surinaamse bodem. En zolang hij daar zijn wortels heeft zal hij groeien en nieuwe bladeren voortbrengen en kunnen we in zijn schaduw rusten.'

In zijn land hebben dictatuur, moord en burgeroorlog elkaar opgevolgd. Om de gruwelen heeft zijn hart geweend. Maar tegen al degenen die voor het geweld gevlucht zijn zegt hij: 'Ooit komt de dag dat jullie het zaad dat je gestrooid hebt zelf kunt laten uitwassen. Dan zal er nieuw zaad ontstaan dat jullie aan een volgende generatie kunnen doorgeven.'

Als die dag daar is, dan zal ook hij terugkeren naar het land zijner vaderen. Al zijn boeken, al zijn bezittingen staan daar in kisten verpakt op hun eigenaar te wachten.

Het Suriname waarin hij geboren werd is het 'gelukkig oord' waar ouders er een eer in stelden om hun kinderen de best mogelijke opvoeding te geven en waarin kinderen het patroon volgden dat hun ouders ze voorhielden. Hij draagt de dierbare herinnering met zich mee aan een onbezorgde jeugd van padvinderen, en voetballen – één keer heeft Johan Ferrier als linksbuiten in het nationale elftal mee mogen spelen. Thuis tegen Brits-Guyana. Gewonnen. Zijn Suriname is de vreedzame wereld waarin hij man werd, trouwde en kinderen kreeg.

'Ik voor mij,' zegt hij, 'ik ben ervan overtuigd dat diep in zijn hart de Surinamer nog altijd dezelfde is: vriendelijk, tegemoetkomend, de medemens als medemens ziende. Lieve, behulpzame mensen, altijd bereid om van het weinige dat ze hebben iets af te staan aan anderen.' Nog altijd meent hij dat 'wij Surinamers niet op elkaars bloed af zijn. We hebben een grote mond. Maar zodra het op vechten aankomt beginnen we te roepen: "Houd me vast, houd me vast!" '

Natuurlijk ziet hij dat zijn land veranderd is, dat cocaïne en geweld hun intree gedaan hebben. En natuurlijk ziet hij dat 'in deze dagen het ideaalbeeld voor sommige jonge Surinamers geschapen wordt door de lui, die in hun snelle Porsches door de stad trekken, met goud behangen. Die jongelui weten dat hun rijkdom niet is verkregen door volharding en arbeid, maar langs wegen die door hun ouders niet geaccepteerd worden.'

Maar *hoe* het zo heeft kunnen komen, en *waarom* het geweld in zijn land gemeengoed heeft kunnen worden? 'Volgens de verhalen,' zegt de oud-president, 'hebben buitenlanders, mensen die niet wisten wie ze doodschoten, het geweld in het land gebracht.'

Voor zover hij, 'u noemde hem, de figuur van Bouterse', voor zover hij die *zelf* meegemaakt heeft, heeft hij ook in die figuur een Surinamer gezien, een voorkomend man, beleefd en tot luisteren bereid.

Er zijn, zegt hij, bij deze man later motiveringen bij gekomen die hij niet kan doorgronden. Die hebben van *zijn* Bouterse een ander persoon gemaakt hebben.

Wat voor persoon?

'Niet meer de persoon aan wie ik de jonge dienstplichtigen zou toevertrouwen.'

Ik vraag hem of hij er, achteraf, spijt van heeft dat hij, als president, de staatsgreep die Bouterse aan de macht bracht gepardonneerd heeft. U had toen óók kunnen aftreden: tot hier en niet verder.

Ferrier: 'Dat heb ik mezelf inderdaad afgevraagd, later. Had ik moeten weggaan? Ik ben tot de conclusie gekomen, ook terugkijkend, ik weet nu dat ik niet had moeten weggaan. Ik was niet fout. Stelt u zich voor! De regering was ondergedoken, niet te vinden. Er was maar één persoon naar wie de mensen konden kijken om ze weer vertrouwen te geven en die persoon was ik. Ik heb me toen overal laten zien: in de stad, op het plein, aan de waterkant. De president is er nog! Er werd beroep op mij gedaan. President, je moet blijven! President, we vertrouwen op je! President we hopen op je! Ik zeg u: ik heb een ogenblik de neiging gehad om weg te gaan. Maar wat moest er dan gedaan worden voor al die mensen die kwamen kijken op het Onafhankelijkheidsplein en die zich afvroegen: wat doet de president? Ik had niet anders gekund.'

Er waren, zeg ik, doden gevallen. En u heeft dat *'de jongens'* vergeven.

'Ze zijn bij mij gekomen. Ze hebben mij plechtig beloofd om de democratie te herstellen. Die belofte hebben ze later gebroken.'

U had sympathie voor ze.

'Tot aan de eerste dode had ik sympathie voor ze, zeker. Ik zag ze als weerbarstige jongeren, ik moet ze noemen: onte-

270

vreden militairen. Ze kwamen in opstand ja, maar niet tegen de politici. Tegen hun legerleiding.'

Ze schoten het politiebureau in brand en ze namen de halve regering gevangen!

'Ik heb mijn adjudant opdracht gegeven om een telegram aan de opstandige militairen te bezorgen dat ze de wapens moesten neerleggen. Via dezelfde adjudant kreeg ik antwoord: "Doctor Ferrier, ú bent de president van de Republiek Suriname en u blijft de president." Ze vroegen me om een gesprek. Daarop heb ik geantwoord: als jullie tot rust bent gekomen, dan wil ik met jullie spreken. Vandaag over een week. Ze zijn bij me gekomen en ik heb gezegd: ik blijf alleen president op basis van de Grondwet. Dit is mijn positie. Die respecteren jullie, of die respecteren jullie niet. Ze zeiden: "Die respecteren wij volledig."

Ze hadden bezwaar tegen een paar artikelen in de Grondwet, een paar paragrafen. Ik heb gezegd: "Alleen als het parlement die wil veranderen, zal ik daarmee akkoord gaan." Ze zeiden: dan moet het parlement maar spreken. Ik weet het. Onder druk van geweld, onder bedreiging van wapens. Dat had een waarschuwing kunnen zijn. Maar toen, op dat moment, het zijn grote woorden, ik weet het. Op dat moment voelde ik mij de bewaarder van het land en de bevolking.'

U zag geen onderlaag, geen plan dat verder reikte?

'Als dat er geweest is, dan heeft niemand het gezien. Ook de president niet, kan ik u wel zeggen.'

'Nee!' zegt hij, voor de eerste en enige keer fel. 'Ik ben niet weggejaagd! Ik ben weggegaan!'

Hij vertelt de afloop, een halfjaar na de staatsgreep, zomer 1980. 'Ik hoorde het voor het eerst van de Venezolaanse ambassadeur Rumbos die in mijn huis woonde. Hij gaf een receptie. Toen ik even met hem alleen was zei hij: "Ik moet het je zeggen. Ze zijn bezig je te ondergraven." Ik zeg: "Dat kan je hier zo niet zeggen. Kom naar het Paleis om het me te vertellen." Hij komt en hij vertelt wat er gaande is. Dat ik te veel aan de Grondwet hecht en aan het parlement en aan de democratie zoals ik die zie. Toen kwam Chin A Sen, want die was eerste minister. Hij moest volgens de Grondwet op 1 september de begroting aanbieden aan het parlement. Hij zegt: "Hoe kan ik in het parlement gaan praten? Wie hebben

ze achter zich?" Hij wilde op het Plein, ten overstaan van het
volk. Ik zeg: "Het parlement is de Volksvertegenwoordiging.
En de Grondwet schrijft het voor." Spoedvergadering. Eerst
kwamen de militairen, Bouterse en Horb. Die zeiden: niks
parlement. Er is hier een linkse tegencoup aan de gang. De
leiders hebben we al gearresteerd. Ze worden gesteund door
personen uit het parlement. Het parlement moet verdwijnen. En geen verplichtingen meer voortvloeiende uit de
Grondwet.

Ik heb tegen ze gezegd: "Luister! Een paar maanden terug,
na jullie ingreep, hebben we dit punt besproken. Jullie waren van mening, de Grondwet verdwijnt niet, het parlement
verdwijnt niet. Nu zijn jullie een andere mening toegedaan.
Ik niet." "Ja maar dit en ja maar dat." Ik zeg: "Ik heb het gehoord, ik zal er met de minister-president over spreken."
Chin a Sen komt, hij is het met ze eens. De Grondwet moet
verdwijnen. Het parlement moet verdwijnen. Ik zeg: "Ergo:
Ferrier moet verdwijnen. Welnu, Ferrier gaat verdwijnen. Ik
zeg je bij deze dat ik verdwijn. Ik zal zo gauw mogelijk mijn
spullen uit dit huis halen zodat de volgende president..."
Chin A Sen zegt: "We hebben al beslist wie de volgende president wordt. Ik." '

Alsof het landsbelang daarvan afhangt zegt hij meteen daarop dat hij aan twee problemen het hoofd moest bieden.
Waar moest de nieuwe president Chin A Sen de eed afleggen? En wie moest hem de ambtsketen omhangen?
   'Ik had altijd de ideale gedachte gehad dat ik zelf de nieuwe president de ambtsketen zou omhangen: in het parlement. Nu was er geen parlement meer! Ik heb tegen Chin A
Sen gezegd: "Ik ga geen ambtsketen omhangen. Je kunt hem
komen afhalen." '

Hij vertelt dat Bouterse, een dag nadat Chin A Sen de eed
heeft afgelegd, naar hem toe is gekomen. 'Hij maakt het grap-
je, ik heb mijn wapen bij de wacht gelaten hoor! Ik zeg: "Met
of zonder wapens, het doet er niet toe." Hij zegt: "U moet afscheid nemen van de bevolking!" Ik zeg: "Weet je wel waarover je praat? Jullie hebben de noodtoestand hier. Er is een
samenscholingsverbod, er mogen niet drie mensen bij elkaar
lopen!" "U heeft gelijk," zegt hij. "Maar u kunt niet weggaan

zonder afscheid te nemen van uw jongens, van de manschappen." Ik zeg:"Hoe moet ik in de kazerne komen? Ik heb geen functie." "Jawel," zegt hij. "U bent oud-president. Ik laat u ophalen en we brengen u met voorrijders en achterrijders in de nummer één naar de Memre Boekoe kazerne."

De zaterdag voor mijn vertrek naar Nederland ben ik erheen gereden met al het vertoon dat ik vroeger ook had. Ik heb gesproken en ik heb tegen de soldaten gezegd: "Jullie zijn nu een element in de macht in Suriname. Dat gaat niet zo blijven. Er is afgesproken dat uiterlijk mei 1983 Suriname terugkeert in de democratie. Dat is afgesproken! Jullie volgen in het leger een opleiding. Jullie moeten leren wat ik jullie steeds heb voorgehouden: discipline."

Er werd geklapt.

Toen heeft Bouterse gesproken. Hij heeft mij als voorbeeld aan de jongens voorgehouden. Zoals hij is geworden uit het niets, zei hij, door ijver en inspanning enzovoorts, enzovoorts: hij is een voorbeeld. Dat voorbeeld moeten jullie volgen.

Vlak voor Ferrier wegging kwam Bouterse naar mij toe. Met een bandje. "Ik heb alles opgenomen," zegt hij. "Niemand zal later kunnen zeggen: de militairen hebben u verjaagd."'

De volgende dag is de ex-president naar Nederland vertrokken. Met de boot. In de kapiteinshut. Hij dacht: dat duurt veertien dagen. Als ik in Nederland aankom is iedereen alles vergeten.

Maar dat was niet zo.

Onderweg kreeg hij een telegram van zijn dochter Joan dat de aankomst anders zou verlopen dan hij mogelijk dacht.

Dat was wel zo.

Op de kade stonden, namens de Koningin, de hofauto's gereed die hem en zijn gezin naar hun tijdelijk huis bij Leiden reden. Haar secretaris kwam hen van boord halen.

In het halfduister zegt hij het nogmaals: *predestinatie*. Dat moet het geweest zijn. Behalve Ma Tante heeft ook de vader van zijn eerste vrouw het hem voorzegd. Die was horoscooplezer, de bekendste van Suriname. 'Hij heeft mijn horoscoop gelezen en ook hij heeft gezegd, Johan, er staan met jou dingen te gebeuren waaraan jij je niet kan onttrekken.'

Punt voor punt, als maakt hij zijn balans op, noemt de ex-gouverneur en -president de momenten waarop zijn levensloop een wending nam die hij toen niet gewild of nagestreefd heeft, maar die hem achteraf wel dichter bij het ambt gebracht hebben. Hoe anders zou het gegaan zijn wanneer hij als jongen van twaalf wél naar de Hendrikschool gegaan was? Hij wilde dokter worden. Dan moest je naar de Hendrikschool. 'Nee hoor,' zei zijn vader, 'haal dat maar uit je hoofd, Johan. Na jou komen er nog zes. Daar heb ik geen geld voor. Jij wordt onderwijzer.' Zou hij als dokter ook... nee, zeker niet. En wat zou er gebeurd zijn als hij, eenmaal onderwijzer, op een traktaat van 2400 gulden naar de Oost gegaan was? 'Nee hoor,' zei alweer zijn vader, 'als jullie, jonge mannen die iets kunnen doen voor anderen in dit land, allemaal naar andere landen gaan, wie werkt er dan voor de toekomst van dit land? Daar komt niks van in, Johan!'

Als jong onderwijzer kwam hij in de vergadering van het Surinaams Onderwijzers Genootschap: ze maakten hem voorzitter! Hij zei: hoe kan dat? Ik ben een van de jongsten hier! Maar het gebeurde wel. Zo werd hij lid van de Surinaamse Staten. Als hij dat niet geworden was – zou hij dan ook die contacten gekregen hebben met professoren en politici toen hij later naar Nederland ging om daar zijn doctoraal pedagogiek te halen? En zou hij dan, terug in Suriname, ook directeur Onderwijs en premier van een zakenkabinet zijn geworden? En zou hij, na de val van dat kabinet, in Nederland Raadsadviseur geworden zijn bij de latere minister-president Cals, als hij die eerder niet toevallig in de Wereld Jongeren Organisatie ontmoet had? En wat als hij niet zou zijn ingegaan op het plotselinge en onverwachte aanbod om in Suriname directeur te worden van het bauxietbedrijf Biliton? 'Ziet u wat ik bedoel? Ik heb geen van deze dingen gedaan met de gedachte aan gouverneur worden. Maar ze zijn er wel allemaal een voorbereiding op geweest. Toen het zover kwam kende ik de ambtelijke wereld, de politieke wereld, de diplomatieke wereld en de wereld van het geld.' Tamelijk wonderlijk, wil hij maar zeggen, voor een onderwijzer. 'En ik kende Suriname en de Surinamers. In het eerste kabinet dat ik heb beëdigd waren er van de elf ministers acht oud-leerling van mij!'

274

In zijn jonge jaren heeft zich het gedachtengoed gevormd dat hem later bij uitstek geschikt zou maken om Hare Majesteits Vertegenwoordiger in de West te worden: een gezegende combinatie van honderd procent pro-Suriname en honderd procent pro-Nederland tegelijk. Hij en zijn vrienden konden zich, op warme middagen langs de waterkant, urenlang opwinden over Hollandse ministers die weer eens geen raad wisten met Suriname en die, als Colijn, hoopten dat de Atlantische Oceaan ooit zo vriendelijk wilde wezen om over dat onnutte land heen te spoelen. Hún Suriname! Het land waarvoor ze de liefde van huis uit hadden meegekregen! 'Mijn vader,' zegt Johan Ferrier, 'gaf mij elk boek over de Surinaamse geschiedenis te lezen dat hij maar te pakken kon krijgen.' Daar langs de waterkant richtten hij en zijn vrienden de Unie Suriname op, slogan: Baas in Eigen Huis. Kort na de oorlog werd hij voor die Unie Statenlid.

En tegelijk voelden ze zich in al hun vezels verbonden met Nederland en met Oranje: elk van die vrienden had, als hij, een portie Hollands bloed in zijn cocktail. Ze spraken Hollands, ze dachten Hollands, ze leefden Hollands. Zijn eigen vader, zegt Johan Ferrier, was collectant en diaken van de Nederlands Hervormde Kerk aan het Kerkplein. Hijzelf zou later collectant worden en diaken van dezelfde kerk.

Er liepen in het Suriname van die dagen puurder nationalisten rond, mannen als pappa Koenders en meester Bruma, radicale antikolonialisten. Die hielden evenveel en misschien nog wel meer van Suriname, maar om Nederland, daar gaven ze niet veel om. Dat land zagen ze niet als hun Voorbeeld, hun Vader en Moeder tegelijk. Dat land zagen ze als hun uitbuiter en onderdrukker door de eeuwen heen.

Zou Ferrier zich bij hen hebben aangesloten: geen ogenblik zou het bij enige Nederlandse Majesteit en bij enige Nederlandse regering zijn opgekomen om hem tot hun Plaatsbekleder in Paramaribo te benoemen.

Als kind (welp), als jongen (verkenner) en als man (hopman en oubaas) vond hij zijn echte thuis niet in een politieke of antikoloniale beweging maar bij de afdeling Paramaribo van de Nederlandse Padvinderij. Op een dag, vertelt hij, kreeg hij bij toeval het boek *Scouting for Boys* in handen. Van toen af

knoopten hij en zijn vrienden touw en lazen ze kompas: heel
Suriname hebben ze, kamperend, leren kennen. Voorbeschik-
king? Je ging op kamp met de zoon van de bankdirecteur en
met de jongen van het achtererf, met alle geledingen van de
Surinaamse bevolking. Toeval? 'In negentien drie zeven, dan
zal je wat beleven, dan komt de jamboree naar Nederland': in
het schemerduister van zijn huiskamer zingt de oude president het liedje met glimmende ogen en vol overgave. Heel
zijn leven, zegt hij, is hij padvinder gebleven. Tot de dag van
vandaag onderscheidt hij zijn medemens in padvinder en
niet-padvinder.

Als padvinder heeft hij in 1943 meegelopen in de optocht,
toen Juliana en Bernhard in Suriname waren op huwelijksreis. Hij was toen drieëndertig jaar, getrouwd, vader, en hij
was benoemd aan dezelfde Hendrikschool die voor hem als
leerling te duur geweest was. Na die optocht, zegt hij, mocht
hij voor het eerst een Oranje ontmoeten.

Hij weet niet of het hem past daarover uit te weiden: feit is
dat er tussen het Huis van Oranje en zijn gezin een zeer hartelijk contact is.

De eerste keer dat hij een Oranje sprak was op de historische dag van Juliana's kroning: als Surinaams Statenlid was
hij in de Nieuwe Kerk aanwezig. Hij was toen in Nederland
voor studie. 'We voeren de Schelde op', herinnert hij zich
zijn eerste bootreis. 'Zover je kon zien, de ene kerktoren na
de andere. Indrukwekkend. In Suriname, als je op een boot
zit, dan zie je niks. Alleen de oever.'
   In de kerk vroeg Bernhard hem of hij speciaal voor de gelegenheid was overgekomen. Op zijn eerlijk antwoord heeft
Bernhard gebromd: 'Nou, dan heeft Suriname zich er wel op
een koopje van afgemaakt.' Na de plechtigheden is hij teruggegaan naar tante Mina bij wie hij woonde. Ze was ontzettend trots op 'haar zoon'. Zelf heeft hij gauw zijn deftige pak
uitgetrokken en is hij in de Dapperstraat gaan dansen.

Het echte contact dateert van de reis die Koningin Juliana en
Prins Bernhard begin jaren vijftig door Suriname gemaakt
hebben. Hij heeft ze toen, als premier, mogen rondleiden.

Bernhard was beslist verdrietig, door het ongeluk zijn vriend en strijdmakker overkomen; Ferrier heeft hem geregeld weten op te monteren. Sindsdien, zegt hij, is er vriendschap ontstaan en gebleven tussen de Ferriers en het Huis van Oranje.

'Ik weet niet of ik het mag zeggen, maar u weet: het grootste probleem van Juliana was haar jongste dochter. Ik heb pedagogiek en psychologie gestudeerd. Juliana heeft me gevraagd of ze mijn proefschrift mocht lezen. Dan kan ik, zegt ze, lezen wat ú daarover schrijft. Ze heeft het gelezen en ze heeft me gevraagd om erover te komen praten. Ik heb gezegd:"U moet niet vergeten, elk gehandicapt mens krijgt van de Schepper het vermogen om andere krachten in zich te ontwikkelen die de handicap zo weinig mogelijk fnuikend maken." Ik zeg:"U moet uw dochter niet zien als een gehandicapte. Behandel haar als een normaal kind. Dan geeft u haar ruimte." Later, toen Beatrix in Suriname was, heeft ze gezegd:"We weten wat u moeder verteld heeft. Ik durf u te zeggen, ze heeft het ter harte genomen."

Omdat we toen zo open gesproken hebben met elkaar is er een goed contact tussen ons gekomen. Ik zal nooit vergeten: ik was in Nederland met vakantie want het gouverneurshuis was zo lek als een zeef, het dak moest gerepareerd worden. Toen heeft Juliana mij opgebeld om te zeggen dat ze af ging treden voor Beatrix. Ze zei:"Ik wil het u zelf vertellen." '

'Ja,' zegt hij, 'dat denk ik wel. Ik vermoed dat Juliana wel een stemmetje gehad heeft in mijn benoeming.'

In 1958 heeft ze hem gevraagd of hij haar dochter Beatrix wilde begeleiden bij haar bezoek aan Suriname. Legio zijn de verhalen! 'Op een dag komen we in een bosnegerdorp. Beatrix krijgt van het dorpshoofd een aapje cadeau. We varen terug naar het logeergebouw. Al die tijd houdt zij het aapje tegen zich aangeklemd. De volgende morgen vraagt het wasmeisje: waarom hangt de jurk van Beatrix buiten. Waarom heeft ze die niet aan mij gegeven? Dus mijn vrouw vraagt aan Beatrix: wat is er met die jurk? Zegt ze: dat aapje moest zo nodig, ik heb 'm onder mijn blouse gestopt. Ze vraagt: hoe heet zo'n aapje? Ik zeg: dat is een kesikesi. Nou, zegt ze, dan noem ik hem Kissie. Ze gaat terug naar Nederland. Komt freule Roëll naar mij toe:"U moet dat beletten hoor. Ze wil dat aapje meenemen naar Nederland." Ik heb het geprobeerd. Geen denken aan. Kissie moest mee. Ik heb de veearts laten komen. Injectie gegeven. Aapje naar Nederland. Bij ons eerstvolgende bezoek aan Soestdijk hebben we zelf kunnen zien hoe dat aapje daar alle stoelen kapotgemaakt heeft. Tot slot van alles kreeg ik een demarche van de Japanse ambassadeur in Den Haag: waarom het aapje van Beatrix de roepnaam droeg van de Japanse kroonprins!

Doodmoe waren we toen ze vertrok. U weet, op bezoek in Suriname is zij de hoogste, dus zij loopt voor ons uit. Ze loopt niet langzaam hoor! Alles wat achter haar aankwam had al die tijd lopen hollen!

Van toen af, zegt hij, kenden ze elkaar en schreven ze elkaar.

Later, toen hij al gouverneur was, heeft hij Beatrix en Claus op hun huwelijksreis door Suriname gegidst. Vol vertedering herinnert hij zich hoe Claus en hij, midden in het oerwoud, zittend op een rotsblok in de Tapanahony-rivier, met een wereldontvanger aan het oor luisterden naar de landing op de maan.

En toen, op een dag in 1967, komt de chef van het kabinet van minister Bakker naar hem toe en die zegt: 'De minister gaat je vragen of jij de volgende gouverneur van Suriname wil worden. Hij heeft er al over gesproken met Pengel, en die vindt het goed.' In de gesprekken met minister Bakker heeft hij gezegd: 'Ik doe het alleen als ik een *Surinaamse* gouverneur in *Suriname* mag worden.'

'Dus ik krijg een telefoontje van Jopie Pengel die toen premier was. Ik kom bij hem en hij zegt: "Ik ben zo blij hoor dat ik het je mag vragen: Wil jij de volgende gouverneur van Suriname worden? Maar zeg geen nee hoor. Je kan geen nee zeggen, want ik heb al ja gezegd." Ik zeg: "Het is goed hoor. Ik heb er al met mijn vrouw en mijn kinderen over gesproken."

En zo kwam Johan Henri Eliza Ferrier op het balkon in de stoel met het Nederlandse wapen erin gesneden.

Ik vraag hem of hij, als gouverneur, ooit instructies gehad heeft die tegen zijn Surinaamse gevoel ingingen. Hij lacht en zegt van niet: zover heeft hij het nooit laten komen. Er was een ogenblik, zegt hij, de val van het kabinet Pengel. Er waren onderwijzersstakingen. Als gevolg daarvan had Pengel het ontslag van zijn kabinet aangeboden. Ferrier: 'Jopie dacht, ik heb de meerderheid in de Staten. De gouverneur kan niet buiten mij. Ik zei u al, ik heb vrienden overal. Een van die vrienden komt naar me toe en zegt: "Pengel denkt dat hij de meerderheid heeft, maar die heeft hij niet hoor. Een paar van ons krijgt hij niet mee." Ik heb de val van Pengel naar Nederland gerapporteerd – ze hadden al juristen van verschillende departementen bij elkaar in conclaaf hoe het opgelost moest worden. Ze waren nog druk bezig toen ik kon berichten: "Ik heb de oplossing al hoor! Pengel haalt het niet. Een zakenkabinet. En dan vervroegde verkiezingen." Jopie schreef een vergadering uit van zijn partij. "Ferrier," riep hij, "gaat geen regering kunnen vormen zonder mij hoor! En als ik in de regering kom, dan moet Ferrier maar weg!" De Staten komen bijeen: Pengel heeft geen meerderheid. Dus er komt een zakenkabinet. En er komen vervroegde verkiezingen. Ziet u wat ik bedoel? Ik heb altijd gezegd tegen Nederland: geef Suriname de gelegenheid om een Surinaamse oplossing te vinden! Begrijpt u? Toen het voor Jopie misgegaan was stond plotseling Kraag bij mij want die was minister. Hij zegt: "We trekken ons ontslag in. Mogen wij de portefeuilles weer terug?" Ik zeg: "Joh, wat bezielt je? Ik heb mijn maatregelen genomen hoor." Kraag ging terug met die boodschap. Belt Jopie op: "Ik weet toch dat u en Kraag goed zijn. Daarom heb ik hem met die onmogelijke boodschap gestuurd." Zo was Jopie ook weer: zo fair om meteen te bellen.'

Ik zeg: 'Dat was het einde van Pengel.'

Ferrier: 'Helaas, helaas, helaas. Hij werd niet lang daarna ziek. Ik mocht bij hem komen in het ziekenhuis en we hebben op Surinaamse manier afscheid genomen. Een geweldig bewogen nationalist, dat was hij. Ik zie hem nog lopen door Paramaribo. Professor Van Blommestein dacht dat er olie was gevonden. Jopie was gek over die petroleum. Hij had zijn hemd gewassen in die olie en daar liep hij mee door de stad.'

Ik vraag: 'U benoemde een interim-kabinet, een zakenkabinet, een *niet*-politiek kabinet. Had zo'n kabinet in uw hart altijd de voorkeur?'

Ferrier: 'Het kabinet dat ik voorgezeten heb was een deskundigenkabinet. Het interimkabinet was dat ook. Het was mijn overtuiging dat je, wil je een ontwikkelingsland vooruit helpen, een *technocrate* regering moet hebben. Echt een technocratie. Dé oplossing voor Suriname zou geweest zijn: een technocratische regering.'

En dat vond u ook toen u, na de staatsgreep, als president...

'Ik heb aan Bruma die toen formateur was en aan de militairen voorgesteld: een kabinet van zes capabele, integere, intelligente mensen. Je hebt er nú de kans toe. Zet een technocrate regering aan het werk! Ze hebben anders gekozen.'

Johan Ferrier: 'Toen ik in 1968 gouverneur werd heb ik geen moment voorzien dat er ná mij geen gouverneur meer zou zijn. Ik had er geen idee van dat de relatie tussen Suriname en Nederland... ik kan u zeggen, nog in 1973 kwamen er mensen naar mij toe om met mij over mijn opvolging te spreken! Daaronder waren er die zichzelf presenteerden. Dus toen Arron met die regeringsverklaring kwam... die verklaring is uiteraard met mij besproken. Ik heb de vraag gesteld: "Zijn jullie overtuigd dat je de meerderheid achter je hebt?" "Ja," zegt Arron. "En het is de tijd ervoor." Ik zeg: "Vanuit Nederland bereiken ons berichten in deze richting. Ik meen dat we deze weg kunnen gaan." Ik dacht: we zijn gegroeid. We hebben voldoende natuurlijke hulpbronnen in exploiteerbare hoeveelheden. We hebben een betrouwbaar politiekorps. We hebben capabele planners en uitvoerders. Nederland wil het. Als wij het niet doen, dan wordt het ons opgelegd. We kunnen op eigen benen staan. En de band met Nederland wordt niet doorgesneden.'

Ik zeg: 'De Hindoestanen waren fel tegen. En onder hen die vóór waren, waren er velen die voor alle zekerheid toch maar hun koffer pakten.'

Ferrier: 'Met tranen in de ogen. En in die richting geduwd door hun leiders!'

Ik zeg: 'Ze hebben gelijk gekregen.'

Ferrier: 'Niemand van ons heeft in 1975 voorzien wat er in 1980 zou gebeuren. Als je terugblikt, ja, dan kan je zeggen, wat hebben ze geboft, die toen dat besluit hebben genomen. En hoezeer zijn diegenen te beklagen die in vertrouwen op de toekomst en in bereidheid om te werken, gebleven zijn om, laat me zeggen, in de modder dit land op te bouwen.'

280

Ik zeg: 'Het dreigde in 1975 op een burgeroorlog uit te lopen.'

Ferrier: 'Daar heb ik nooit in geloofd. Zelfs in 1975 niet
toen men meende: hier komt Suriname nooit meer uit. In
een gesprek met minister De Gaay Fortman heb ik gezegd:
breken jullie je hoofd hier niet over! Geef ons Surinamers de
kans om de Surinaamse problemen op zijn Surinaams op te
lossen. In mei toen in Paramaribo branden gesticht werden,
toen waren Den Uyl en De Gaay Fortman hier en ze zagen
het zeer, zeer, zeer moeilijk in. Maar ook toen hebben we beslist: geen ingrijpen. En toen het opgelost was, toen zeiden
ze: je hebt gelijk gehad.'

Wat heeft u als gouverneur aan de oplossing kunnen bij-
dragen?

'Ik heb hier en daar een duwtje gegeven. In de beslissende
Satenvergadering heeft Lachmon, de leider van de oppositie,
van de tegenstanders, mij opgebeld. Ik had al met Arron afgesproken: binnen niet al te lange tijd na de onafhankelijkheid
verkiezingen. Dus toen Lachmon belde, toen zei ik: "Je hebt
deze garantie: binnen niet al te lange tijd verkiezingen." En
toen zei hij: Excellentie, u wint." De vergadering is voortge-
zet. Arron en Lachmon hebben elkaar omhelsd.'

Op dat moment, zegt Ferrier, stonden al zijn bezittingen in
containers verpakt klaar op de kade. De bedoeling was dat
hij en zijn vrouw en zijn kinderen, op de dag van de onafhankelijkheid, met de laatste Nederlandse troepen terug naar
Nederland zouden vliegen.

Ferrier: 'Lachmon belde op. Ik wil met u praten. Hij komt
en hij zegt: "Wilt u de eerste president worden?" Ik zeg: "De
containers staan al ingepakt op de kade." Toen kwam Arron.
"Wilt u de eerste president worden?" Toen moesten die containers weer uitgepakt worden. Ik heb erin toegestemd. Maar
ik heb gezegd: voor een heel korte tijd. Tot die verkiezingen.
Dan kan het nieuwe parlement een nieuwe president kiezen.'

De dag van de onafhankelijkheid – hij heeft er, zegt hij, maar
één woord voor: *geluk*. De Grote Avond zelf, in het stadion –
'iedereen die erbij was weet hoe er gejuicht werd toen de
Surinaamse vlag omhoog ging. En dat er nog harder gejuicht

werd toen Lachmon en Arron elkaar om de hals vielen. Ik gaf
ze allebei een duwtje en ik zei: laat dat nog eens zien. Ze
sloegen de armen nog eens om elkaar heen en er brak een
gejuich los van hier tot gunder!'

De volgende dag legde de nieuwe president de eed af op
de Grondwet. 'Mijn voeten waren zwaar toen ik liep van de
stoel waarin ik zat naar de lessenaar waar ik "Zo waarlijk helpe mij God almachtig" moest zweren. Bij elke voetstap die ik
daar nam had ik het gevoel: dit zijn de eerste stappen op de
nieuwe weg die je nu moet gaan afleggen.'

Hij is er, zegt hij, bij geweest toen Juliana de woorden sprak:
'Zo waarlijk helpe mij God almachtig.' Toen hij zelf de eed
moest afleggen als eerste president van de nieuwe republiek, toen heeft hij gedacht: kijk, dat gebeurde daar toen in
die kerk en nu gebeurt het hier in deze kerk, en nu mag *ik*
het zijn die deze woorden spreekt.

Na die plechtigheid liepen ze naar buiten. Als gebruikelijk,
zegt hij, liep hij een stap achter Beatrix. Waarop zij zei: 'Nee,
mijnheer de President. Nu loopt u vóór!'

Nauwelijks vijf jaar later schoten zestien sergeanten het Suriname van Ferrier aan flarden – de toekomst was aan het zoveel hardere land van Bouterse. Dat was het breekpunt. Maar
zoals altijd: voor wie het zien wil kondigt een breekpunt
zich ruim van tevoren aan.

Als president heeft Ferrier de tekenen niet gezien. Hij die
door lot en lange voorbereiding bestemd was om Harer Majesteits Gouverneur te worden, werd zonder voorbereiding
en bij verrassing President. Hoe kon deze man, de belicha-
ming van het fatsoen, van een woord dat een woord is en
van het vaderlijk gezag dat vanzelf spreekt – hoe kon deze
man zien dat behalve zijn functie ook de wereld om hem
heen veranderd was? De nieuwe leiders, laat staan de militairen, hadden geen van allen bij hem op school gezeten.

Vanaf de dag dat hij president werd kreeg Ferrier te maken
met een nieuw verschijnsel: met mensen die hun woord *niet*
hielden. Telkens en telkens, tot en met de belofte van de militairen om zich aan de Grondwet te houden en de democratie te herstellen, probeerde hij mensen aan hun woord te

houden die dat beloofden en die dat ondertussen niet van plan waren.

'Telkens en telkens,' zegt hij, 'ettelijke malen heb ik na de onafhankelijkheid aan Arron gevraagd: wanneer komen nou die verkiezingen? Mijn vrouw en ik, we zitten hier lang genoeg. Het wordt tijd dat er anderen komen. Het was een belofte aan mij, een belofte aan Lachmon en die werd niet gehouden. Het was niet *mijn* woord dat gebroken werd, ik kon niks doen. Telkens accepteerde Lachmon het uitstel, zij het telkens onder protest. Tot hij helemaal buitenspel werd gezet. Toen dacht ik: Ik moet de knoop doorhakken. Ik kan niet ten eeuwige dage hier blijven zitten.

En juist toen de oplossing gevonden leek – verkiezingen in maart 1980 – juist toen waren de militairen die oplossing een paar weken vóór en toen vielen er doden.'

Ferrier: 'In 1977 heb ik een waarschuwende stem laten horen, uitdrukkelijk, dat er geruchten gingen van een militaire coup. Er werd toen gesproken, gefluisterd van een coup van officieren. Ik heb gezegd: "Het Surinaamse volk zal dit niet accepteren! Dit land Suriname zal geen dictatuur aanvaarden!"

Ik wil zeggen: 'U als president, u...'

'Als president,' zegt hij, 'had ik *minder* bevoegdheden dan als gouverneur! In mijn gedachten, die *niet* zijn gevolgd, moest de president de *politieke* figuur zijn die door het Volk gekozen is en die de volle *politieke* verantwoordelijkheid draagt. Men heeft voor een representatieve president gekozen. Als gouverneur was ik nog Opperbevelhebber van de Strijdmacht. Als president was ik dat niet meer! Ik vlei me met de gedachte: als de president Opperbevelhebber geweest was, dan zouden de problemen die zich voorgedaan hebben, zich *niet* voorgedaan hebben.'

Kort na de staatsgreep heeft Ferrier tegen de militairen gezegd: 'Als jullie een nieuwe regering willen zul je toch eerst de oude moeten vrijlaten.' Hij had intussen achterhaald waar sommige ministers ondergedoken zaten. 'Ik heb ze, na overleg met de weerbarstigen, de garantie gegeven dat ze tevoorschijn konden komen. Ze kwamen tevoorschijn. En ze werden ingerekend.'

Ferrier: 'Eind juni bezocht wijlen minister De Koning Suriname. Kort na de feestelijke 1-juliviering (emancipatiedag) liep
het volk te hoop. "De Koning! De Koning! Suriname is geen
pot met honing!" Ik stond op mijn balkon en ik keek ernaar.
Ik zag de minister-president, Chin A Sen, er ook naartoe gaan.
Ik heb hem bij mij geroepen. Ik zeg: "Luister, dit begrijp ik
niet." Hij zegt: "De Koning gaat niet terug voordat hij beloofd
heeft om de ontwikkelingsgelden waardevast te maken. We
houden hem tegen." Ik zeg: "U vergist u. Hij gaat terug met
dit vliegtuig. Deel uw collega's mede dat een gast die hier op
onze uitnodiging is gekomen vrij is om naar zijn land terug
te gaan." Chin A Sen zegt: "Ik weet niet of ik de militairen
daarvan kan overtuigen." Ik zeg: "Zal ik je wat zeggen? Als het
nodig is rijd ik met de nummer één naar Torarica en dan
vraag ik hem in te stappen. En dan wil ik zien wie mij stopt,
tussen Paramaribo en het vliegveld." Een halfuur later belt hij
op: "De nummer één hoeft niet uit de garage hoor. De Koning krijgt vrijgeleide." Ik zeg: "Dank u. Ik had niet anders
verwacht."

Een paar maanden later woonde Ferrier met zijn gezin in Nederland.

Ik zeg: 'Toen u hier aankwam zei u dat u "met vakantie"
kwam.'
    Ferrier: 'Ik was aldoor in de gedachte: uiterlijk mei 1983 is
de democratie hersteld. Na de moorden van eind 1982 heb
ik erin moeten, wat is het goede woord, berusten. Ik heb nog
altijd het gevoel: ik ben hier tijdelijk. Ik heb nog steeds een
brandend verlangen. Ik voel me geen balling – ik ben omringd door vriendelijke mensen.'

Natuurlijk zijn zijn landgenoten, na de moorden van december 1982, verbitterd naar hem toe gekomen: 'De telefoon
stond roodgloeiend.' Of hij een actieve rol wilde spelen in
het verzet. 'Ik heb gezegd: "Nee, nee, nee, nee." Ik heb ze duidelijk gemaakt dat ik in een aantal van de leiders geen vertrouwen had. En dat ik niet zeker wist of het hun om Suriname ging.'
    U bedoelt?
    'Die zelf achter de militairen aan hadden gelopen. En die

zelf niet democratisch waren benoemd. Had ik met hen moeten samenwerken, dat zou me tegen de borst stuiten.'

Dus u bedoelt...

'Laat mij geen namen noemen.'

U heeft, zeg ik, publiekelijk al die jaren gezwegen.

'Opzettelijk,' zegt hij. 'Elk woord dat ik gebruikte zou misbruikt kunnen worden.'

'De vrouwen in Suriname,' zegt hij, 'en al die anderen die van goede wil waren, die hebben nooit geaarzeld om zich tot mij te wenden en ze hebben altijd mijn weerklank gekregen. En al die mensen die protest aantekenden tegen, laten we zeggen, het hele junglegebeuren, het vechten en het uitmoorden van dorpen en zo. Die hebben mijn stem gehoord, mijn steun gekregen. Want zij zijn hier op deze bank met mij erover komen praten.'

Wilde u *boven de partijen* blijven staan?

'Dat was zeker ook een argument. Als ik bij één van de partijen of groeperingen ging meedoen, dan zou ik daardoor de deur gesloten hebben voor de andere.'

'Het volk van Israël,' zegt hij, 'heeft verbannen in Egypte moeten wonen voordat het teruggeleid kon worden. Gods wegen zijn voor ons mensen niet altijd te begrijpen. Misschien meende Hij dat dit alles over ons moest komen. Wij die in de tijd staan begrijpen het dan niet. Of misschien heeft Hij even de andere kant op gekeken. Dit stukje Zuid-Amerika is niet het enige land ter wereld. Wie voor zoveel te zorgen heeft, kan wel eens afgeleid zijn.'

Mijn Oren

'Lang geleden heeft er buiten het dorp een kapel gestaan. Op een dag is die in de grond verdwenen. Er werd juist mis gelezen. Met man en muis is die kapel in de bodem weggezakt. Nu nog steeds, als het winter is, en als de grond keihard is bevroren, dan kun je, als je je oor op de grond te luisteren legt, de stemmen van die mensen horen.'

'Je moet er erg goed voor luisteren: dan hoor je die mensen hun gezangen doen en hun gebeden zeggen. Een geroezemoes van heel veel stemmen door elkaar hoor je, van diep onder de grond.

Als ik heel goed luister, dan kan ik die stemmen op klaarlichte dag ook nog horen. Een kakofonie hoor ik dan: het praten van alle mensen die verdwenen zijn, van alle generaties die hier gewoond hebben. De mensen verdwijnen. Maar hun taal gaat door. Vroeger is wel dood. Maar het houdt zijn mond niet.'

De taal die al die mensen gesproken hebben en die ze vandaag de dag nog spreken is de taal van de Brabantse Kempen, van het kale zanderige land rond het Belgische dorp Rijkevorsel waar de schrijver Leo Pleysier geboren is en waar hij, op zijn diensttijd na, altijd geleefd heeft.

Zijn boeken bestaan uit één lange alleenspraak. In *Wit is altijd schoon* geeft zijn zojuist gestorven moeder vanaf haar doodsbed commentaar op alles wat er rond haar opgebaarde lichaam gebeurt, niet gebeurt en wel gebeuren moet. *De Kast* begint als zijn zuster hem op een avond opbelt en eindigt wanneer zij, anderhalf uur later, de telefoon weer neerlegt. *De Gele Rivier is bevrozen* bevat het gesproken familiecommentaar op het leven van 'tante non' die de familie in de steek heeft gelaten en die *ginderachter* de Chinezen is gaan bekeren.

De dode moeder mag honderd zestien pagina's lang door-kletsen en ook de telefonerende zuster mag in haar gekweb-bel van geen ophouden weten: in de taal die Leo Pleysier hun geeft klinken geklets en gekwebbel als uitingen van vita-liteit. Soms is het alsof hij de wind in woorden heeft gevan-gen.

Van zichzelf zegt hij dat hij het tegendeel is van een prater: een zwijger. Hij is een man voor wie een woord een ons weegt en een zin een kilo.

'Het is nog maar heel recent dat het mij duidelijk is gewor-den: ik ben overgevoelig voor taal. Ik lijd aan taal. Taal doet mij pijn. De meeste woorden die mensen zeggen tegen mij doen mij zeer. De meeste aansprekingen, ik mag het gerust zo scherp stellen, ervaar ik als geweldplegingen. Hoe lang, hoe luid, hoe zacht, de toon waarop: het doet er allemaal heel erg toe. Daar mag niks mis mee zijn, of ik klap dicht. Soms zijn er momenten dat het allemaal juist zit. De toon, de ritmiek, de tongval. Dan ga ik mee.'

'Mijn oren zijn heel bijzondere erogene zones.'

Ze liggen open en bloot en ze zijn door iedereen aan te ra-ken. Dat is een van de redenen, zegt hij, dat hij zelden zijn huis meer uit komt.

Hij veronderstelt dat de meeste mannen het wel vervelend zullen vinden als hij met hun vrouw naar bed gaat. Maar dat ze er mogelijk geen bezwaar tegen hebben als hij een avond met haar aan het praten slaat. Terwijl hij, zegt hij, het binnen-dringen van een stem in de gehoorgang op dezelfde manier en misschien nog wel dieper beleeft dan het geslachtelijke indringen. 'De stem bereikt intiemer lagen dan het vlees.'

'Het zijn altijd vrouwen die in mijn oren zitten. Bijna nooit mannen. De moeder, de zuster, de tante. In mijn leven zijn vrouwen constant aan het woord geweest. Ze vallen com-pleet samen met wat ze zeggen. Mannen zwegen. Als er wat uitkwam, dan snauwden ze en sneerden ze.'

Hij vertelt dat zijn vader veehandelaar was en in de goede tijd ook veesmokkelaar. En dat hij daar, van kindsbeen af, een 'gruwelijke weerzin' tegen gehad heeft. Hoe die mannen bezig waren met die beesten de camion op te trekken, te drijven, te slaan. 'Als kind zat ik dan thuis altijd met mijn handen tegen mijn oren onder tafel.' Zijn vader was 'een geweldenaar' tegen dieren, in daad en in taal. Het kan niet anders, zegt hij, of er moet verband zijn tussen zijn afkeer van dat geweld en de pijn die taal hem doet. 'Het wordt almaar erger. De omgang van de kalveren- en de varkenskwekers met hun dieren wordt alleen maar grover, merk ik. Ik zie hoe ze tegenwoordig hun camions laden met de grijpkraan.'

Zou ieders taal daarom 'moedertaal' heten en zou het de intimiteit daarvan zijn die hij probeert te reconstrueren?

'Veel vrouwen in deze streek reageren constant en altijd met praten, met taal. Van die spreektaligheid ben ik waarschijnlijk in de ban geraakt. Mijn moeder is gestorven. Ik sta aan haar sterfbed. De dood staat tussen haar en mij gelijk een betonnen wand. En juist dan, juist dan breekt de taal dwars door die muur heen. Ik wist niet beter of zij en ik, we waren gescheiden door een oceaan van taal. We waren twee totaal verschillende taalwerelden. En dan, als de moeder eindelijk stilvalt, net dan blijkt dat het niet waar is. Precies dan begint er in het hoofd van de zoon een bandje te lopen, en dat blijkt al die tijd de taal van zijn moeder te hebben geregistreerd. Of eigenlijk niet dat gepraat zelf – het spoor dat dat gepraat heeft getrokken, de echo ervan.'

Sommigen hebben het hem verweten. 'Die Pleysier, die heeft het makkelijk. Die schrijft gewoon op wat anderen zeggen.'

Een paar jaar heeft hij met die echo, dat taalspoor van zijn moeder, in zijn hoofd gezeten. Pas toen kon hij er op schrift iets mee doen.

Allee, zegt hij, en wat er dan op papier komt, dat is geen spreektaal, dat is het resultaat van heel hard schrijfwerk. De pijn om het gepraat zit erin – telkens klaagt de zoon over hoofdpijn. Maar meer, veel meer nog zit er intimiteit in en liefde voor de toon, de ritmiek, om niet te zeggen, voor de muziek van dat praten. 'Uiteindelijk heeft het recordertje dát geregistreerd: de ritmiek, die het mogelijk maakt om achteraf de taal te reconstrueren.' Het doet er niet zoveel meer toe wat erin gezegd wordt. De muziek blijft over: het distillaat van heel veel stemmen die allang zijn verdwenen. Hun toon, hun ritme klinkt door in de stem van zijn moeder. 'In die ene stem klinkt de stem door van heel veel mensen.'

'Altijd wordt mij gevraagd: "Leo, wat blijf jij toch hangen in dat Rijkevorsel?" Ik moet wel. Wil ik mijn muziek blijven maken, dan zal ik hier moeten blijven. Dan moet ik fysiek deel uitmaken van dit taallandschap.'

'Het is wel de bedoeling dat al die echo's, al dat droes, door het schrijven van zo'n boek uit mijn hoofd verdwijnen. Dat het daarna terug stil zal worden. Ik hoopte dat ik, na het schrijven van *Wit is altijd schoon*, de echo van mijn moeder tot zwijgen gebracht had. Gebleken is dat zelfs dat niet volstond. Ook de voorwerpen blijken vol echo te zitten. Een onnozele pastoorskast, door mijn zuster geërfd, blijkt dan ook weer stemmen te genereren. Die kast van *De Kast* blijkt een klankkast. En zoals haar kast is overgegaan naar haar dochter, zo is ook de taal van mijn moeder overgeërfd naar het volgende geslacht. Uiteindelijk produceert zelfs een kast de stemmen van mensen die allang verdwenen zijn.'

'Ik vind dat het maar eens op moet houden. Dat het maar eens compleet stil moet vallen, allemaal. Er zit iets onverdraaglijks in. Moet dat altijd maar zo blijven? Is dat nou werkelijk gewoon? Laat dit ophouden!'

Hij vertelt een jeugdherinnering, zijn vroegste. Hij is uit zijn bedje geklauterd, op zijn eentje de donkere trap af geklommen, de gang in gelopen en de veranda op gestapt waar het licht is en warm. Daar is de tafel gedekt, er staat speculaas op en zijn moeder is in de buurt. 'Nu is alles goed,' heeft hij toen, op de manier van een kleuter, gedacht. 'Laat dit nu altijd zo maar blijven.'

'Ik herinner me een paar van zulke momenten. Zeer zeldzame, zeer kostbare momenten.'

'Veel vaker en van kindsbeen af heb ik weerzin gevoeld. Allee, heb ik vaak gedacht. Wat is dat met mij? Waarom kan ik het niet net als mijn broertjes leuk vinden wat hier thuis gebeurt? Ik ben hier niet op mijn plaats. Heel die omgeving hier: tot de dag van vandaag leef ik in onmin met wat zich buiten afspeelt. Mijn ogen doen pijn van wat er met het landschap gebeurt. De horizon wordt dichtgetimmerd met groenteserres en varkensstallen. Van generaties vóór mij tot nu toe zijn ze bezig om Vlaanderen, om het platteland, naar de vaantjes te helpen. Wat moet dat met mij? Wat doe ik hier?'

'Ik ben een vreemdeling in mijn eigen wereld. Dat heb ik altijd zo gevoeld. Tegelijk had ik het gevoel: dat is onbehoorlijk. Die voortdurende contramine met je afkomst en je omgeving: dat ga jij ooit eens goed moeten maken. Die schuld ga jij ooit eens moeten delgen, Pleysier. Je gaat niet ongestraft met je kont naar je familie staan, en als je dat wél doet, dan ga jij daar rekenschap voor moeten geven. Jij gaat ooit een rekening gepresenteerd krijgen. En betaal dan maar af!'

'Ik heb wel het gevoel dat ik al flink afbetaald heb en zelfs dat ik onderhand quitte ben. Het is welletjes geweest. Regelmatig heb ik de neiging om tegen mijzelf te grappen: kom op, Pleysier, en nu gaat jouw volgende boek zich in Los Angeles afspelen.'

'Je moet per definitie een vreemdeling zijn om je wereld te kunnen beschrijven. De losgezongen jongen. Dat is precies wat er met mij aan de hand is. Aan de ene kant heel hard willen wegrennen. En tegelijk die aantrekking die ook sterk is. Het is altijd die twee samen en op hetzelfde moment. Aantrekking en afstoting, aantrekking en afstoting. De zoon die naar zijn moeder luistert, die tegelijk zielsveel van haar houdt en koppijn van haar praat krijgt. De verloren zoon, de man die weggaat en weer thuiskomt en van wie Rilke zegt: "Wij weten niet of hij gebleven is." Weglopen en terugkeren, weer weglopen en opnieuw terugkeren, weglopen en terugkeren: dat gaat zo maar door.'

Alleen tante non, de missiezuster uit *De Gele Rivier is bevro-*

zen: die vertrekt naar China. Tot ergernis van de familie: 'voor ons heb je geen aandacht meer'.

'Voor die tante heb ik sympathie. Weggaan. Het nest verlaten. Met uw rug naar uw familie gaan staan. Zo'n reine Vlaamse maagd die de vertrouwde tuin verlaat. Ze doet wat ze vindt dat ze doen moet, tegen het geklets en de vertrouwde grijparmen van de familie in. Ze laat het nest achter zich dat de familie is, warm en aards en tegelijk onuitstaanbaar.'

Hij vertelt nog een jeugdherinnering. De ellende, zegt hij, is begonnen vanaf het moment waarop hij zijn taal is gaan ervaren als iets dubieus, als iets dat ook vreemd kan zijn aan je eigen lichaam. Op school. Ineens het besef dat er op zijn minst al twee talen zijn. De moedertaal waarmee je bent opgegroeid en die blijkt te verschillen van de taal die je op school geleerd wordt. 'Dan begint het gedonder.' Iets dat tot dan toe op een heel evidente manier deel uitmaakt van je persoonlijkheid blijkt ineens zo evident niet meer.

Het jongetje aan de tafel met het speculaas en het jongetje dat zijn taal als natuurlijk ziet: allebei hebben ze hun vanzelfsprekende harmonie verloren. Misschien, zegt Leo Pleysier, blijft hij in het kale, zanderige Rijkevorsel wonen en probeert hij daar de muziek van de taal op schrift te vangen om de verloren harmonie terug te winnen. Misschien. Het zou kunnen. Een Godsonmogelijke opgave, zegt hij, die tot mislukken gedoemd is.

'We geven in alle geval nog niet op.'

Verantwoording

De meeste vertellingen in dit boek zijn bewerkingen van interviews of portretten die eerder in het weekblad *Vrij Nederland* zijn verschenen. Voor enkele hoofdstukken heb ik de geportretteerde nog een keer opgezocht. 'Mijn Vijand', 'Mijn God', 'Mijn Ambt' en 'Mijn Wraak' zijn daar het resultaat van.

De vertelling over 'Onze Strijd' is een samenvoeging van twee apart gehouden en gepubliceerde series gesprekken.

Een deel van 'Mijn Heilige' komt ook voor in het boek *Voetreiziger*. Een deel van 'Mijn God' in *De Laatste Dagen van een Kolonel*.

De foto's op de pagina's 8, 20, 30, 84, 98, 110, 126, 138, 148, 160, 170, 198, 218, 266 en 286 zijn alle van Bert Nienhuis. De foto's op de pagina's 46, 62, 186 en 208 zijn van Hans van den Bogaard. De foto op pagina 228 is van Harry Cock.

Els Rozenbroek las alle kopij in alle stadia. Haar dank ik voor haar altijd scherpe, altijd waardevolle en altijd stimulerende kritiek.

De Pastoor van Holset ('Mijn Heilige') en Denise de Hart ('Mijn Mannen') zijn inmiddels overleden. Aan hun nagedachtenis draag ik dit boek op.